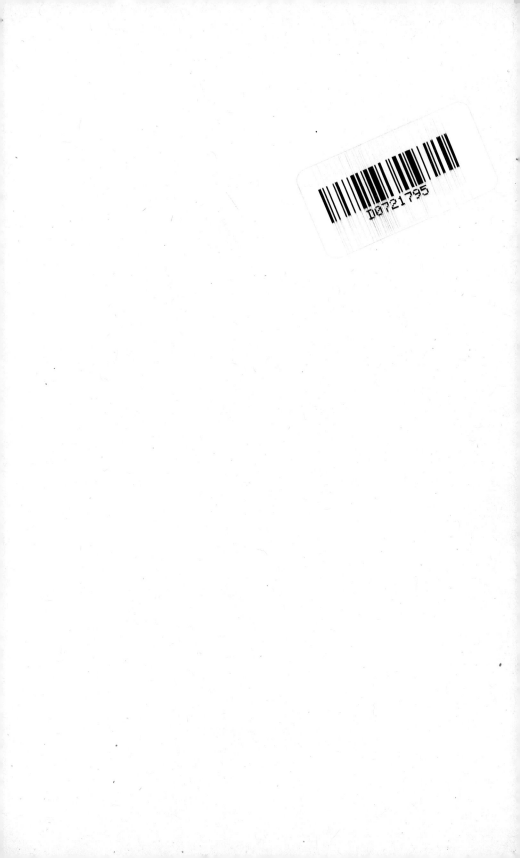

Éditions Druide
1435, rue Saint-Alexandre, bureau 1040
Montréal (Québec) H3A 2G4

www.editionsdruide.com

RELIEFS

Collection dirigée par
Anne-Marie Villeneuve

CRIMES À LA LIBRAIRIE

Catalogage avant publication de Bibliothèque et Archives nationales du Québec et Bibliothèque et Archives Canada

Crimes à la librairie : nouvelles

ISBN 978-2-89711-108-3
1. Nouvelles québécoises - 21e siècle.
I. Bolduc, Mario, 1953-. II. Collection : Reliefs.
PS8329.5.Q4C74 2014 C843'.010806 C2014-940464-6
PS9329.5.Q4C74 2014

Direction littéraire : Anne-Marie Villeneuve
Édition : Luc Roberge et Anne-Marie Villeneuve
Révision linguistique : Lyne Roy et Jocelyne Dorion
Assistance à la révision linguistique : Antidote 8
Maquette intérieure : www.annetremblay.com
Mise en pages et versions numériques : Studio C1C4
Conception graphique de la couverture : Gianni Caccia
Œuvre en couverture : *Gun and roses* © Ocean/Corbis
Diffusion : Druide informatique
Relations de presse : Patricia Lamy

Les Éditions Druide remercient le Conseil des arts du Canada et la SODEC de leur soutien.
Gouvernement du Québec — Programme de crédit d'impôt pour l'édition de livres — Gestion SODEC.

ISBN papier : 978-2-89711-108-3
ISBN EPUB : 978-2-89711-109-0
ISBN PDF : 978-2-89711-110-6

Éditions Druide inc.
1435, rue Saint-Alexandre, bureau 1040
Montréal (Québec) H3A 2G4
Téléphone : 514-484-4998

Dépôt légal : 1er trimestre 2014
Bibliothèque et Archives nationales du Québec
Bibliothèque nationale du Canada

www.éditionsdruide.com

Imprimé au Canada

CRIMES À LA LIBRAIRIE

Nouvelles

Druide

TABLE DES MATIÈRES

AVANT-PROPOS

Chers lecteurs,
En décembre 2010, la Librairie Monet a organisé un salon du polar pour la période des fêtes. Quand on m'a proposé de participer à cette activité et de conseiller les clients, j'ai accepté sans hésitation. Je réalisais ainsi un « fantasme professionnel » : devenir libraire pendant quelques semaines et passer de grandes journées à parler de littérature noire et de romans policiers.

Quel plaisir ce fut ! Mais quelle déception de constater que les auteurs d'ici étaient si peu connus. Rappelons-nous la situation à la fin de 2010 : Henning Mankell vient de publier *L'homme inquiet*, son dernier Wallander ; R. J. Ellory accumule les best-sellers ; les Connelly et Coben ont leurs inconditionnels, tandis que les Larson et Läckberg sont portés par la vague scandinave. À côté de ces succès de librairie, il reste peu de place dans le sac du lecteur pour ajouter un roman écrit à l'encre et au sang d'ici.

Pourtant, il y a énormément de talent au Québec. Comment faire pour intéresser les lecteurs québécois à une littérature qui parle d'eux, qui se déroule dans leurs rues et dont les noms des personnages sont les leurs ? Quel geste accomplir afin de montrer de façon manifeste la qualité de nos auteurs de romans policiers ?

Au terme de mon expérience à la Librairie Monet, j'ai pensé qu'il fallait favoriser la rencontre avec les lecteurs potentiels en donnant l'occasion à des auteurs de présenter leur style, leur imagination et leur créativité, dans un lieu unique : un recueil de nouvelles. C'est ainsi qu'a germé l'idée de ce recueil que j'ai eu envie de construire autour du thème des crimes à la libraire.

En mettant au point ce projet, voilà ce qui m'habitait : le désir de faire connaître la richesse du roman policier québécois, ici et au-delà de nos frontières. Nous pouvons nous enorgueillir de cette littérature policière que proposent une multitude d'auteurs créatifs, à la plume sophistiquée et aux univers éclatés. Ils nous offrent des aventures délicieusement angoissantes, palpitantes, grinçantes d'humour et terrifiantes.

Directeur d'école à la retraite, victime de ma déformation professionnelle, j'ai cherché des « élèves » pour constituer ma classe. Dans un souci de diversité, j'en voulais de la relève et des expérimentés, des plus classiques et des iconoclastes, des « polardeux » et des romanciers noirs, des sages et des turbulents, des romantiques et des sanguinaires. Toutefois, tous devaient posséder cette qualité principale : savoir raconter d'excellentes histoires. J'ai donc sollicité ces seize auteurs qui forment, à mon avis, une splendide classe de doués. (Évidemment, j'aurais pu ouvrir plus d'un groupe ; plusieurs autres auraient pu y participer. Ce n'est que partie remise !)

Je vous invite donc, avec un immense plaisir, à rencontrer ces seize écrivains de chez nous, qui jouent de notre langue pour nous amener ailleurs, au cœur même de leur imaginaire. Pour stimuler leur créativité et votre curiosité, je leur ai donné un devoir, pas très facile à réaliser : écrire une nouvelle avec pour thématique le crime à la librairie. Lieu de culture, la librairie est rarement le théâtre d'une quelconque activité criminelle. Lieu de mots, d'échanges et de découvertes, elle est, tout comme la bibliothèque, un carrefour entre le livre, l'auteur et le lecteur. De son atmosphère feutrée émane une impression de calme, presque de recueillement. Un sentiment de paix tout à fait étranger à la violence. Et pourtant…

Ainsi, c'est tout un défi que je leur ai proposé : faire de la librairie une véritable scène de crime, transformant du coup chaque livre qui s'y trouve en témoin de l'énigme, du suspense, de l'insoutenable. Pour mon plus grand bonheur, « mes » seize auteurs ont répondu à l'appel avec tout leur talent et leur imagination.

En espérant que leurs magnifiques plumes, leurs histoires et mes courtes présentations biographiques vous rendent complices de ce crime littéraire collectif, au nom de l'amour du polar et des écrivains québécois, je vous souhaite de multiples plaisirs de lecture. J'espère que vous découvrirez avec joie ces auteurs passionnés et passionnants.

Bonne lecture !

Richard Migneault

PATRICK SENÉCAL

Public cible

Comme tous les lundis, Jean Lafleur rencontre les trois étudiants dont il supervise le mémoire de maîtrise, dîne dans son restaurant de sushis préféré, puis folâtre à la librairie de son quartier, Le signet, qui se trouve à moins de cent mètres de son appartement. Denise, la libraire, le salue d'un sourire auquel il répond de la même manière, se répétant pour la millième fois qu'il devrait l'inviter à souper un de ces quatre.

Lafleur se dirige vers la table des nouveautés, jetant un bref coup d'œil au seul autre client, une sexagénaire qui furète dans la section sociologie, puis il jauge du regard les bouquins exposés. L'un d'eux l'intéresse particulièrement, celui d'Ouzour Hangalia. Il remarque vaguement le tout dernier titre d'un certain Neil Jackson, *Dans la chair et le sang*, un roman policier qui, si l'on se fie au bandeau autour de la couverture, a déjà été vendu à « plus d'un million d'exemplaires aux États-Unis ». Lafleur secoue la tête. La folie des polars… Les gens sont-ils donc à ce point peu exigeants ?

Il se souvient alors de son premier cours de la session, il y a trois semaines. Tandis qu'il présentait les différents courants littéraires importants du vingtième siècle, un étudiant a demandé :

— Et les polars ?

L'enseignant n'a même pas fait d'effort pour camoufler son soupir. Chaque année, ça ne manquait pas : il se trouvait toujours un rigolo ou une rigolote parmi la trentaine d'auditeurs pour poser candidement cette question. Fidèle à lui-même, Lafleur a répondu d'une voix un rien méprisante :

— Nous sommes à l'université, ici. Nous parlerons donc de littérature.

Le jeune homme, très maigre, assis dans la troisième rangée, a insisté :

— Pourtant, il y a des auteurs célèbres dans le genre...

— Ce sont des raconteurs, pas des écrivains.

L'étudiant a arboré une moue perplexe. Lafleur a donc poursuivi son laïus d'introduction, mais le trouble-fête en a remis :

— En avez-vous déjà lu ?

— Je vous demande pardon ?

— Des romans policiers. En avez-vous déjà lu ?

Lafleur a examiné avec plus d'attention le jeune arrogant. Il était décidément très maigre, très pâle. En fait, il semblait malade. Le professeur a esquissé un léger sourire :

— Évidemment. Lorsque j'étais adolescent, il y a une trentaine d'années. Quelques classiques du genre. Ils m'ont tous profondément ennuyé.

— Vous n'avez pas été happé par l'histoire ?

Lafleur a ricané.

— Cette idée qu'un livre doive « happer » son lecteur au point que celui-ci se déconnecte de la réalité est une conception puérile et vide du rôle de la littérature, qui doit surtout susciter une réflexion. Si je cherche des sensations fortes, j'irai au parc d'attractions.

La plupart des étudiants ont jeté un regard goguenard à leur confrère rachitique. Ce dernier a hoché la tête.

— Je vous plains.

— De quoi donc ?

— De ne pas connaître ce plaisir littéraire.

— Et moi je vous plains d'y accorder tant d'importance, jeune homme. Mais j'ose croire que ce cours vous débarrassera de cette naïveté.

Dans la librairie, Lafleur toise encore quelques secondes le roman de Jackson avec un rictus dédaigneux. Après tout, les gens ont les livres qu'ils méritent. Il revient à Hangalia et, en parcourant la quatrième de couverture, apprend qu'il s'agit d'une suite. Comme il n'a pas lu la première partie, il dépose l'exemplaire et se dirige vers la section des romans, où il trouve rapidement le tome précédent de l'auteur. En le tirant à lui, il déplace le bouquin qui le côtoie, au point qu'il doit le rattraper. Il y jette un œil nonchalant et sourcille en lisant le titre.

SI VOUS NE LISEZ PAS CE LIVRE,
QUELQU'UN MOURRA

Ces mots explosent en lettres rouges en plein centre d'une couverture totalement noire. Le livre compte une cinquantaine de pages et l'auteur est un certain Raymond Hammett, dont Lafleur n'a jamais entendu parler. Un titre aussi vulgairement accrocheur, ça ne fait pas sérieux… Il lit la quatrième de couverture, qui ne présente aucun résumé de l'histoire, mais seulement ces quelques phrases : « Un roman d'une noirceur absolue ! Une histoire qui vous hantera ! Un polar qui changera votre vie ! »

Un polar ! Il n'y a que ce sous-genre pour user de tels artifices commerciaux ! D'ailleurs, ce livre devrait se trouver dans la section des romans policiers, pas parmi la vraie littérature.

Il remet le livre à sa place, puis marche vers la caisse pour payer son Hangalia. Encore une fois, il n'ose inviter Denise pour une soirée.

: :

Le lendemain, alors qu'il termine son souper en lisant sa nouvelle acquisition, Lafleur reçoit une visite des plus inhabituelles : un inspecteur de police. Surpris mais coopératif, le professeur l'amène au salon. Le détective Boudreault, dans la cinquantaine, plus gras que costaud, mais au visage très doux, souriant, s'excuse pour le dérangement, puis va droit au but :

— Y a eu un meurtre à la librairie au coin de la rue.

— Au Signet ?

Stupéfait, Lafleur apprend que la veille, vers quinze heures, la libraire est tombée sur un client mort dans l'une des allées, une femme dans la soixantaine, dentiste à la retraite, sans histoire. On l'aurait poignardée au cœur, mais l'arme du crime n'a pas été retrouvée. La librairie ne comptait que deux autres clients au moment de la macabre découverte, qui ont bien voulu demeurer sur place pour être interrogés. Selon le légiste, le décès aurait eu lieu entre midi et quatorze heures. À ces mots, Lafleur hoche la tête d'un air entendu.

— Dois-je comprendre que je suis soupçonné de meurtre ?

Le policier sourit, rassurant.

— Pas le moins du monde, monsieur Lafleur. La libraire m'a donné le nom des clients qui se trouvaient là durant ce laps de temps, en tout cas ceux qu'elle connaissait, pis… je vais les voir pour poser des questions, c'est tout.

Lafleur relate donc sa courte visite au Signet et se dit désolé de ne pouvoir apporter plus de détails. Boudreault, pour faire bonne figure, note les maigres informations dans son calepin, remercie l'enseignant sans cesser de sourire, puis quitte l'appartement.

Tout en lavant sa vaisselle, Lafleur se remémore alors ce livre au titre racoleur qui annonçait une mort si on ne lisait pas le bouquin. À cette évocation, il oscille entre l'amusement et l'étonnement. Il y a de ces hasards qui ne sont permis que dans le réel : ils seraient inadmissibles dans la fiction.

Sauf dans les romans de genre, bien sûr…

: :

Mercredi, sortant de son cours, Lafleur profite de la température encore clémente de septembre pour flâner dans les rues du centre-ville. Il passe devant une librairie et, comme chaque fois qu'il en croise une, décide d'y entrer. L'endroit est vaste, moderne, et une musique d'ambiance court parmi les rayons. Derrière la caisse, l'employé, un adolescent blasé qui ne doit même pas savoir qui est Albert Camus, lui demande de lui laisser sa serviette.

Il y a quatre ou cinq clients sur place, dont une jeune fille dans la vingtaine qui lui jette des regards furtifs. Pendant un moment, Lafleur s'interroge : le drague-t-elle maladroitement (il est tout de même presque quinquagénaire !) ? Puis, il reconnaît une de ses étudiantes de l'année dernière. Et s'il a bonne mémoire, elle a échoué à son cours, ce qui explique sûrement l'animosité qu'il détecte maintenant dans ses coups d'œil. Aller la saluer ne serait sans doute pas avisé de sa part.

Tant qu'à être ici, il pourrait acquérir la suite du roman de Hangalia. Comme celui-ci ne trône pas sur la table des nouveautés, il va au rayon des « H », mais ne le trouve pas davantage. Il soupire. Une librairie populaire de plus qui ne tient que les best-sellers et autres littératures à numéros ! Par contre, un nom attire son attention : Raymond Hammett. Encore ce livre ridicule ! Mais le titre lui paraît différent et, curieux, il le tire à lui.

SI VOUS N'ACHETEZ PAS CE LIVRE,
QUELQU'UN MOURRA

Il lui semblait que le titre était plutôt « Si vous ne *lisez* pas ce livre… ». L'auteur en a-t-il commis deux ? Il fouille dans le rayon, mais ne trouve rien d'autre. Il examine la quatrième de couverture. Les mêmes phrases y apparaissent : « Un polar qui changera votre vie ! »

Bon sang, il est pourtant sûr que ce n'est pas tout à fait le même titre… De plus, cet exemplaire s'allonge sur près de cent pages, alors que l'autre en comptait moins… Intrigué malgré lui, il l'ouvre et parcourt le premier chapitre. On y parle d'un homme sans nom, désigné uniquement sous le terme « l'enseignant », qui déteste la littérature policière.

Lafleur fronce les sourcils. Il tourne quelques pages et se remet à lire. On décrit la vie solitaire de cet enseignant, ses cours, ses soirées… et tout cela est en tous points semblable au quotidien de Lafleur ! Il lève la tête et jette des regards déconcertés autour de lui, convaincu qu'on l'observe à la dérobée, qu'on l'espionne carrément. Mais personne ne fait attention à lui, pas même son ancienne étudiante plongée dans une revue. Lafleur se rend plus loin dans le bouquin, le geste fébrile. Maintenant, le personnage entre dans une librairie de quartier, tombe sur un roman dont le titre est *Si vous ne lisez pas ce livre, quelqu'un mourra* et, dédaigneux, le repose sur le rayon. Subjugué, Lafleur poursuit la lecture sur plusieurs pages : un détective vient apprendre au personnage que la librairie en question a été le théâtre d'un meurtre et que…

— Vous allez bien, monsieur ?

Lafleur sursaute violemment : un client, trentenaire grassouillet et barbu, le considère avec inquiétude.

— Vous respiriez très fort, je me demandais si…

Lafleur, qui semble soudain se rappeler où il se trouve, se passe une main dans les cheveux et s'efforce de sourire.

— Non, ça va, merci…

Le bon samaritain s'éloigne, rassuré. L'enseignant regarde de nouveau autour de lui. Son ex-étudiante, quelques allées plus loin, le dévisage tout à coup avec méfiance. Qu'elle aille au diable, celle-là ! Il tourne furieusement plusieurs pages du livre et se rend presque à la fin. Maintenant, le personnage entre dans une librairie du centre-ville, tombe sur un autre roman dont le titre s'apparente au premier, décide de le parcourir sur place et réalise qu'on y raconte sa propre vie…

Lafleur lève la tête. Il ne se trouve plus dans une librairie, mais dans un bateau qui vogue en pleine tempête, qui lui donne le tournis et qui lui chavire le cœur, au point que la nausée le submerge d'un seul coup. Il va être malade, il doit sortir au plus vite. D'un geste imprécis, il dépose l'exemplaire n'importe où et file, l'air hagard, vers la porte. Mais l'employé derrière le comptoir l'arrête.

— Votre serviette, monsieur !

Lafleur s'approche, impatient et nerveux. Au même moment, un hurlement de femme retentit en provenance d'une allée. Le visage blanc et terrifié, une cliente fixe quelque chose sur le sol qu'on ne peut voir de la caisse.

— Il est mort ! Mon Dieu, il est mort !

Les deux autres clients, dont l'ancienne étudiante, se précipitent, tandis que l'employé s'élance vers la scène. Lafleur demeure pétrifié devant le comptoir, son regard empli d'effroi dirigé vers le petit groupe qui s'anime de plus en plus.

Le cœur au bord des lèvres, il fuit littéralement l'établissement.

: :

Assis dans un fauteuil du salon, face à un Lafleur qui se tient la tête entre les paumes, le détective Boudreault sourit, les mains croisées sur son ventre.

— Votre ex-étudiante a pas l'air de vous aimer… Quand on est arrivés à la librairie, tout à l'heure, pis qu'on a confirmé que la victime avait été poignardée, elle nous a tout de suite parlé de votre présence au moment du crime.

— Elle a coulé mon cours l'année dernière, elle m'en veut, c'est normal…

Lafleur soupire en relevant la tête.

— Alors, vous allez vous procurer ce livre, oui ou non ?

— On va regarder ça, c'est sûr, mais avouez que…

Boudreault gratte sa joue gauche, embêté.

— … un roman qui raconte exactement ce qui vous est arrivé, c'est pas très… convaincant.

— Vous pensez que je ne me rends pas compte de la démence de tout ça ? Lisez-le et vous m'en reparlerez ! Raymond Hammett !

— C'est noté, c'est noté… Mais revenons aux témoignages…

Il consulte son calepin.

— Il paraît que la victime vous a accosté quelques minutes avant sa mort…

— Oui, il trouvait que j'avais l'air très troublé…

— Votre ex-étudiante aussi nous a dit ça… Pis le commis aussi. Bouleversé, qu'il a dit.

— Si vous aviez lu le livre de Hammett, je vous jure que vous auriez eu l'air bouleversé !

De nouveau, Boudreault sourit. Avec indulgence, cette fois.

— Pourquoi avoir fui ?

— Je n'ai pas fui, je me sentais malade. Je suis rentré chez moi, les idées trop confuses… Si vous n'étiez pas venu ici si vite, je vous aurais sans doute appelé.

— Vraiment ?

— Mais enfin, pourquoi aurais-je tué cet inconnu ?

— Je sais pas, moi. Mais des meurtres dans des librairies, monsieur Lafleur, j'avais jamais vu ça avant. Là, ça fait deux fois que ça arrive en une semaine… pis vous étiez présent chaque fois.

Son sourire est maintenant désolé. Lafleur secoue la tête, éperdu, puis recule au fond de son fauteuil, les yeux fermés.

— Trouvez ce livre… D'accord ?

— OK…

Mais l'expression du détective demeure sceptique.

: :

Le lendemain, Lafleur donne son cours distraitement, trop tourmenté. L'idée que ces deux assassinats se soient produits parce qu'il n'a pas acheté les bouquins lui paraît absurde… mais est-ce moins absurde que de lire un roman qui raconte avec précision les derniers événements qui lui sont arrivés ? Comment une telle chose peut-elle être possible ?

Assis dans son bureau à l'université, il fixe depuis une vingtaine de minutes la ville par la fenêtre en caressant nerveusement son menton lorsque son téléphone sonne. C'est Boudreault.

— Mauvaise nouvelle, monsieur Lafleur. On a pas trouvé votre livre à la librairie. On a fouillé sur Internet, en utilisant les deux titres que vous nous avez donnés, pis on a rien trouvé non plus. Pis y a aucun écrivain qui s'appelle Raymond Hammett, ici ou ailleurs.

Par la fenêtre, le soleil semble tout à coup s'obscurcir, comme si une éclipse se produisait sans prévenir. Le combiné sur l'oreille de Lafleur devient brûlant. Même s'il ne le voit pas, il est convaincu d'*entendre* le sourire du détective. Il se lève sans même s'en rendre compte.

— Mais… mais comment vous expliquez ça ?

— C'est drôle, j'allais vous poser la question.

Lafleur, quelque peu excédé, affirme qu'il n'y comprend rien, mais jure qu'il a réellement lu le second livre, et même plusieurs pages ! Le silence du policier à l'autre bout de la ligne l'angoisse soudain.

— Détective Boudreault ?

— Je suis là, monsieur Lafleur.

— Qu'est-ce que vous allez faire ?

— Rien pour le moment, mais tenez-vous à la disposition de la justice, OK ? J'ai l'impression qu'on va vouloir vous rencontrer bientôt.

— Mais je suis innocent !

— Au revoir, monsieur Lafleur.

Confus, le professeur fait les cent pas. Il n'est tout de même pas fou ! Il se branche sur Internet et entreprend ses propres recherches. Après deux heures, il abandonne.

Étourdi comme si l'on venait de le frapper, il quitte l'université. Dans sa voiture, il broie du noir jusqu'à ce qu'il passe devant une librairie à grande surface. Pris d'une impulsion, il gare son véhicule.

Une quinzaine de clients bouquinent dans l'établissement. Lafleur, agité, fourrage dans la section des romans, mais ne trouve aucun titre d'Hammett. Inquiet, il songe alors qu'il aurait peut-être plus de chances dans la section des polars et s'y dirige.

Voilà ! Un bouquin de Raymond Hammett ! Même couverture noire, mêmes lettres rouges, mais le titre le désarçonne :

**SI VOUS ACHETEZ CE LIVRE,
PERSONNE NE MOURRA**

Encore un titre différent ! Mais ça n'a pas d'importance ! Il veut prendre son cellulaire, mais se souvient que le numéro du détective est chez lui. Il n'a donc qu'à appeler Boudreault de son appartement et lui donner rendez-vous dans cette librairie : le flic verra bien que Lafleur n'invente rien ! Il lève le bras pour replacer le bouquin, mais stoppe son mouvement.

Et s'il n'achète pas le livre ?

Il secoue la tête. Il ne va pas avaler de telles inepties ? Pourtant, il y a bien *quelqu'un* qui tue les clients lorsqu'il n'achète pas les romans !

Soudain, une illumination. Si ce Hammett n'existe pas, cela voudrait-il dire que ces exemplaires n'ont été *fabriqués* que pour lui ? Que quelqu'un les dépose sur les rayons juste avant son arrivée ? Que cette personne souhaite rendre Lafleur fou et veut qu'on le croie coupable ?

Mais pourquoi ? Et *qui* ?

Il jette des regards traqués autour de lui. Cet homme maigre, là-bas, qui lit un dictionnaire ? Ou cette femme obèse qui se promène sans rien choisir en particulier ? Comment savoir ?

Ses mains sont si moites que le bouquin lui glisse presque entre les doigts. Il l'agrippe avec force, et marche d'un pas raide vers la caisse. Là, il paie le roman, puis le brandit en l'air en clamant, à la cantonade :

— Vous voyez ? Je l'ai acheté ! Ne faites rien, je l'ai acheté !

Les clients et la caissière lui décochent des œillades déconcertées tandis qu'il quitte rapidement l'établissement. Il demeure un long moment dans la rue à fixer la librairie, s'attendant à tout moment à y entendre des cris, à voir apparaître la police… mais rien ne se produit. Personne n'a été tué. Avec un ricanement aussi triomphant qu'inquiétant, il retourne à sa voiture.

Chez lui, il trouve le numéro de Boudreault et tente de le contacter ; on lui apprend que le détective ne sera pas disponible avant le lendemain matin. Lafleur annonce qu'il rappellera.

Après un frugal repas expédié en dix minutes, il s'installe au salon avec le bouquin. Celui-ci compte maintenant un peu plus de cent cinquante pages et Lafleur entreprend de le lire dans son intégralité. Comme la dernière fois, on y raconte tout ce qui lui est arrivé, à travers un personnage désigné sous le nom de « l'enseignant » : le premier meurtre, l'entrée en scène du détective, sa visite dans une deuxième librairie, sa lecture en diagonale du deuxième livre qui relate sa vie… Mais alors que le roman précédent se terminait là-dessus, ce tome-ci se poursuit avec la suite des événements : le deuxième assassinat dans la librairie, la nouvelle intervention du policier, la confusion de *l'enseignant*, l'appel du flic à l'université…

Le téléphone sonne et Lafleur pousse un cri de surprise. C'est son vieil ami Lanctôt, un journaliste culturel, qui lui offre d'aller prendre un verre. Le professeur refuse sèchement et explique qu'il lit un roman qu'il doit finir ce soir.

— Ah, bon ? Quel genre de roman ?

— Je… je sais pas trop, une sorte de polar…

— Jean Lafleur, piégé par un roman policier ? T'es sûr que tu vas bien ?

Lafleur bougonne un « bonsoir » bourru, puis replonge dans le bouquin. Il lit les dernières pages presque dans un état second :

« Alors qu'il terminait le livre, l'enseignant se mit à réfléchir. Qui donc se cachait derrière ce complot dirigé contre lui ? Qui lui en voulait à ce point ? Qui souhaitait donc le rendre fou… ou le faire passer pour fou ? Quelqu'un qui voulait se venger ? Mais de quoi ? Il songea alors à cet étudiant, au du premier cours de la session, fan de romans policiers et auquel il avait répondu avec arrogance… »

Lafleur lève les yeux, abasourdi. Il se rappelle très bien cet étudiant à l'air maladif, maigre à faire peur, dont le nom lui échappe. D'ailleurs, il ne l'a pas revu aux cours suivants. Serait-ce lui ? Et pourquoi donner de tels indices à Lafleur sur son identité ? Par arrogance ? Le professeur revient au livre et lit les dernières phrases :

« Si tel était le cas, l'étudiant en question lui envoyait peut-être le message, à travers le bouquin, qu'il serait la prochaine victime. En conséquence, il devait se protéger, se munir d'une arme… Ce malade mental le suivait sans doute partout… »

Le livre se termine ainsi.

Lui, la prochaine victime ?

Il se rend compte que le roman tremble entre ses mains.

Il se branche aussitôt sur le site de l'université. Il s'agissait bien du cours du mardi, non ? Il trouve la liste des étudiants et constate qu'un seul nom comporte un code d'abandon ajouté par l'administration : Dashiell Chandler.

— Je te tiens, espèce de cinglé ! grommelle Lafleur, la bouche étirée par un rictus ambigu.

Demain matin, il expliquera tout à Boudreault, lui montrera le bouquin, et la police ira confronter ce Chandler…

Lafleur reste éveillé une bonne partie de la nuit, les nerfs à vif, rongé par la terreur.

: :

Après une nuit agitée et peu réparatrice, Lafleur se réveille à dix heures, encore plus épuisé que la veille. Après s'être habillé rapidement, il va au salon pour prendre le pseudo-roman du faux auteur Hammett. Mais le livre n'y est plus. Comme il n'est ni dans la cuisine, ni dans son bureau, ni dans la salle de bain.

Le professeur demeure de longues minutes au milieu du salon, déconfit. Boudreault ne le croira jamais s'il lui parle d'un livre qu'il n'a plus en sa possession. Au contraire, cela pourrait avoir l'air encore plus…

Le téléphone sonne. C'est Boudreault.

— Il paraît que vous m'avez appelé hier soir ?

Lafleur perçoit toujours ce sourire agaçant dans la voix du détective. Il recommence à avoir mal à la tête et se frotte les yeux en grimaçant.

— Oui, je… Je me disais… Enfin, c'est pas…

— Ça tombe bien, on voudrait vous voir, ici, au poste. Vous pourriez passer ce matin ?

— Dans… Pour quelle raison ?

— Pour revoir toute l'histoire avec vous.

— Vous ne pouvez pas m'arrêter, je suis innocent !

— On vous arrête pas, on a aucune preuve. On va juste parler. La présence d'un avocat est pas nécessaire, mais si vous…

— Dashiell Chandler !

— Pardon ?

— C'est un de mes étudiants ! C'est lui qui a tout organisé ! Il veut me rendre dingue et il va finir par me tuer, je suis sûr !

— Monsieur Lafleur, calmez-vous. De qui parl…

— Dashiell Chandler ! Trouvez-le et cuisinez-le, vous verrez !

— Venez au poste pis on va discuter de tout ça, d'accord ?

— Rappelez-moi quand vous l'aurez trouvé !

Il raccroche, maintenant immobile au centre de la pièce, à se triturer les doigts, sa paupière gauche prise d'un papillotement irrépressible. Pas question qu'il sorte de la maison tant que les flics n'auront pas attrapé ce malade !

Il s'assoit sur le canapé et soupire en laissant choir ses bras entre ses jambes. Pendant une bonne heure, il essaie de mettre de l'ordre dans ses pensées confuses, assourdissantes, mais une seule idée finit par surgir de ce maelstrom mental: Chandler est venu lui voler le livre pour que Lafleur n'ait aucune preuve. Il est entré par effraction cette nuit...

... et se trouve peut-être encore ici, dans l'appartement... Prêt à terminer son «œuvre»...

Lafleur cesse de se tripoter les doigts et regarde avec crainte autour de lui.

La porte du placard, là, entrouverte... N'était-elle pas complètement fermée la veille?

Les yeux écarquillés d'épouvante, Lafleur court à la cuisine, attrape un grand couteau de boucher, puis revient au salon. Il fait quelques pas vers le placard, la respiration saccadée, l'instrument maladroitement brandi. Il tente de se convaincre qu'il délire, qu'il n'y a aucun tueur fou caché chez lui... Mais s'il avait tort? Allait-il se battre? Lui, un professeur de littérature qui n'a jamais frappé personne de sa vie?

Alors qu'il se trouve à un mètre de la porte, trop terrifié, il rebrousse chemin et enfile rapidement son manteau qui traînait sur une chaise. Il vient pour jeter le couteau au sol, hésite: et si Chandler n'était pas dans la maison et qu'il l'attendait dehors? En gémissant, il glisse l'arme sous son manteau et s'enfuit.

Dans la rue froide, il dévisage les passants, à la recherche de son bourreau: tout le monde déambule dans le calme. Où est Chandler? Que trame-t-il, au juste? Ses yeux tombent sur la Librairie Le signet, *juste* au coin.

C'est ça! C'est exactement ça!

Il traverse la chaussée en trombe et, une minute plus tard, entre dans la librairie.

Derrière le comptoir, Denise le suit du regard avec un air inquiet et désolé, se demandant sans doute s'il ne lui en veut pas trop d'avoir donné son identité, l'autre jour, à la police. Mais contrairement à son habitude, l'enseignant ne lui accorde aucune attention et marche vers la section des polars. Il jette bien quelques regards aux deux autres clients présents, mais aucune trace de Chandler… à moins qu'il ne soit caché quelque part, comme il se cachait les fois précédentes !

Il se sent si fébrile, si nerveux, qu'il doit se frotter furieusement les yeux pour clarifier sa vision. Il cherche rageusement parmi les livres, avec une impatience qu'il n'a jamais montrée. Enfin, il tire à lui un bouquin comme s'il arrachait une mauvaise herbe. Le nom de Raymond Hammett est toujours inscrit en lettres écarlates, mais le titre est de nouveau différent, plus concis cette fois.

QUELQU'UN MOURRA

Une contorsion mi-sourire, mi-rictus déforme sa bouche presque écumante. Et qui mourra, hein, Chandler ? Moi ? C'est ce que tu veux, non ? Il feuillette les cent cinquante premières pages, qui sont identiques à celles des tomes précédents, ignore les cinquante suivantes et va à la toute dernière, qu'il lit en se mordillant les lèvres.

« […] et il trouva le livre, comme il l'avait prévu. Et tandis qu'il lisait la fin, l'enseignant entendit des pas derrière lui. Des pas qui approchaient avec une gravité presque funéraire […] »

Et Lafleur, bien sûr, entend au même moment des pas derrière lui, encore éloignés mais réels. Car, évidemment, *il* approche ! *Il* a tout prévu depuis le début ! Et sa vanité va jusqu'à prévenir sa victime de sa mort prochaine ! Comme s'il voulait que le professeur soit témoin de son triomphe juste avant de rendre l'âme ! Haletant, Lafleur ne se retourne pourtant pas, incapable d'interrompre sa lecture, envoûté par le roman…

« […] alors l'enseignant dirigea lentement sa main vers le poignard qu'il portait sur lui, prêt à le sortir […] »

Sans s'en rendre compte, Lafleur porte la main au couteau sous son manteau et empoigne le manche, tandis que les pas approchent derrière lui et qu'il lit toujours, le visage couvert de sueur, totalement en transe…

« […] et au moment où la voix prononça son nom près de sa nuque, il se retourna et assena un coup de toutes ses forces […] »

— Monsieur Lafleur…

En hurlant, il fait volte-face et frappe sans regarder, déconnecté de l'acte qu'il accomplit, uniquement plongé dans la peur, dans l'émotion, dans l'*histoire*, celle du livre et celle qu'il vit, n'arrivant plus à distinguer l'une de l'autre.

La lame s'enfonce dans un corps, un cri étouffé lui parvient aux oreilles, et enfin, titubant pour reprendre son équilibre, il lâche le manche et reconnaît sa victime.

C'est Boudreault qui, pour une fois, ne sourit pas, le dévisage avec stupéfaction d'abord, puis avec souffrance, recule de deux pas, puis s'écroule, mort, le couteau planté dans la poitrine.

Lafleur cligne des yeux, incrédule. Il n'entend même pas l'un des clients s'époumoner, il ne voit pas l'autre fuir à toutes jambes. Il a tout à coup l'impression d'être en apesanteur, et c'est avec mollesse, en sentant à peine le mouvement de ses muscles, qu'il relève le roman et qu'il lit les toutes dernières phrases.

« […] et il réalisa tout à coup qu'il avait frappé le détective. Le détective qui, après avoir appelé l'enseignant une heure plus tôt, avait tout de suite fait des recherches sur l'étudiant. Le détective qui avait rapidement découvert que le jeune homme en question existait bel et bien, mais qu'il était mort il y avait une quinzaine de jours d'un cancer qui le rongeait depuis plusieurs mois et qui avait eu la force de suivre uniquement le premier cours de sa session universitaire avant de s'éteindre à l'hôpital. Le détective qui avait décidé de venir apprendre la nouvelle à l'enseignant en personne et qui, muni d'un mandat, l'aurait obligé à le suivre au poste pour un vrai interrogatoire. Mais l'enseignant ne connaîtrait ces détails que dans quelques heures, au poste de police. En ce moment, il assistait seulement à la mort du détective. »

Lafleur ne se rend pas compte qu'il laisse le livre choir sur le plancher. Les pupilles aussi vides que celles du mort, il regarde autour de lui : le client le dévisage maintenant en silence, horrifié. À la caisse, Denise, bouleversée, parle à toute vitesse au téléphone sans le quitter des yeux.

Alors, l'enseignant glisse jusqu'au sol, en position assise, avec la lourdeur de celui qui se sait vaincu. Il ne cherche même pas l'exemplaire du bouquin de Hammett, convaincu qu'il ne le trouvera pas, comme personne ne le trouvera d'ailleurs. Il suffit d'arrêter de lutter, d'arrêter de vouloir comprendre et d'attendre, tout simplement.

Et comme la police ne sera pas sur place avant quelques minutes, il étire le bras dans le rayon de livres, attrape un polar au hasard et en commence la lecture.

PATRICK SENÉCAL

Jean Ray, Edgar Allan Poe, H. P. Lovecraft, Thomas Owen et Stephen King ont grandement marqué la jeunesse de Patrick Senécal. Influencé par ces maîtres de l'horreur et du fantastique, dès son adolescence, il écrit cinq ou six romans; il considère cette période comme un passage pédagogique où, en écrivant, il apprend son métier d'écrivain.

Le jour où il décide d'écrire «pour de vrai», il élabore un plan, crée une galerie de personnages et développe l'idée d'une famille dysfonctionnelle dans laquelle la folie se transmet par les gènes à tous les membres. Ainsi naît le roman *5150, rue des Ormes*. Dans ce thriller extrêmement efficace, le lecteur vit des situations angoissantes et même l'horreur à travers des personnages souffrant de troubles mentaux. Le style Patrick Senécal est né.

Après plusieurs romans et quelques films qui l'ont consacré maître québécois de l'horreur, notamment *Sur le seuil* et *Les sept jours du talion*, Patrick Senécal choisit un nouveau créneau, un ton différent. Pour le plus grand plaisir de ses fans, le cégep de Malphas est inauguré ; un mélange tout à fait réussi où il réunit, dans une même série, l'humour, le fantastique et le roman d'enquête. Sa véritable carrière de professeur de littérature, de théâtre et de cinéma au cégep a sûrement inspiré quelques éléments des quatre tomes de *Malphas* !

Cette série, c'est la démesure des actions, des personnages décalés, une écriture déjantée et une atmosphère jubilatoire. Aucun prérequis n'est nécessaire pour assister aux événements étranges qui se passent dans ce cégep ; il faut simplement accepter de suivre l'auteur dans sa folie créatrice et aller à la rencontre de ses personnages, tous plus vrais les uns que les autres (vrais comme une caricature...). En prime, chaque récit recèle un réel mystère, une enquête habilement menée par le professeur Sarkozy et l'apprenti journaliste Simon Gracq, ce poète urbain à la langue truffée d'expressions empruntées au lexique policier et à la syntaxe bancale. N'ayez crainte, après la sortie du quatrième tome de la série, l'auteur ne manquera pas de revenir à sa bonne habitude, celle de nous plonger dans un quelconque bain d'horreur.

Serez-vous étonné d'apprendre que Patrick Senécal rêve d'écrire un livre qui traitera du diable et de la conception que l'humain en a, à travers le temps et l'espace ? En attendant de pouvoir le lire, jetez un coup d'œil à la bibliothèque bien spéciale de Patrick : une structure longue de quinze mètres, agencée comme un casse-tête de bois et de métal, où les livres de tous les tons et de tous les genres, des classiques aux modernes, sont classés méthodiquement par ordre alphabétique d'auteurs. Mais ne cherchez pas de romans Harlequin, il n'y en a pas !

www.patricksenecal.net

Photo de l'auteur : Karine Davidson Tremblay

MARTINE LATULIPPE

Le libraire et l'enfant

L'enfant avait grandi dans une petite librairie de quartier. Un endroit un peu poussiéreux, un commerce transmis de génération en génération sans jamais être remis au goût du jour. Le libraire n'avait pas choisi d'être libraire, il avait simplement su qu'il devait l'être, comme l'avait été son père avant lui, et le père de celui-ci, et le père de celui-là encore… Grâce à quelques habitués, le libraire vivotait tant bien que mal au fil des ans.

Sa situation d'aîné de la famille lui avait permis d'hériter de livres, mais lui avait aussi imposé un enfant. Il avait un frère plus jeune, mort dans un accident de voiture avec sa femme quelques années plus tôt. Ils avaient laissé dans le deuil leur garçon de trois ans, orphelin, sans autre famille connue que le libraire. La famille de l'épouse venait d'on ne sait plus quel pays et avait été décimée par la guerre. La famille du frère se limitait à ce libraire passablement aigri qui avait accepté, à contrecœur, de recueillir le gamin. Il n'avait aucunement la fibre paternelle, et ça n'allait pas s'améliorer avec les années.

Le libraire avait aménagé à l'enfant un coin directement dans son commerce pour éviter d'avoir à acquitter des frais de garderie. Quelques coussins et des piles de livres placés dans un recoin de la librairie allaient devenir tout l'univers de ce garçon. L'enfant s'y était installé des années auparavant et il y grandissait discrètement, les épaules recroquevillées, le regard baissé, comme malgré lui, aurait-on dit. On ne l'entendait presque jamais dire un mot, sinon un « bonjour » ou un « merci » murmuré de temps à autre de la voix enrouée de celui qui n'est pas habitué de parler.

Les gens du quartier s'étaient tous, un jour ou l'autre, vaguement inquiétés pour l'enfant. Mais comme il grandissait, peu mais de façon constante, on se disait qu'il devait manger à sa faim. Personne ne l'avait vu être victime de mauvais traitements de la part de l'oncle non plus. À moins que l'indifférence puisse être considérée comme un mauvais traitement ? Car l'oncle ne s'en occupait pas, selon ce que l'on pouvait constater. Depuis des années maintenant, le gamin réfugié dans son coin de librairie grandissait dans son propre monde, seul. Seul et triste.

Il devait bien avoir neuf ou dix ans maintenant, et chaque client qui entrait dans la librairie pouvait l'apercevoir, au détour d'une allée, un peu à l'écart, la tête plongée dans un livre. L'oncle ne lui adressait pas la parole, pas devant les clients du moins, sauf pour lui crier d'une voix rude d'aller chercher telle boîte, ou tel essai, ou tel roman. L'enfant se levait alors lentement, avec les gestes mal assurés de celui qui n'est pas habitué de bouger, et il obéissait, poli, docile. Tout le monde espérait que, le soir venu, il rentrait à la maison avec l'oncle, qu'il ne dormait pas seul entre les piles de livres chancelantes sur ses coussins usés par les années. Mais personne n'avait osé le demander à l'oncle pour s'en assurer. Chacun se disait que ce n'était pas son problème, que d'autres gens du quartier allaient y veiller.

Les premières années, on avait posé davantage de questions. Quand l'enfant avait atteint l'âge scolaire, quelques-uns s'étaient inquiétés. Allait-il maintenant fréquenter l'école ? Était-ce une vie normale pour un enfant ? Quand on lui posait ces questions, l'oncle se contentait de grommeler que le gamin ne pourrait rien apprendre de plus à l'école que ce qu'il apprenait dans tous les livres auxquels il avait accès. L'oncle avait choisi l'école à la maison. Il le disait avec un petit rire cynique qui mettait toujours ses interlocuteurs mal à l'aise. N'aurait-il pas fallu parler à cet enfant ? Lui montrer ce qu'était la vie en société ?

Pourtant, l'oncle devait déjà l'avoir fait, il avait bien dû un jour lui parler, car il fallait admettre que le garçon savait lire. Il lisait sans arrêt. Frénétiquement. Passionnément. Presque absurdement. Il lisait tout le temps. L'oncle avait dû l'instruire, et on s'en faisait peut-être beaucoup pour rien. Les méthodes du libraire étaient différentes, c'est vrai, mais que pouvait-on y faire ? D'autres sûrement allaient s'en occuper. Le garçon n'était pas particulièrement rayonnant, pas de doute, mais comment faire autrement quand on a perdu ses parents à l'âge de trois ans ? Au fond, son oncle le gardait peut-être dans la librairie, près de lui, pour le protéger du monde extérieur. L'enfant était assurément un solitaire, un grand sensible. On tentait de s'en convaincre et on quittait la librairie la conscience apaisée, sans plus regarder la silhouette fragile qui lisait, derrière, au détour d'une allée. Sans regarder celui qu'on appelait l'enfant.

Si l'enfant avait un prénom, personne ne l'avait jamais su.

Quand on prenait le temps de s'y arrêter, dans le quartier, on voyait bien que rien de tout ça n'était normal. Qu'un enfant n'aurait pas dû grandir en silence dans une librairie trop tranquille en compagnie d'un oncle indifférent. Mais qui avait le temps de s'en occuper, avec les courses à faire, le travail, les enfants à aller reconduire, les comptes à payer, la vie qui va vite, si vite ? Personne. Chaque client se réconfortait en se disant qu'il n'était pas concerné. Dans son for intérieur, chacun savait pourtant que ça ne pouvait que mal se terminer. Que l'oncle finirait par laisser le petit mourir de faim, par négligence. Ou qu'un jour l'oncle allait mourir, il vieillissait aussi, et que deviendrait cet enfant solitaire, livré à lui-même ? On savait qu'il aurait fallu appeler la DPJ, on appréhendait le pire, mais tous comptaient sur les voisins pour réagir. Et aucun n'aurait pu prévoir ce qui allait survenir.

Non. Pas un. Personne n'a rien vu venir.

La routine continuait, immuable, la vie suivait son cours dans la petite librairie de quartier. L'enfant vieillissait, petit à petit, maigre et pâle à faire peur. Personne ne tenait le compte, mais il devait bien avoir onze ou douze ans, à présent. Ses jambes s'allongeaient un peu, il s'étirait doucement à défaut de grandir beaucoup. On aurait pu parler d'un préado, maintenant. Il avait gardé l'habitude de lire tout ce qui lui tombait sous la main. On s'était accoutumé à sa présence, on l'oubliait presque dans son abri de coussins, on ne lui parlait pratiquement pas. Du moins, jusqu'à ce jour où tout a basculé. À cause d'elle.

Elle n'était jamais venue à la librairie, c'est sûr, on l'aurait remarquée, on s'en serait souvenu. Quand elle a ouvert la porte, un rayon de soleil s'est faufilé dans la boutique en même temps qu'elle, il est allé rebondir sur la caisse enregistreuse l'espace de quelques secondes et il a fini sa course en aveuglant l'oncle un infime moment. Quand il a recouvré la vue, il l'a aperçue pour la première fois. Elle était jeune, éclatante, souriante, légère, pimpante, elle était tout ce que l'oncle n'avait jamais été, n'avait jamais connu.

Le libraire l'a saluée d'un « Bonjour, vous êtes nouvelle dans le quartier ? » un peu forcé, très intimidé surtout, la voix tremblante d'émotion comme un adolescent au premier rendez-vous. Elle a répondu, vive et insouciante, qu'elle venait d'arriver, en effet, qu'elle était étudiante à l'université, qu'il allait souvent la revoir, car elle A-DO-RAIT lire. Sa façon d'insister sur le « adorait » était charmante, on entendait clairement un sourire dans sa voix. Le cœur de l'oncle s'était mis à battre plus vite. D'un œil ravi, il la regardait errer dans les allées, humer les livres, parcourir les quatrièmes de couverture. Il ne comprenait pas ce qui lui arrivait. Il n'avait jamais connu cet affolement soudain des sens, il la regardait, les mains moites, la gorge sèche, il avait envie d'enfouir son nez dans ses cheveux, d'entendre sa voix de nouveau. Il avait toujours été seul et content de l'être, disait-il à qui voulait bien l'entendre. Seul ou presque, puisque l'enfant ne comptait pas vraiment.

L'enfant.

Le hoquet de surprise qu'il entendit ne laissait aucun doute : elle venait de tourner le coin de l'allée et de découvrir le refuge de coussins de l'enfant. Il entendit une voix chantante poser une question, une réponse rauque suivit. L'enfant lui parlait. L'oncle s'approcha.

Le libraire ne pouvait pas le savoir, mais le cœur de l'enfant battait à toute vitesse à son tour. La jeune fille devant lui le regardait. Pour de vrai. Mieux : elle le *voyait*. Embarrassé, peu habitué à faire la discussion, il se contenta de grommeler « Mon oncle » quand elle lui demanda ce qu'il faisait là. Il ne se souvenait pas avoir déjà eu une conversation, il ferait mieux la prochaine fois, se promit-il. Le libraire se hâta d'expliquer, d'un ton faussement compatissant, que le pauvre enfant avait perdu ses parents très tôt, qu'il était le seul de la famille à avoir bien voulu l'accueillir, que c'était un gamin souffreteux, faible, mais aussi érudit et intéressé à tout. À preuve, ses lectures variées. On pouvait tout apprendre dans les livres, insistait l'oncle, soucieux de se montrer en parent suppléant responsable.

L'étudiante jeta un œil intéressé à l'enfant et aux livres qui l'entouraient, elle s'éloigna ensuite, acheta deux livres de poche, des classiques, un Dumas et un Dickens, et sortit. La clochette de la porte tinta, la jeune femme s'éloigna d'un pas dansant, la librairie se retrouva plus morose que jamais.

Mais elle revint, et chaque fois un rayon de soleil l'accompagnait. Elle devint vite assidue à la librairie. Dès qu'un autre client occupait l'oncle, elle se précipitait vers l'enfant, lui parlait doucement, lui disait qu'elle étudiait en services sociaux, qu'il pouvait lui parler s'il avait besoin de quoi que ce soit. Il n'osait rien demander. Quand l'oncle s'approchait, l'enfant et l'étudiante se mettaient tous deux à discuter de livres, de leurs auteurs préférés, de retournements originaux et de styles adorés ou abhorrés. Il dévorait les romans policiers, elle préférait les classiques. Il aimait la science-fiction, la poésie la faisait frissonner. La jeune femme s'émerveillait de la culture de l'enfant : en savoir autant quand on a à peine une douzaine d'années, quand même ! Quelle merveille ! Depuis toujours, les livres étaient son seul refuge. Elle disait n'avoir jamais connu quelqu'un qui avait lu autant. L'oncle se rengorgeait, fier comme si elle l'avait complimenté, lui, d'avoir si bien élevé le petit. Le dos de l'enfant semblait se redresser, son regard brillait maintenant d'une lueur différente. L'étudiante l'écoutait, lui parlait. Elle pouvait l'aider, elle allait l'aider.

Le regard de l'oncle changeait aussi. Personne n'y avait jamais vu cette ombre gourmande, cette convoitise qui apparaissait chaque fois que l'étudiante franchissait la porte. Il regardait avidement sa jupe effleurer ses genoux, ses cheveux frôler sa nuque, il savait qu'elle était bien plus jeune que lui, mais il avait fini par se convaincre que ce n'était pas un hasard si elle venait aussi souvent à la librairie. Elle ne pouvait être passionnée de livres à ce point. Elle s'y rendait aussi un peu à cause de lui.

Le garçon s'épanouissait tout doucement, rien ne pouvait être brusque chez lui ; un observateur moins attentif ne l'aurait pas remarqué, mais le fait est qu'il gagnait en assurance, qu'il se sentait exister pour la première fois, qu'il devenait capable de parler. Le garçon changeait, la jeune fille venait de plus en plus souvent, la lueur de satisfaction dans l'œil de l'oncle brillait chaque fois un peu plus. « Pour moi. C'est pour moi qu'elle revient. » Il en grognait presque de satisfaction. Rêveur, il oubliait encore plus souvent qu'avant de nourrir le garçon tapi dans son coin de librairie.

Un matin, l'oncle fut assez sûr de lui pour suivre l'étudiante dans une allée située au fin fond de la librairie, près de l'arrière-boutique, aussi éloignée de la caisse que de l'enfant ou de la porte d'entrée, et il crut bon de déclarer sa passion à la jeune fille. Peu habitué aux galanteries, il empoigna la nuque de celle-ci et posa sur ses lèvres un baiser brutal et mouillé. Ses dents et celles de l'étudiante s'entrechoquèrent, elle se raidit et le repoussa des deux mains.

Une terrible dispute éclata. L'enfant écoutait attentivement. Paniquée, dégoûtée, la jeune fille demandait au libraire ce qui avait bien pu lui prendre. Il s'insurgea : enfin, il n'avait pas imaginé son intérêt, ses visites nombreuses… Elle l'insulta plus d'une fois. Entre-temps, la porte s'était ouverte, deux clients étaient entrés et avaient assisté à la fin de la scène. Ils virent l'oncle rougeaud et en sueur se diriger vers eux, ils virent l'étudiante émerger d'entre les livres, le regard effrayé, les joues cramoisies. L'oncle les servit sans dire un mot, les sourcils froncés, l'humeur exécrable, se retenant de frapper les touches de la caisse de son poing rageur.

Tout ça allait mal finir, c'était on ne peut plus sûr.

L'étudiante se précipita vers l'enfant pour lui faire ses adieux. Elle avait peur de ne plus pouvoir revenir, elle ne voulait pas le laisser tomber, pouvait-elle l'aider ? Cette fois, il lui dit oui. Il lui demanda de revenir à midi. Il serait seul, son oncle fermait la librairie une heure chaque jour pour aller dîner et lui l'attendait ici, sur ses coussins. Il pourrait alors parler à l'étudiante, lui dire ce qu'elle pouvait faire pour lui.

Elle accepta quand elle fut convaincue que l'oncle n'y serait pas et s'envola aussitôt par la porte de la librairie, sous le regard fermé du libraire toujours occupé à répondre aux deux clients. On n'allait jamais plus la revoir pimpante, radieuse, légère, tourbillonnante.

L'après-midi même, un promeneur trouva, dans la ruelle sur laquelle donnait la porte de derrière de la librairie, le corps brisé de l'étudiante, l'arrière de sa tête éclaté, ses yeux ouverts figés en une expression d'horreur. L'étudiante n'était plus.

Mise au fait de sa fréquentation assidue de la librairie, la police vint rapidement interroger l'oncle et l'enfant. Un agent apprit la nouvelle à l'enfant, tapi dans son coin. Il se mit à gémir en se berçant sur lui-même, refusant de parler. L'oncle essaya de protester, de s'expliquer, il s'indigna, mais l'affaire était tout à fait claire et allait être vite expédiée. Très tôt on apprendrait que deux clients étaient prêts à témoigner avoir entendu une dispute entre le libraire et l'étudiante. Elle l'avait repoussé, il l'avait tuée.

Les agents de police emmenèrent l'oncle menotté, hagard, en furie. Ils demandèrent au petit de rester assis et d'attendre, quelqu'un de la DPJ allait venir s'occuper de lui. Le véhicule ne quitterait pas les lieux avant que l'enfant soit entre bonnes mains.

Quand la porte se referma, l'enfant se leva. À force de le voir toujours prostré, personne n'avait remarqué comme il était devenu grand ces derniers temps. Il s'approcha de la fenêtre, appuya son front contre la vitre tiède et regarda les gyrophares tourbillonner devant la petite librairie. Une lueur s'alluma dans son regard. Une lueur de liberté.

L'enfant était vaguement inquiet de la suite des choses, il ne savait pas où il allait se retrouver, mais selon ce qu'il avait pu voir dans tous les livres dévorés au fil des années, ça ne pouvait pas être bien pire que ce qu'il avait connu ici. Qui sait, ce serait peut-être même mieux. Beaucoup mieux. L'enfant ne pouvait s'empêcher d'être triste pour l'étudiante, à qui il s'était attaché. Il lui était aussi reconnaissant, car, au final, elle l'avait réellement beaucoup aidé.

Le front contre la vitre, l'enfant regarda longuement le libraire assis sur le siège arrière de l'auto-patrouille, la mine ahurie. Pour la première fois depuis longtemps, un sourire effleura les lèvres de l'enfant. Son oncle avait raison. On pouvait tout apprendre dans les livres. Il y avait même appris comment réussir un crime parfait.

MARTINE LATULIPPE

Martine Latulippe mène une double vie littéraire. Elle sait créer des récits qui séduisent l'imaginaire des enfants de deux à cinq ans, tout comme celui des jeunes du primaire et du secondaire. Par ailleurs, elle trempe sa plume dans l'encre noire pour écrire des nouvelles dans lesquelles l'humain nous montre ses côtés les plus sombres.

Dès son enfance à Québec, Martine s'intéresse à toutes sortes de lectures : elle adore les bandes dessinées de Goscinny (*Iznogoud* et *Astérix*), suit les aventures de Tintin et, cultivant son goût futur pour les polars, elle dévore les enquêtes de la série *Alice détective,* de Caroline Quine. À l'adolescence, elle éprouve deux coups de cœur marquants : Tolkien et Alexandre Dumas, avec *Les trois mousquetaires*.

Il n'en fallait pas plus pour lui donner l'envie d'écrire et d'inventer ses propres histoires, tout en continuant à se réfugier dans l'univers de ses auteurs préférés ; elle adore exprimer ses émotions par la poésie et tente même l'expérience d'écrire un roman. Comme Obélix dans la potion magique, Martine tombe très rapidement dans le bouillonnement de la marmite littéraire.

Sa bibliothèque actuelle reflète l'éventail de ses goûts. Évidemment, une large place est faite à la jeunesse, pour elle et pour ses deux filles, mais très rapidement, on découvre de nombreux romans noirs, thrillers et romans policiers. Juste à côté, on ne peut pas manquer la section des bandes dessinées et celle des classiques. Martine est une lectrice boulimique depuis toujours.

Aujourd'hui, elle consacre la majeure partie de son temps à l'écriture pour la jeunesse — son abondante production en témoigne — et à des rencontres d'élèves dans les écoles du Québec. Elle s'implique également dans le monde du polar en étant membre du comité de rédaction de la revue *Alibis* et en y publiant des critiques.

Tout en cumulant les succès en littérature jeunesse, Martine Latulippe a récemment fait une entrée remarquée dans l'univers des nouvellistes québécois avec son premier recueil, *Les faits divers n'existent pas*. Ses nouvelles, souvent noires et parfois très noires, se dégustent; on en savoure lentement l'effet jusqu'au moment de la finale, renversante ou surprenante.

Sous peu, ses jeunes lecteurs pourront se faire plaisir en découvrant la suite de la série *Émilie-Rose*, soit *Le camp, Patch, la chèvre et moi,* de même qu'un roman, *Julie et la chasse-galerie*. Les projets de l'auteure concernent surtout ses livres pour la jeunesse, mais espérons que le succès de son recueil lui donnera le goût de se lancer dans l'écriture d'autres nouvelles ou — pourquoi pas? — d'un polar.

www.martinelatulippe.net
martinelatulippe@hotmail.com

Photo de l'auteure: Anaïe Gouffé

MARTIN MICHAUD

Une longue vie tranquille

Los Angeles, Californie
1 h 49 AM, 5 août 1962

Une petite rue commerciale déserte et mal éclairée, un réverbère dont la lueur vacille. Feutre à la main, un homme jeune en costume sombre la dévale. Le claquement sec de ses pas résonne sur le pavé, son souffle court ricoche dans l'air. Ses jambes sont raides, ses muscles, engourdis par la douleur. Il jette sans cesse des regards derrière lui. C'est un homme traqué qu'on pourchasse depuis de longues minutes. Il va bientôt s'effondrer.

Il s'arrête devant un immeuble, se réfugie dans l'ombre de la façade. Au-dessus de sa tête, une enseigne grince en se balançant doucement dans le vent. Il fait trop sombre pour qu'il puisse distinguer les lettres. L'homme tend l'oreille et guette les bruits. Il n'aurait pas dû stopper sa course. Il ne pourra plus se remettre en marche. Les mains tremblantes, hors d'haleine, il sort un couteau de sa poche. La serrure lui résiste. Il précipite ses gestes. Des gouttes de sueur froide lui piquent les yeux. Un claquement métallique. Le battant s'ouvre. L'homme entre, il referme la porte derrière lui.

À l'intérieur du commerce, ses yeux plissés tentent de s'habituer à la pénombre. Un bruit de moteur se fait entendre. L'homme se couche brusquement sur le sol. Une voiture passe lentement dans la rue. Le faisceau d'une lampe torche se promène sur la façade. Bloquant sa respiration, l'homme se blottit contre un mur. Il essaie de se faire aussi petit que possible, de se fondre dans le décor. Il souhaiterait se dissoudre entre les fentes du plancher.

Des Moines, Iowa
De nos jours

La poitrine grise et décharnée de James Finley King émergeait des couvertures. Son souffle était ténu et hachuré. Le vieux avait fait sortir tout le monde de la chambre. Tous, sauf son plus jeune fils. Morgan était le seul de ses trois enfants qu'il ait vraiment aimé. À ses yeux, les jumeaux étaient deux idiots qui n'avaient jamais eu d'autre intérêt dans la vie que de se remplir les poches et de s'empiffrer. Le vieux sifflait en inspirant. Une quinte de toux le secoua. Avec un mouchoir, Morgan essuya les gouttelettes de sang sur son menton. James Finley King regarda son fils avec l'intensité de celui qui se trouve au seuil de la mort, puis il ouvrit son poing crispé. Une clé reposait dans sa paume. Sa voix n'était plus qu'un fil, un murmure:

— Tu iras dans mon coffre. J'ai gardé quelque chose pour toi…

La gorge nouée, Morgan acquiesça d'un signe de tête. Il prit la clé et la déposa sur la table de chevet. Un verre d'eau à la main, il s'approcha pour essayer de donner à boire au vieux, mais celui-ci le repoussa.

— Je voulais que tu saches, Morgan. Tu…

Le vieux hoqueta. Ses mots se répandirent dans l'air avec son dernier soupir:

— Tu es le seul qui pourra comprendre. Le seul à savoir…

Ému, Morgan ravala ses larmes et serra la main du vieux dans la sienne. Longtemps, il fixa cette main striée de rides que lui avait tendue le vieux si souvent quand il était enfant.

Deux heures plus tard, lorsque Morgan se leva, les doigts du vieux étaient froids. Il alla à la fenêtre et tira les lourds rideaux de velours. À son zénith, le soleil culminait. Morgan attrapa la clé sur la table et l'observa. Ainsi donc, cette clé qu'il n'avait jamais vue auparavant, celle qui ouvrait le coffre ayant été l'objet de ses fantasmes d'enfant, n'était pas un mythe. Petit, Morgan s'imaginait que le vieux dissimulait un trésor. Combien de fois avait-il cherché cette clé en catimini dans les affaires de son père? Un jour, Morgan devait avoir une douzaine d'années, le vieux l'avait surpris avec son trousseau à la main. Il s'était mis dans une colère noire. Morgan avait dès lors renoncé à tenter d'ouvrir le coffre. Et, maintenant, alors qu'il rendait l'âme, voilà que le vieux lui livrait l'objet de sa convoitise. Morgan hocha la tête, mit la clé dans la poche de sa veste et éteignit la lampe. S'agenouillant près du lit, il pria en silence quelques instants. Puis, il se releva et déposa un dernier baiser sur le front du vieux. À l'instant où ses lèvres quittèrent la peau ravinée de celui qui avait illuminé sa vie, Morgan prit conscience qu'un mur de lumière venait de s'écrouler.

C'est un homme ayant déjà vécu plus de la moitié de son existence qui referma derrière lui la porte de la chambre du vieux. Morgan était né en 1964. Il avait toujours vécu à Des Moines. Soporifique et grise, la vie dans la capitale de l'Iowa l'avait toujours profondément ennuyé. Morgan enseignait la littérature anglaise à des adolescents boutonneux qui n'en avaient rien à foutre. Son divorce était déjà loin derrière; il n'avait que peu de contacts avec ses deux filles depuis qu'elles étaient majeures. Maintenant que le vieux était mort, Morgan n'allait plus perdre son temps. Il allait quitter cette ville et accomplir quelque chose de grand, quelque chose de significatif. Les romans auxquels il travaillait depuis de longues années finiraient par être publiés. Oui, il deviendrait quelqu'un. Même s'il avait aimé le vieux profondément, Morgan lui avait toujours reproché l'insuffisance de ses ambitions, son manque d'envergure. Le vieux s'était contenté d'élever sa famille et d'un boulot médiocre dans l'assurance. Il s'était satisfait toute sa vie de plaisirs simples et dérisoires: regarder des matchs de baseball à la télé, tondre le gazon et assister, dans ses beaux habits, à l'office du dimanche. D'aussi loin que Morgan pouvait se souvenir, le vieux avait toujours rêvé de vivre une longue vie tranquille.

Morgan marcha dans le corridor. De la musique filtrait du salon en sourdine. Il reconnut *So What*, de Miles Davis. Lorsqu'il arriva dans la pièce, Morgan tenait à peine sur ses jambes, comme s'il venait de passer des heures à errer dans la maison. Une lumière où flottaient des grains de poussière filtrait des épais rideaux noirs qui couvraient les fenêtres. Serrés l'un contre l'autre sur le canapé, sa mère et ses deux frères discutaient à voix basse. Ils se turent et levèrent la tête vers lui. Morgan savait qu'ils attendaient quelque chose de sa part. Un signe, une parole. Ne sachant que dire, il baissa les yeux. Sa mère porta d'abord ses deux mains à sa bouche. Puis, enfouissant sa tête dans le creux de l'épaule d'un des jumeaux, elle se mit à pleurer, et ses sanglots longs vinrent déchirer le silence monotone. S'engageant dans l'escalier qui menait à l'étage, Morgan les laissa derrière. Ces trois-là avaient toujours composé un cercle au sein duquel il n'avait jamais été admis.

Le cœur cognant dans sa poitrine, Morgan ferma la porte du bureau derrière lui. Il promena son regard dans la pièce austère. D'une propreté clinique, elle l'avait toujours intimidé. Le vieux s'y enfermait parfois à double tour durant des heures. Toute la maisonnée savait alors qu'il ne fallait pas le déranger. Morgan s'avança. Un rayon de soleil léchait la surface immaculée du plan de travail. Le fauteuil grinça quand il s'y assit. Morgan prit la clé dans la poche de sa veste et la posa sur le buvard, devant lui. Assailli par les doutes, il la regarda fixement. Après toutes ces années, avait-il encore envie de découvrir ce que son père avait tenu à garder caché dans le ventre du coffre ? Le vieux avait-il vécu une relation adultère ou encore leur avait-il dissimulé l'existence d'une demi-sœur ? Le coffre renfermait-il des liasses de documents permettant de mettre au jour quelque transaction immobilière douteuse ? Morgan inspira profondément et sourit en secouant la tête. Non. Bien sûr que non ! Son imagination lui jouait de sales tours. Tout le monde avait droit à son jardin secret. Et le vieux n'avait-il pas mené qu'une longue vie tranquille ?

Finalement, la curiosité l'emporta. Le coffre était encastré dans une armoire basse, derrière le fauteuil. Morgan prit la clé et l'introduisit dans la serrure. La porte glissa sans bruit sur des gonds bien huilés. Dans le coffre, Morgan trouva une enveloppe décachetée et un paquet de cigarettes. Laissant la porte du coffre entrouverte, il fit pivoter le fauteuil et posa la lettre sur le buvard. Le paquet de cigarettes était-il vide ? Morgan le secoua près de son oreille. Quelque chose bougeait à l'intérieur. Il l'ouvrit. Le paquet contenait une seule cigarette. Morgan avait cessé de fumer depuis plus de vingt ans. Le vieux avait lui aussi écrasé depuis longtemps. Pourquoi avait-il laissé cette unique cigarette à son intention ? Morgan haussa les épaules, déposa le paquet sur le bureau et prit l'enveloppe. Un effluve de vieux livre en émanait. Il attrapa le feuillet à l'intérieur et le déplia avec précaution. Le papier jauni craquelait, menaçait de se séparer près des marques de pliage. Sous l'en-tête d'une librairie de Los Angeles figuraient des paragraphes rédigés à l'encre noire d'une écriture irrégulière et serrée, criblés de ratures. Pour autant que Morgan pouvait en juger, ces mots semblaient avoir été jetés sur le papier dans l'urgence. Morgan se renversa dans le fauteuil et posa ses pieds sur le bureau. Il commença à lire la lettre :

Los Angeles, 5 août 1962

Je m'appelle Arthur Benson. J'ai vingt-six ans. J'ai fait des études en chimie et en pharmacie à l'Université Princeton avant d'être recruté par le FBI. J'ai complété ma formation au mois de juillet de cette année. On m'a aussitôt affecté aux opérations spéciales. Le patron, monsieur J. Edgar Hoover, m'a briefé lui-même pour ma première mission. Celle-ci consistait à assurer le soutien logistique et opérationnel pour un autre agent du Bureau. En d'autres termes, je devais l'accompagner ~~celui-ci~~ sur le terrain et lui procurer l'assistance et le matériel requis. ~~Ce soir~~ Le 5 août, je me suis rendu en sa compagnie ~~de cet agent~~ sur les lieux de l'opération. Une maison cossue de Brentwood. ~~Il~~ Nous avons attendu quelques heures en silence dans la voiture. Puis, mon collègue, un type qui se fait appeler Red, m'a demandé de préparer un cocktail de barbituriques ~~composé d'hydrate de chloral et de pentobarbital~~. Red a précisé que le dosage devait être suffisant pour tuer un homme de bonne corpulence. J'ai tout de suite compris que j'avais affaire à un tueur. Ça ne m'a pas surpris. Je savais à quoi m'attendre quand j'ai été affecté aux opérations spéciales. Je me suis installé à l'arrière de la voiture et j'ai ouvert ma trousse. J'ai préparé le mélange en quelques minutes. Red est sorti avec la fiole contenant la mixture et m'a demandé de l'attendre dans la voiture. Il est parti vers la maison en emportant les clés.

Arthur Benson triture son feutre du bout des doigts et consulte sans cesse sa montre. Une heure du matin. Parce qu'il en a marre d'attendre, il sort de la voiture pour griller une cigarette. Il donne machinalement de petits coups de pied contre le pneu de la Chevrolet Bel Air. À vue de nez, il estime qu'il s'agit d'une 1961, le modèle de l'année précédente. Alors qu'il rejette une bouffée de fumée bleuie dans l'air tiède, des éclats de conversation captent son attention. Arthur reconnaît la voix de Red et croit discerner celle d'une femme. On lui a pourtant assuré que leur cible était un homme. Intrigué, Arthur s'avance jusqu'à la propriété. Par une fenêtre entrouverte, il observe la scène. Red porte des gants de coton blanc et tient un pistolet muni d'un silencieux dans son poing droit. Le canon du pistolet est pointé sur la tête d'une jeune femme aux cheveux platine. Arthur déglutit. Dans la main gauche, Red tient un verre. Arthur ne peut apercevoir le visage de la jeune femme, mais il comprend que son collègue veut la forcer à boire le cocktail concocté dans la voiture.

— Ne compliquez pas les choses davantage. Buvez !

La jeune femme se tient digne et droite. Elle refuse de se laisser intimider, mais Arthur perçoit le tremblement de sa voix.

— J'ai parlé à Bobby tout à l'heure. Il ne vous laissera pas faire !

— Buvez !

La jeune femme prend le verre que lui tend l'agent du FBI, l'enserre de ses doigts aux ongles laqués de rouge. Elle fixe Red quelques secondes. La tête renversée vers l'arrière, elle vide le verre d'un trait. Puis, elle le balance sur le tapis et s'essuie les lèvres.

— Allez au diable ! Allez vous faire foutre !

Morgan interrompit sa lecture et se redressa dans son fauteuil. Une lame du parquet venait de grincer. Il se leva et s'approcha de la porte. Il colla l'oreille contre le battant. Quelqu'un se trouvait de l'autre côté, dans le corridor. Sans doute un des jumeaux venait-il, à la demande de leur mère, vérifier ce qu'il tramait. Sans bruit, Morgan glissa le loquet pour verrouiller la porte et attendit. La poignée tourna doucement à vide. Quelqu'un essayait d'ouvrir avec précaution. Après un moment, le craquement des lattes confirma à Morgan qu'il était de nouveau seul à l'étage. Il revint vers le bureau, se laissa choir dans le fauteuil et reprit la lecture de la lettre :

Je suis resté à la fenêtre. J'étais cloué sur place~~, hypnotisé~~. Je ne m'étais pas préparé à l'éventualité que notre ~~cible~~ objectif soit une femme. Au bout d'un moment, elle a porté une main à son front. La drogue produisait ses effets. Elle ~~commençait à~~ se ~~sentir~~ sentait étourdie. Red lui a tendu le bras pour l'aider à garder son équilibre, mais elle l'a repoussé. Ensuite, tout s'est passé très vite. La jeune femme est tombée à genoux, puis elle s'est affalée sur le flanc. Lorsque sa tête a touché le tapis, ses cheveux se sont écartés et j'ai aperçu pour la première fois son visage. Quand je l'ai reconnue, j'ai paniqué. Je n'ai pu retenir un cri. Red s'est retourné et il m'a surpris à la fenêtre. J'ai tout de suite vu dans ses yeux que je n'aurais jamais dû être témoin de cette ~~la~~ scène ~~à laquelle je venais d'assister~~. Du même coup, j'ai compris qu'il ne me laisserait pas porter secours à la jeune femme. Alors, je me suis mis à courir à toutes jambes. Red me pourchasse avec la voiture depuis plusieurs minutes. Je me suis réfugié dans cette librairie en espérant lui échapper. Avant de commencer à écrire cette lettre, j'ai téléphoné pour qu'on envoie une ambulance à la maison de la jeune femme. J'ignore si elle arrivera à temps. ~~Je suis persuadé qu'il veut~~ Je sais que Red va me tuer s'il me trouve, mais je suis à bout de forces. Je ne peux plus courir. Le nom de Red est

Arthur Benson relève la tête d'un geste brusque. Il promène son regard dans la pièce, s'attarde aux rayons remplis de livres, scrute les zones d'ombre. A-t-il entendu du bruit ? Il dépose son stylo sur la table et éteint la lampe de lecture. Il ne peut réprimer le tremblement de sa main. Sa gorge est desséchée et tout son corps n'est que brûlure. Il vient de terminer la lettre qui révélera au monde entier ce qu'il sait. Ce dont il a été témoin est une abomination, quelque chose qui n'aurait pas dû se produire. Il faut que tous les Américains sachent. Arthur va se lever pour glisser la missive dans un livre qu'il prendra au hasard sur une étagère quand la porte d'entrée s'ouvre brutalement. La silhouette de James Finley King, alias Red, se découpe dans le cadre. Un pistolet muni d'un silencieux pend au bout de son poing droit. Le tueur du FBI s'avance. Arthur Benson se lève d'un trait, renversant sa chaise. Le poing de James Finley King s'élève lentement dans l'air. Arthur tente de protéger son visage en tendant ses mains devant lui. Dans la librairie, un trait de lumière déchire l'obscurité.

Morgan déposa la lettre sur le bureau et attrapa le paquet de cigarettes. Sans savoir pourquoi, il avait toujours son vieux Zippo sur lui depuis qu'il avait cessé de fumer. Morgan prit la cigarette, la tapa contre l'ongle de son pouce pour tasser le tabac et l'alluma. Il aspira une longue bouffée qu'il exhala par les narines. Il se mit à tousser, puis il tira encore une longue bouffée. Un vertige lui prit la tête. La vie qu'il avait vécue jusqu'à ce jour défilait devant ses yeux. Sa jeunesse à Des Moines, le temps qu'il y avait passé avec le vieux sans jamais soupçonner le terrible secret que celui-ci avait porté tout ce temps. Le contenu de la lettre expliquait certaines absences et les longs silences du vieux. Une vie de mensonges...

Morgan songea à ses propres aspirations, à son rêve de devenir écrivain et de quitter Des Moines, à la vie dont il rêvait. Puis, il pensa au scandale que sa famille et lui devraient affronter s'il rendait le contenu de la lettre public. Ces révélations embraseraient l'Amérique. Des centaines de journalistes les traqueraient nuit et jour, fouilleraient dans le passé du vieux et dans le leur, se vautreraient dans les rebuts de leur vie. Et ça, c'était sans compter qu'il y aurait une enquête. Alors, sans hésiter, Morgan prit la lettre et il y mit le feu. Il regarda le papier noircir et se tordre, les flammes avaler les lettres, gommer l'ignominie. Quand les flammes lui léchèrent les doigts, Morgan laissa la dernière portion de la missive se consumer dans la corbeille de métal. L'enveloppe enflammée l'y rejoignit. En quelques secondes, Morgan venait d'effacer une page d'Histoire. Il en avait pleinement conscience. Les dernières phrases de la lettre d'Arthur Benson rejouaient en boucle dans sa tête. Morgan ne les oublierait jamais. Et c'était lui qui, à présent, rêvait d'une longue vie tranquille.

Le nom de Red est James Finley King. En appelant l'ambulance, j'ai dit à la standardiste que celui de la jeune femme était Norma Jean Mortenson. Puis, je me suis repris. Le monde la connaît mieux sous le nom de Marilyn Monroe.

MARTIN MICHAUD

Dans une résidence de Québec, pour Noël, un garçon d'une douzaine d'années reçoit un livre en cadeau. Sur la couverture, un cavalier curieusement vêtu qui, au fil des pages et des aventures, transformera le jeune Martin en Michel Strogoff, parcourant les plaines de la Sibérie, poursuivi par l'infâme Ogareff. La passion de Martin Michaud pour la lecture venait de naître, en plein cœur de la Russie du dix-neuvième siècle.

Au début de ses études collégiales, il tombe amoureux de l'œuvre de Charles Baudelaire, ce qui lui donne l'envie irrésistible d'écrire. Poésie et paroles de chansons précèdent l'écriture de son premier roman, rapidement enfoui au fond d'un tiroir. Puis, dans quelques notes retrouvées bien des années plus tard sur le disque dur de son ordinateur, apparaît un personnage qui marquera les débuts de Martin Michaud: Victor Lessard, enquêteur du SPVM, devient le policier principal de ses romans.

Les lecteurs québécois ont rapidement adopté cet inspecteur et les membres de son équipe, dont la colorée Jacinthe Taillon. Le personnage de Victor Lessard présente une riche complexité : une enfance difficile, un passé amoureux tumultueux et quelques démons qui le hantent toujours. Cela nous le rend sympathique et profondément humain.

Les personnages récurrents ayant souvent des affinités avec leur créateur, peut-on établir des correspondances entre Victor et Martin ? Les plus évidentes sont l'amour de leurs enfants et leur habitude de porter des Converse (souvent rouges !).

Les débuts littéraires de Martin sont spectaculaires. Il a remporté le prix Saint-Pacôme en 2011 pour *La chorale du diable. Il ne faut pas parler dans l'ascenseur* (son premier roman) lui avait valu le Prix coup de cœur en 2010. En octobre 2013, il s'est mérité pour une deuxième fois, le prix Saint-Pacôme du roman policier, pour son roman *Je me souviens*. Il devient ainsi, le premier écrivain à obtenir ce prix à deux reprises.

Vite adopté par le public et la critique, Martin Michaud est devenu un des joueurs importants du monde du polar québécois.

Pour son quatrième roman, délaissant la brigade de Lessard, l'écrivain nous a préparé un thriller politique se déroulant aux États-Unis, *Sous la surface*. Il fallait de l'audace pour laisser de côté une recette gagnante et nous amener ailleurs, dans un sentier loin d'être battu. Avec une écriture à l'américaine, rythmée par des rebondissements fréquents et des chapitres courts, Martin nous transporte en plein cœur des élections américaines, dans un tourbillon d'intrigues politiques et... amoureuses.

Vous ne serez pas surpris d'apprendre qu'il écrit ses romans comme s'il s'agissait de scénarios de films. D'ailleurs, il travaille actuellement à la scénarisation de deux de ses romans pour le cinéma et à une série originale pour la télévision. Enfin, à l'automne 2014, il nous reviendra avec le quatrième volet des enquêtes de Victor Lessard.

À l'image du courrier du tsar qui a habité son adolescence, Martin Michaud désire parcourir encore longtemps les vastes plaines du polar et du thriller en compagnie de ses romanciers préférés : Simenon, Mankell, Nesbo, Ellory, Jean-Paul Dubois et Paul Auster. Et au hasard d'une rencontre avec cet avocat devenu écrivain, dans un salon du livre ou pendant une séance de signatures, n'hésitez pas à lui demander pourquoi, dans chacun de ses romans, il insère une référence à Humphrey Bogart et à la pièce *So What* de Miles Davis. Découvrir le sens de ce genre de petit secret d'auteur est toujours passionnant...

www.michaudmartin.com
www.facebook.com/martinmichaudauteur

Photo de l'auteur : Philippe-Olivier Contant/Agence QMI

BENOÎT BOUTHILLETTE

Le psaume du psoque

La littérature est morte. On a repêché son corps inanimé quelque part au tournant du millénaire, quand le dernier membre de la génération X a atteint l'âge du Christ.

On ne lira plus, dans vingt ans. On se divertira, on alimentera sa page Facebook avec les livres à la mode, mais on ne trouvera plus de réponses à ses questions dans les romans, on les feuilletera pour se divertir.

Pis c'est ben correct de même.

On en avait marre de se faire raconter l'histoire du gars qui écrit des histoires. Lire le gars qui écrit qu'il écrit. Un plombier nous parle-t-il de sa formation et de ses outils lorsqu'il débarque dans la pièce ? Non : il ouvre son coffre, sort sa clé anglaise et se met à dévisser. Il colmate les fuites. Un écrivain devrait être un plombier de l'âme, capable de juguler les canalisations, de contenir tous les débordements. Au lieu de quoi on a eu droit, dans sa dernière décennie d'existence, à des manucuristes de la plume, à la littérature Mattel, à des oisifs nombrilistes : à des marchands du temple.

Il y a bien eu un sursaut, au début du millénaire, avec la littérature policière. La vraie, celle qui tentait de recréer une mythologie de notre époque, les livres de Jean-Claude Izzo et les valeurs de vivre à Marseille, de Leonardo Padura et les soubresauts de l'histoire à travers les rues de La Havane, les romans absolument postmodernes et tellement jubilatoires de Daniel Pennac, la profondeur de l'épopée humaine d'Ed McBain. Mais le millénaire a culminé avec *Millenium*, et le récit policier est devenu une extension téléscriptée de *CSI*. Un divertissement. Les scénaristes se sont approprié le genre et Jack Taylor a cessé de boire. On ne souhaitait plus plonger au cœur des ténèbres, affronter la mort et les flammes de l'enfer, on ne voulait plus qu'être cajolé par elles. Avoir peur, mais pas trop. Et surtout : s'il vous plaît, sans effort. La vie est déjà assez compliquée comme ça, le soir on veut se reposer, ne pas se casser la tête. On a fait l'éloge de l'épure, les éditeurs se sont mis à promouvoir la limpidité du style, alors que le style, c'est exactement le contraire.

Le contraire de quoi ? Le contraire de tout.

Mais le roman est à la veille de mourir. Peut-être alors, lorsque tous les vieux prosateurs du siècle passé auront enfin rejoint les oubliettes de l'histoire, peut-être que ressuscitera le vrai roman, né du récit d'aventures ? Peut-être est-ce à cette réémergence du rôle fondateur du roman — donner à vivre par-delà les frontières, du mythe chez Homère, des continents chez Cervantès, des classes chez Rabelais — qu'auront droit les générations futures ?

C'est tout le bien que je leur souhaite. Ouaip. Vivre au-delà des frontières.

Tout ce que je donnerais, finalement, pour ne pas me retrouver ici, dans ce foutu bureau sans fenêtre, assis sur une chaise bancale, face à cette lettre sinistre envoyée par un auteur insipide.

Bon, pas tant que ça, soyons honnête. Le gars se force. Il a du style, pour reprendre mon propos. Mais il y a aussi quelque chose d'alambiqué dans l'agencement de ses phrases. Comme la toute première missive qu'il nous avait fait parvenir :

Vous avez tué mon église, je tuerai votre librairie.

Ça avait été adressé directement sur le site Internet de la Sûreté, mon corps policier. Oui, chaque fois que j'utilise cette expression, « corps policier », je vois en pensée le corps de ma légiste, les pieds nus et gracieux de Laetitia s'avançant vers moi, nuisette noire sur hanches amples, me déclamant : « Ceci est mon corps, livré pour vous. » Le problème, c'est que c'est aussi pour la multitude — alors que je souhaiterais être seul au monde avec elle, ce qui m'est à jamais interdit par les lois sacrées de son union de fait — « et en rémission des péchés », alors que tout l'être de Laetitia est un appel à la luxure. Et, oui, comme chaque fois que je pense à elle, elle apparaît, lunaire, dans l'entrebâillement de la porte, sourire parfait sur un air bête parfait.

Laetitia : Coudonc, Benjamin Sioui, est-ce que ça avance, ton histoire ? Vas-tu bientôt être capable de passer à autre chose ? Je viens de croiser Ti-Mine et Grig à la cafétéria, ils sont tannés de devoir se taper les rapports. Tu le sais, la rédaction, c'est pas leur fort…

Ti-Mine et Grig, Alexandre et Grigori pour les intimes, mes assistants, que je nomme affectueusement mes idiots. Je dis « idiots » pour ne pas utiliser le mot « larrons », bien qu'avec eux ça soit la foire permanente.

Moi : Ce n'est pas ma faute si notre illuminé a décidé d'en faire une cause personnelle, un roman épistolaire, version deux poings hauts.

Mais, pour en revenir à la première lettre de notre illuminé, nous avions reçu ce message nébuleux, provenant d'une adresse IP impossible à retracer :

Chaque jour naît une génération. Toutes les deux semaines apparaîtront les signes de mon courroux. Dans quarante-deux générations se révélera l'épître destructrice. Vous avez tué mon église, je tuerai votre librairie.

Euh, pardon ?

Comme chaque fois qu'on était aux prises avec une affaire plus ou moins bizarre, c'est à moi qu'on faisait appel : Benjamin Sioui, l'ex-flic réfractaire assigné aux crimes reliés à l'art, promu sergent-détective réfractaire assigné à tout ce qui dépassait la compréhension moyenne d'un agent de police moyen — ce qui, mettons, ne fait pas fort la moyenne — lorsqu'un faussaire de génie s'était mis en tête de décapiter les corrupteurs de l'*establishment* en reprenant à son compte l'esthétique du peintre britannique Francis Bacon[1].

Depuis, j'œuvrais dans l'ombre du système, ce qui convenait parfaitement à mon tempérament : six pieds trois, deux cents livres, cheveux dans la face, *coat* de cuir inusable sur ma peau usée de mi-quarantaine atteinte, sauvage comme seul peut l'être un Huron-Wendat déraciné des rives de son Saguenay pour être transplanté en ville. Je n'ai pour seul maître et dieu que Dieu en personne, j'ai nommé DdF, Daniel de Fontenoy, mon patron à la Sûreté. C'est lui qui m'a convié, ce matin-là, le jour de la réception de ce message, crypté pour ne pas dire cryptique. DdF m'attend. J'entre dans son bureau, la chaîne Bang & Olufsen à chargement frontal dessine une auréole derrière la tête de mon grand chef. DdF, campé dans son fauteuil de cuir présidentiel, qui attend que je prenne siège devant lui, ses deux mains jointes, doigts croisés, sur son absence de ventre, et qui attend que je m'assoie en faisant soupirer le cuir du fauteuil Le Corbusier en face de lui, la chaise du condamné.

Moi : Tu sais que je n'ai jamais été capable de dire de quelle couleur étaient tes saints-sièges, patron ?

DdF : Ton daltonisme n'est que la première et la moins irritante de toutes tes anomalies, Benjamin.

Moi : Et la dernière et moins attrayante, ça serait quoi ?

DdF : Ta gueule de chaman empaillé, qui pourrait servir d'épouvantail dans un champ de coca.

Paf. Assené de même. Comme s'il y avait songé depuis deux mille ans. Je t'aime, patron.

DdF : C'est du cuir couleur sanguine, Benjamin. De la peau rouge, comme toi…

1. Voir *La trace de l'escargot*, prix Saint-Pacôme du roman policier 2005, Éditions JCL.

Moi : Tu veux ma peau, patron ?

DdF : Mon seul manque de pot, c'est de t'avoir sous mes yeux.

L'univers a le temps de se contracter et de « rebigbangner » mille fois avant que DdF ne daigne se mouvoir. Son regard me fouille les entrailles. Puis, lentement, son bras s'étire, il pointe l'index en ma direction, comme s'il me vrillait au plafond de la chapelle Sixtine, agrippe la poignée de son tiroir, le tire, en extrait une petite boîte d'une étrange forme, coucourde de cuir noir au bec replié, il me la tend, je l'ouvre.

Moi : Une pipe ? Tu m'offres une pipe, patron ?

DdF : C'est pour te faire fermer la gueule, Benjamin. Depuis ton retour de Cuba, je suis tanné de te voir te promener avec tes cigares éteints dans la bouche.

Je sors la pipe de son étui. Magnifique. La tête de la pipe a la forme d'une tête de mort, recouverte d'une capuche blanche. On enfourne le tabac par le sommet du crâne ouvert, il s'y consume comme des idées noires.

Moi : Qu'est-ce que c'est ?

DdF : C'est de la stéatite.

Je lui jette un regard contenant toute l'incrédulité de Wounded Knee.

DdF : De la pierre à savon…

Moi : Je le sais, patron.

La stéatite. Nostalgie fugace, mes cours d'histoire de l'art… La seule matière qui serait digne qu'on sculpte en son sein le corps de Laetitia en Vénus du paléolithique.

Moi : Mais d'où ça vient ?

DdF : Ça revient tout juste de Turquie avec moi, dans mes bagages.

Moi : Tu t'étais absenté, patron ?

DdF : Qu'est-ce que tu dirais de me décortiquer ça ?

Et DdF de me tendre le message de celui qui allait devenir, dans nos notes internes, le psoque.

(Je revois la scène. Tous penchés autour de la table de réunion, en compagnie de mes deux idiots ainsi que de Martin, qui m'a succédé aux archives de la Sûreté. Martin était arrivé avec l'idée du nom.

Grig : Le quoi ?

Martin : Le psoque, Grigori. Le pou du livre. La bibitte des bibliothécaires et des archivistes. Le parasite qui se nourrit des moisissures et autres microorganismes parfois présents entre les pages d'un livre.

Et Alexandre avait résumé tout ça, avec son sens de la truculence et de la calomnie.

Alex : Donc un psoque qui mange les moisissures d'un *pensum* universitaire, d'une part ça doit être doublement indigeste, ensuite ça fait quand même trois niveaux de parasitisme…)

On allait donc ressortir le programme importé du Mossad qui avait justifié mon embauche par la Sûreté, dans le temps[2]. Un système d'analyse des déclarations des prévenus. On recueille les propos lors des interrogatoires, puis on couche le tout sur papier et on décortique ça comme n'importe quelle analyse de texte. On débusque les indices de véracité, les réseaux sémantiques, les déclinaisons. On détermine par l'utilisation de tel temps ou de tel pronom la proximité du texte avec son auteur[3]. On scrute la syntaxe pour y découvrir l'intention véritable, et peut-être insoupçonnée, derrière le propos. On fait de manière utile ce que les départements de littérature de nos universités effectuent de manière stérile sur des textes morts.

DdF m'avait tendu les trois premiers messages du psoque. Après le premier, resté lettre morte, un deuxième où notre scribe récidivait par ces propos :

J'ai trouvé un réactif qui n'est précipité que par l'hémoglobine.

---

2. Voir *La mue du serpent de terre*, Éditions de la Bagnole, 2008.

3. On peut en voir une application dans le fabuleux film de Daniel Grou (Podz), *L'affaire Dumont* (2012).

Saurez-vous me trouver dans les temps, aux rayons des livres saints ?

Ma conjecture : pantoute.

Vous avez tué mon église, je tuerai votre librairie.

Il s'avère que, quelques jours plus tard, quatorze jours après la réception de la première missive, une bombe artisanale faisait exploser une douzaine de sachets de sang — pochettes et plaquettes d'origines diverses, mais toutes hermétiquement scellées par les bons soins de n'importe quel boucher du coin, de provenance animale et impossible à retracer — dans la section spiritualité et nouvel âge de la vénérable Librairie Pantoute, au cœur du Vieux-Québec. La déflagration avait aspergé les ouvrages, dédiés à l'élévation de l'âme et à l'enrichissement des charlatans, de giclées de sang sacrificiel répandu comme les coulées d'un Jackson Pollock hémophile sur les autels de la modernité consumériste. Les étals sentaient l'étable, l'agneau avait été sacrifié, ainsi soit-il.

Fuck. On avait les indices. Indéchiffrables, mais compréhensibles *a posteriori.*

C'est donc à l'apparition du troisième message du psoque en question que DdF m'avait convié dans son bureau. J'ai pris connaissance du formulé :

Là où il n'y a pas d'imagination, il n'y a pas d'horreur.

Je ferai taire le boiteux, vous saurez que je suis sérieux.

Vous avez tué mon église, je tuerai votre librairie.

DdF : Tu peux engager un dialogue avec le gars ?

Moi : On peut retracer l'origine du message ?

DdF : J'ai mis Krusty sur le cas.

Krusty. Notre expert informatique. Clownesque, l'efficacité d'un rire mortel.

Moi : On a donc des résultats.

DdF : Krusty t'a envoyé le lien sur ton iBook, tu n'as qu'à faire un *reply*, et le gars va recevoir ta réponse.

Je me lève. Merde. Moi qui ai toujours rêvé d'être écrivain, il va maintenant falloir que j'exerce mes talents de scribe, faire de la fiction pour racoler le type. Bordel.

Je me dirige donc vers mon bureau, allume iTunes, nourris mes poissons, bonjour Mario et Fabio, dépose la chemise plastifiée sur ma table de travail, tire la chaise bancale et m'assois. Quelque chose me fait tiquer, dans le deuxième message : la phrase « J'ai trouvé un réactif qui n'est précipité que par l'hémoglobine », il me semble l'avoir déjà lue quelque part. Je réfléchis. J'observe le troisième message du récidiviste potentiel. Je me connecte au lien transféré par Krusty, je sors mon meilleur français, je tape.

benjaminsioui@... : On vous écoute.

Pas de réponse. On laisse passer une journée. Toujours pas de réponse. Je me réessaie.

benjaminsioui@... : Si je comprends bien, il me reste douze jours avant votre prochaine action. Aidez-nous à bien vous comprendre, je vous en prie. Est-ce vous qui avez sévi à la Librairie Pantoute ?

La réponse ne se fait pas attendre.

taxman@... : *Ce que vous faites dans ce monde ne compte guère. La question est plutôt : qu'est-ce que vous pouvez faire croire (aux gens) que vous avez fait ?*

OK, on a un lien. On a un lien ! Euh... Par quoi j'enchaîne ?

benjaminsioui@... : J'ai du mal à comprendre vos motivations.

taxman@... : *On dit que le génie consiste à savoir prendre infiniment de mal. C'est une très mauvaise définition, mais elle s'applique parfaitement au métier de policier.*

C'est tout. J'attends. J'ai eu son attention. Mais rien d'autre ne vient. Je me réessaie.

benjaminsioui@... : Quelles sont vos revendications ?

Il laisse passer un long moment. Puis réapparaissent à l'écran les propos de sa troisième annonce. Puis : plus rien. Je le perds. Merde. J'attends, et j'attends. Ultime tentative.

benjaminsioui@… : Où vous retrouverai-je au terme des douze prochaines générations ?

Dans douze jours donc, un dimanche encore. Réponse instantanée.

taxman@… : *Comme nous sommes petits, avec nos ambitions mesquines et nos vains efforts, en présence des grandes forces fondamentales de la Nature.* J'apprécie votre esprit. Vous me trouverez au rayon des temps ancestraux. *À un esprit supérieur, rien ne semble petit.*

That's it. Silence radio. Une journée, puis deux. Je le relance à l'occasion, mais toutes mes tentatives restent infructueuses. Inutile, donc, de s'étendre. On va devoir faire avec ce qu'on a.

Je sors ma grille d'analyse du Mossad. « Le Maussade », aurait dit Laetitia. Benjamin Sioui, ou le mot *sad*…

Bon, qu'est-ce qu'on a ? De un : une menace. « Je tuerai votre librairie. » La librairie, à mettre en lien avec, de deux : la Librairie Pantoute. Située à Québec. Est-ce que ça détermine un rayon d'action ? Ça constitue une bonne base. Dépêchés sur place, sur les lieux du premier méfait, les collègues du service de police municipal n'ont relevé aucun indice nous permettant de remonter la piste.

Moi : Des caméras de surveillance dans le commerce ?

Non, les casseurs du *spring break* ne visitent pas les librairies, ça a l'air. On va donc faire la liste des librairies de Québec, à l'aide des PagesJaunes.ca, de l'Association des libraires du Québec, de Canada411…

Martin : Ça en donne plus de cinquante…

Grig : On ne va pas aller les visiter toutes ?

Moi : Ça ne te tente pas, une petite virée à Québec ?

Grig : Québec ne m'aime pas et je le lui rends bien.

On avait, surtout, de trois : « Je ferai taire le boiteux. » Une menace réelle. Mais on n'allait tout de même pas se taper la surveillance de cinquante librairies sans savoir si on était à la bonne place. Fait que j'ai décidé de confronter notre psoque. Rien de mieux que de s'attaquer à son orgueil lorsqu'on a affaire à un esprit qui se croit supérieur.

benjaminsioui@… : Vous êtes déloyal. Vous nous donnez des indices, et les supposés rayons de votre champ d'action…

(Ça, c'est pour flatter son ego, je reprends les termes de ses missives…)

benjaminsioui@… : … mais vous restez trop vague quant à l'emplacement de votre prochaine action. Dites-nous au moins si cela se passera à Québec. Cordialement.

Temps de réflexion. Puis…

taxman@… : *Le crime est banal. La logique est rare.* Vous avez mérité, et bien déduit. Oui, Quebec.

OK, ça se passera à Québec. Dimanche, dans moins de deux semaines. Grig et Alex, vous vous répartissez la job. Je vais vous rejoindre le vendredi précédent. Vous me faites part de toutes les avancées.

Inutile de dire que ça n'a pas avancé fort fort.

Je débarque donc à mon hôtel préféré à Québec. J'aurais pu aller dormir au village de mon enfance[4], à l'hôtel-musée de Wendake, mais, sans permis de conduire, ce n'est pas très pratique. J'ouvre donc la porte de l'Auberge du quartier, le parvis est toujours aussi étroit, l'accueil aussi chaleureux. Le duo comique des propriétaires, le Tunisien et l'Hugo Boss, nous attend à la réception, moi pis mon absence de bagage. Alain Bashung joue *Hier à Sousse* en trame de fond. On m'octroie ma chambre habituelle, dernier étage, fenêtre sur le clocher d'en face, au sommet duquel volent des nuées de corbeaux. Je me sens chez moi.

Je fixe rendez-vous à mes idiots à la galerie du Loup de gouttière. Merde, c'est fermé. Ç'a été remplacé par un marchand de

---

4. Voir *La nébuleuse du chat*, Éditions de la Bagnole, 2007.

meubles. C'est l'époque, faut croire. Alex m'annonce que la tournée des librairies n'a rien donné. Rien au sujet d'aucune boîte, d'aucun boiteux. Pourtant, mes idiots trépignent. Je vois Grigori donner du coude à Alexandre, rire en sous-barbe. On a une enquête qui piétine, et ces deux-là gigotent comme des gamins qui s'apprêtent à faire un mauvais coup. Bon, c'est bon, les gars, qu'est-ce qu'il y a ?

Grig : On s'était dit, vu qu'on était à Québec, qu'on pourrait en profiter pour passer à notre place préférée…

Alex : À Québec…

Grig : Mais pas mal au Québec, aussi…

Alex : Ouais, pas mal. Bref, c'est une boutique…

Grig : Où ils vendent toutes sortes de cossins…

Alex : En lien avec les jeux vidéo…

Grig : Les séries télé…

Alex : Les jeux de rôles…

Bref silence, puis, de concert.

Grig et Alex : Les superhéros !

Grig : Les bandes dessinées !

Alex : Les figurines !

Tout ce qui nous intéresse vraiment. À part la musique. Je vous aime, les gars…

Grig : Et c'est là qu'on a flashé.

Alex : Devine comment ça s'appelle ?

Grig et Alex : La boutique L'Imaginaire !

OMG. (Oui, Dieu est un Organisme Modifié Génétiquement. Il prend d'ailleurs parfois divinement la forme, les formes, de Laetitia…) L'Imaginaire. « Là où il n'y a pas d'imagination, il n'y a pas d'horreur »…

Grig et Alex : Et devine qui vient faire une séance de signatures, ce dimanche, à la boutique ?

Alex : L'auteur des *Éclopés*[5] !

---

5. *Les éclopés*, feuilleton de Benoît Bouthillette à paraître dès 2015.

« Le boiteux »...

Moi : Ils vendent aussi des livres ?

Alex : Oui, des romans de genre...

Grig : Et de la bande dessinée...

Là où l'art véritable de notre époque s'inscrit, finalement.

Moi : Et pourquoi L'Imaginaire ne se trouve pas dans les listings des entreprises sur le Net ?

Alex : Elle y est...

Grig : Sur Réseau411.ca...

Alex : C'est québécois...

Grig : On avait juste mal cherché.

Mea culpa.

Direction Place Laurier, Sainte-Foy. On monte les escaliers roulants jusqu'au troisième étage. La boutique est cachée dans un coin, à l'abri de la société de consommation, on dirait. On n'est pas dans la grande surface, ici, on est dans un repaire de passionnés. Dans la vitrine trônent des figurines des X-Men, d'Albator et de Goldorak, de Bayonetta et de Hello Kitty ; des tasses à l'effigie de *The Big Bang Theory* et de The Cure. On est où, ici ? Au paradis ?

Alex : Au paradis des *geeks*, en tout cas.

Grig grommelle un rire repu. On entre. Quel endroit somptueux ! Le haut plafond au-dessus des rayons de la librairie, tellement intemporelle qu'elle en paraît éternelle, la section dévolue au médiéval dont les murs sont tapissés d'épées et de dagues, le coin collectionneur où l'on s'échange avec ferveur cartes et monnaie, le sourire du personnel qui semble nous accueillir dans l'antre de ce que l'humanité a de plus profond : le rêve et la passion. Je me rends à la caisse pour demander à parler au gérant. La magnifique jeune rouquine derrière le comptoir m'offre un sourire de miel et de lait, avant de me répondre : « C'est moi. » Je fige. Du Philip Glass ou du Laurie Anderson jouerait en trame de fond que je saurais que vous êtes la femme que je vais marier, mademoiselle. Elle enjambe mon silence et poursuit: «En quoi puis-je vous aider?» La liste serait trop longue... Donc je me contente de bredouiller en me présentant. C'est correct, je compense mon manque de mots par un surcroît d'épaules. J'explique les raisons de notre visite, lui expose nos présomptions dominicales, elle nous dit que nous sommes évidemment, je cite l'adverbe, «largement» les bienvenus à venir disposer de son hospitalité comme bon nous semble.

Vous êtes réelle, mademoiselle?

La rouquine: Léa.

Moi: Pardon?

La rouquine: Je me nomme Léa.

Moi: Enchanté, Léa.

Léa: Peut-être pourrions-nous aller souper, dimanche soir, après la fermeture de la boutique?

Qui a dit que toutes les filles de Québec étaient des duchesses?

Dimanche arrive donc. Grigori et Alexandre circulent entre les rayons comme des angelots sur un nuage. À trois, on a l'air de tout ce qui ne ressemble pas à la police. À midi, l'auteur se pointe. Bordel, mon sosie, en blond frisé, et en plus souriant. Il s'installe à sa table pour sa séance de dédicaces, se met aussitôt à parler. Je continue ma ronde. Autour de la table s'attroupent et se succèdent des ados, des jeunes adultes, un journaliste émérite, une jeune chansonnière de talent et des bibliothécaires scolaires, d'après ce que je peux entendre. Mais aucun signe de notre malfaiteur. Parmi les clients de la boutique, on voit des jeunes *freaks*, des jeunes *geeks*, des jeunes tripeux, des vieux de mon âge au sourire ravi, des vieux curieux, mais rien qui ressemble à un assassin de librairie.

Soudain, sixième sens, coup de harpon dans mon oreille, hameçon broché dans le coin de l'œil. Une forme, fugace, a attiré mon attention, s'est déplacée, trop vite, vers la sortie, a rompu le charme, l'harmonie. Ce sont mes épaules qui dictent le rythme de mon corps, qui me précèdent toujours dans leur rotation. Je m'engage vers la sortie, tendu vers un seul but: bloquer la fuite.

Perceptions distordues, tout mon être focalisé sur l'ombre qui s'échappe, une cloche retentit, me vrille l'ouïe, une pluie acide gicle sur ma peau, *sprinklers*, rumeurs, alarme d'incendie. Pas de feu sans fumée, ça tousse dans la boutique. Une colonne noire en son plein milieu, odeur suffocante de plastique consumé, un présentoir en flammes : ça brûle en sacrement, des figurines en latex !

À l'extérieur du commerce, la foule des consommateurs effarouchés s'engouffre vers les voies de sortie. Ça se comprime et ça bouscule entre les rampes des escaliers roulants comme des restes humains qu'on enfoncerait dans un moulin à viande. Pas moyen de distinguer le responsable de l'incendie parmi la harde apeurée, et on n'a pas les effectifs pour fouiller la clientèle d'un dimanche après-midi dans la capitale, fuck. Je reviens sur les lieux. Alexandre me tend une plaquette d'émail buriné sur laquelle est inscrit :

Que celui qui lit fasse attention !

Alex : C'était déposé au pied du présentoir. Le personnel de la boutique est catégorique, ça ne vient pas d'ici.

Je ferme les yeux, me concentre jusqu'à ressentir le vertige de la chute de pression. Je tente de revivre la scène antérieure à l'incendie. Je revois l'écrivain en séance de signatures, la foule enjouée circulant parmi les étalages de la boutique, le personnel en tout point charmant, le sentiment d'être dans le seul magasin au monde où je me sens bien, je revois la poitrine de Léa gonfler son chandail de *Saints Row : The Third* et, juste quand j'allais sombrer dans la concupiscence, je revois la silhouette de notre psoque, un profil évanescent qui ne cesse de rôder autour du présentoir vitré renfermant les figurines de valeur, sorte de rapace géant jetant son ombre sur les petites représentations de l'humanité. Et le message qu'il nous avait envoyé s'illumine parfaitement. « Comme nous sommes petits, avec nos ambitions mesquines et nos vains efforts, en présence des grandes forces fondamentales de la Nature » : les figurines, le feu. « À un esprit supérieur, rien ne semble petit » : les figurines. « Vous me trouverez près des rayons des temps ancestraux » : le présentoir jouxte la section médiévale.

OK. Mauvaise nouvelle : le gars nous a échappé. Bonne nouvelle : si on se force un peu, on va être capables de décortiquer son prochain message. Alors, je ne vais pas le lâcher. Je vais le talonner, le provoquer. Je m'en retourne à ma chambre, je vais lui écrire à chaud.

Léa : J'imagine que ça remet notre rendez-vous à plus tard.

Vous imaginez bien, mademoiselle. Et vous avez ma gratitude entière pour cela.

Rendu à ma chambre, j'ouvre mon MacBook, je me connecte, j'écris.

benjaminsioui@... : Bien joué.

Ramener ça au niveau du jeu. Puis, je mens.

benjaminsioui@... : Je vous ai aperçu, contre le présentoir. Je vous ai identifié au moment de votre action.

La réponse ne se fait pas attendre.

taxman@... : *Notre visiteur arborait toutes les caractéristiques du commerçant britannique ordinaire : obèse, pontifiant et lent d'esprit.*

Est-ce une description physique ? Du cynisme ? Soumettre le portrait à mes idiots, voir si ça leur évoque quelque chose.

benjaminsioui@... : Et vous, m'avez-vous repéré ?

taxman@... : Oui. *Il y a par moments quelque chose de véritablement inhumain en vous.*

Wô. Comment est-ce qu'il a vu ça ? Il poursuit :

taxman@... : Nous nous ressemblons. *Mon esprit est rebelle à toute inaction. Fournissez-moi des problèmes, donnez-moi du travail, soumettez-moi le plus obscur des cryptogrammes ou la plus complexe des analyses, et je suis dans ma propre atmosphère.*

benjaminsioui@… : Comment puis-je déduire le lieu de notre prochaine rencontre ?

Prévue, selon sa logique, dans deux semaines, jour pour jour.

taxman@… : *Si l'homme, en tant qu'individu, est une énigme insoluble, dans la masse, il devient une certitude mathématique.* Vous avez ma dernière phrase. Vous avez ma désignation. Adieu.

Puis, silence intersidéral, on n'aura plus aucune nouvelle du gars avant son « courroux » annoncé. On n'a pas besoin de rester à Québec. On reviendra. J'écris à Léa.

benjaminsioui@… : Rendez-vous dans deux semaines ?

FFXIIILightning@… : J'espère.

D'ici là, on va plancher, comme aurait dit le crucifié.

Je n'ai pas eu à en faire tant que ça. J'avais déjà tous les indices. Rien que Google n'aurait pu résoudre. En pointant les éléments cruciaux, le psoque nous donne la direction qui me manquait. J'ai tout ce qu'il me faut. Je vous laisse le temps de faire vos propres recherches ? Retour au confessionnal.

DdF : Explique-toi, Benjamin Sioui.

Moi : La citation, burinée, « Que celui qui lit fasse attention ! » Une simple recherche Google nous apprend que ça provient de l'évangile selon Matthieu. Ça, c'est pour sa dernière phrase.

DdF : Et ?

Moi : Il nous reste sa désignation.

DdF : Oui ? Qui est ?

Moi : Dans nos échanges de courriels, il se dénommait taxman.

DdF : Ah ?

Moi : *Taxman*, patron, le « collecteur » d'impôts. L'apôtre Matthieu était percepteur d'impôts. On a une double occurrence qui pointe vers saint Matthieu. Je me suis donc rejeté dans la lecture du premier évangile, où on parle dès l'ouverture de l'ascendance de Jésus, qui arrive au terme de trois fois quatorze générations depuis Abraham… J'ai su qu'on avait le bon filon. Mais, si on cherche « saint Matthieu, librairie et Québec » sur Google, on n'a rien.

DdF : Accouche, Benjamin.

Moi : « Atmosphère, atmosphère. Est-ce que j'ai une gueule d'atmosphère ? »

DdF : …

Moi : Arletty, dans *Hôtel du Nord*, patron…

DdF : Je connais Arletty, Benjamin. Je ne vois juste pas le rapport.

Moi : Dans son deuxième message, le psoque a eu recours à la citation du *réactif* et de l'*hémoglobine*.

DdF : Oui…

Moi : C'est la première phrase exacte prononcée par Sherlock Holmes dans toute l'œuvre d'Arthur Conan Doyle, patron. Tout fan de Sherlock Holmes sait ça.

L'impatience dans les yeux de DdF a des poings de suspension, à cet instant.

Moi : En fait, dans les messages du psoque, tous les passages en italique sont tirés des aventures de Sherlock Holmes.

DdF : De Sherlock Holmes ?

Moi : Sherlock Holmes…

Et j'en profite pour théâtralement sortir la pipe qu'il m'avait offerte de la poche intérieure de mon *coat* de cuir et me la glisser au bec. DdF, quant à lui, sort un sourire à la fois agacé et ravi.

DdF : D'abord la cocaïne, maintenant la pipe. Tu es un hommage à Sherlock Holmes ambulant, Benjamin Sioui.

J'approuve.

DdF : Notre malfaiteur a donc de la culture. C'est notable. Mais que vient faire l'atmosphère là-dedans ?

On peut toujours compter sur DdF pour reprendre le cours de nos pensées.

Moi : Dans sa missive, lorsqu'il me dit « et je suis dans ma propre atmosphère », j'ai senti que quelque chose clochait. J'ai retrouvé le passage dans la version électronique sur mon iPad, et la traduction suggérait « dans mon élément » pour « *in my own atmosphere*»… C'est une traduction trop littérale de l'anglais au français. Il y avait là-dedans quelque chose de trop près de la langue anglaise, de la pensée anglaise. Ajouté à la description du gars, où il se décrit lui-même comme ayant tout du marchand *britannique* ordinaire, et lorsqu'il écrit Quebec sans accent…

Le reste à déduire n'a été qu'un jeu d'enfant.

Mais je n'irais pas le cueillir moi-même. Nous pointer, mes idiots ou moi, et le type, nous reconnaissant, n'aurait eu qu'à prendre la poudre d'escampette. J'adore cette expression, et je n'utiliserai jamais l'absurde «prendre ses jambes à son cou», qui ne signifie strictement rien, à moins qu'on parle des jambes de Laetitia, ou de celles de Léa, accrochées à mon cou. Alors là… Je digresse, mais j'y pense: Léa n'est-elle que la simple contraction de Laetitia?

Non, j'en ai pour preuve ce sourire ravissant, ce regard alangui, qui me jauge, qui m'espionne, de l'autre côté de la table. On est au terme de ces aventures, le psoque est sous verrous.

Léa: Tu es sûr que tu as le droit de me raconter tout ça?

J'aurais aimé répondre quelque chose du genre:

Moi: Ma job, c'est pas la loi, c'est la justice.

Mais j'ai plutôt répondu:

Moi: Je ne me suis jamais vraiment soucié de ce que j'avais le droit de faire ou non, à part l'absolu respect du droit d'autrui à vivre pleinement, et librement… Dans les limites de mes droits à moi d'avoir accès à la paix, et à la beauté.

Je ne sais pas quel effet aurait eu ma première réponse, mais celle proférée m'a gratifié d'un sourire timide et d'une mèche rousse repoussée du doigt, derrière l'oreille.

On est assis sur des chaises en formica, de chaque côté d'une table colorée du resto-bar La Cuisine, les murs sont surchargés de toutes sortes de vieilles choses et les lampes sont recouvertes de râpes à fromage et de passoires de toutes les couleurs. Un DJ fait jouer de la tech house à la sauce soul, c'est parfait.

Moi : J'ai donc envoyé mon collègue Luc le vampire à notre place, attendre le psoque.

À l'évocation twilightiennne, bramstockienne aurait-elle objecté, Léa a écarquillé des yeux interloqués.

Moi : Luc, c'est un collègue haïtien qui a adopté le look de Laurent, le vampire de *Twilight*, vingt ans avant que *Twilight* soit écrit.

Je continue mon récit. Luc s'est donc pointé sur les lieux que je lui avais indiqués, vêtu dépenaillé. Il s'est installé à une table de travail, sous les voûtes en ogive du plafond de bois et des vitraux donnant sur la rue, auxquels il faisait dos. Il avait une vue dégagée sur la nef et le bas-côté.

Léa : On est dans une librairie ou dans une église ?

Je souris pour toute réponse. Je continue. Luc a passé trois jours à expier ses fautes en feignant de relire toute l'œuvre du fils de l'ancien maire de Port-au-Prince lorsqu'il a enfin aperçu notre type.

Léa : On peut s'installer pour lire pendant trois jours dans une librairie ?

Moi : Non, c'est justement ça, l'affaire.

On n'était pas dans une librairie. Luc a laissé le type faire ce qu'il avait à faire. Le psoque a passé un long moment à feuilleter les ouvrages étalés derrière une colonnade qui le soustrayait au regard des rares visiteurs. Luc observait son manège. Au milieu de l'espace trônait une statue de chevalier. Le métal de l'armure réfléchissait l'éclat des luminaires d'époque. Le type s'en est approché, a soulevé la visière du heaume, a glissé un objet à l'intérieur, l'a rabaissée précautionneusement, mais le colis a chuté dans l'armure, provoquant un vacarme qui a résonné comme un gong dans tout l'espace, du transept à l'abside. La bibliothécaire s'est levée pour venir s'enquérir de ce qui avait causé le tapage, mais Luc s'était déjà approché du vieil homme et lui tendait son badge.

Léa : Tu veux dire que…

Moi : Oui.

Nous étions dans l'église St. Matthew, érigée en 1849 sur le premier lieu de culte — cimetière et chapelle — anglican, presbytérien et protestant de la Vieille Capitale, et transformée en bibliothèque publique en 1980.

Léa : « Vous avez tué mon église, je tuerai votre *library* »...

Moi : Oui. Le gars, dont les parents œuvraient pour la *Supreme Court*, ici sur les plaines d'Abraham, n'avait jamais surmonté le ressentiment d'avoir perdu l'église de son enfance aux mains des incultes francophones du vieux quartier Saint-Jean-Baptiste. C'était, je te le rappelle, en pleine montée du mouvement nationaliste au Québec...

Léa : Qu'est-ce qu'il allait faire ?

Moi : Y déposer une bombe artisanale, qu'il allait faire exploser ce dimanche, après les heures d'ouverture... Il ne voulait pas détruire l'église, juste faire fermer la bibliothèque.

Léa : C'est désolant...

Moi : C'est triste...

Léa referme doucement ses lèvres sur une cuillerée de crème brûlée.

Léa : Mais les autres librairies ? Pourquoi Pantoute ? Pourquoi L'Imaginaire ?

Moi : Les propos du gars sont confus. Mais, la première parce qu'elle avait exclu tout auteur canadien-anglais de sa compilation des quarante meilleurs titres de la littérature québécoise, et la deuxième parce que vous représentiez la dérive de notre époque...

Alors, pour laisser toute cette histoire derrière nous, on parle des livres qu'on aime, et de ceux qu'on n'aime pas. Je lui parle des écrivains stériles qui écrivent qu'ils sont en train d'écrire, je lui ressors mon laïus sur les plombiers...

Léa : « Des indices ! Des indices ! Le meilleur plombier n'est rien sans ses outils. »

Moi : Mais d'où ça sort ? C'est exactement une pensée que j'ai déjà formulée[6] !

Léa : Ça vient du film *Sherlock Holmes*, avec Robert Downey Junior…

Sherlock Holmes, encore, et toujours.

À cet instant précis, les premières notes du remix par Axwell de *Losing my Religion*, de R.E.M., résonnent dans les haut-parleurs. Je me lève en tendant la main à Léa.

Moi : Viens, on va faire la fête.

Sans une seconde d'hésitation, la belle me suit. À un moment donné, sa tête s'est balancée de gauche à droite, yeux fermés, tout sourire, comme si rien d'autre au monde n'existait que le pur plaisir d'exister. Rien de mieux, parfois, que de s'immerger entièrement dans le moment présent pour contrer des siècles d'affrontements.

Moi : Je te ramène à mon auberge du Nord ?

Le lendemain matin, sur le site de la Sûreté, on relève un dernier message de notre psoque, envoyé la veille, juste avant qu'il ne soit cueilli, en train de perpétrer son méfait.

taxman@… : *Le public s'intéresse aux nuances les plus subtiles de l'analyse et de la déduction ! […] Je ne puis vous blâmer de tomber dans la vulgarité, car le temps des grandes affaires est révolu. L'homme, ou tout au moins le criminel, n'a plus ni initiative ni originalité*[7].

Léa : Et si tu n'avais pas réussi à déchiffrer ses messages, Benjamin ? À faire les liens entre l'évangile de Matthieu et la pensée anglaise de Sherlock Holmes ? Si tu n'avais pas été là, pour faire la job ?

---

6. Voir *La trace de l'escargot*, Éditions JCL, 2005, « Un homme n'est que la somme de ses outils. »

7. Tous les passages en italique dans les messages du psoque proviennent des *Aventures de Sherlock Holmes*, d'Arthur Conan Doyle, vol. 1, trad. d'Eric Wittersheim, Omnibus, 2005.

Qui sait ? On aurait peut-être quelques livres en moins ? On ne le saura jamais.

Car, tu vois, c'est exactement ce que j'ai toujours dit : je n'ai pas choisi d'être ici, mais c'est ici ma place.

Et : c'est la culture qui résout tout.

BENOÎT BOUTHILLETTE

Parfois, l'écriture se fait cadeau; ainsi est née *La trace de l'escargot*, premier polar de Benoît Bouthillette.

Un jour, en panne d'écriture, Benoît décida d'écrire une nouvelle et de l'offrir à ses collègues de travail pour Noël. Chacun s'y retrouvait comme personnage et l'enthousiasme entourant ce projet fut si grand que, fort heureusement pour nous, un autre texte en émergea.

La trace de l'escargot est un roman fascinant qui étonne le lecteur, et ce, dès les premières pages: un style touffu, de longs paragraphes, des références culturelles riches et variées et un personnage de policier atypique, Benjamin Sioui. Amérindien d'origine, il est peintre amateur et daltonien, anticonformiste et cocaïnomane, amateur de musique et fan de Kurt Cobain. Il est aussi amoureux fou d'une médecin légiste, belle comme la nature aux yeux de cet homme des bois venu à la fonction d'inspecteur pour élucider des crimes qui s'inspiraient de toiles de Francis Bacon.

Ce premier roman policier a tout de suite été reconnu par la critique, avant de remporter le prix Saint-Pacôme du roman policier québécois en 2005. L'année suivante, Benoît recevait le prix Alibis de la nouvelle policière pour son texte *Le capuchon du moine*. Voilà ce que l'on peut appeler une entrée fracassante dans le monde du polar!

Certains soupçonnent une ressemblance entre Benjamin et son créateur. Est-ce le cas? L'auteur dit que Sioui est «la partie héroïque de lui-même». Né, comme lui, en 1967, l'année de l'Exposition universelle de Montréal, son héros témoigne également de la capacité d'ouverture du peuple québécois.

Durant sa jeunesse, Benoît fréquente assidûment les bibliothèques publiques de Montréal. Observant la lumière dans le regard de sa mère lorsqu'elle lit les chroniques d'André Rufiange, il a l'intention de produire le même effet avec ses textes. On constate qu'il a réussi avec le roman *La trace de l'escargot* qui commence par «La nuit va être longue» et se termine par «La vie va être longue», où foisonnent paradoxes, réflexion, bouillonnement et harmonie.

Benoît Bouthillette se laisse souvent porter par ses personnages. Écrire sans plan lui donne toute la latitude désirée pour libérer son imagination. Se définissant d'abord et avant tout comme un raconteur d'histoires, il tient à y insérer un contenu social. Grand romantique, il a toujours caressé l'idée d'écrire un livre qui sauverait des vies. À son grand plaisir, il a vécu cette expérience grâce à sa série *Emo* pour les adolescents. Un jeune adulte lui a confié qu'il avait eu la tentation de s'enlever la vie, mais qu'à la lecture d'un feuilleton d'*Emo* il avait compris que «son rôle, dans cette vie, était de continuer à vivre».

Un autre des rêves de Benoît est que son personnage de Benjamin puisse lui survivre, qu'il devienne aussi populaire et vivant que Sherlock Holmes, Kurt Wallander et Arsène Lupin. Que Sioui soit plus connu que Bouthillette! C'est la grâce que nous lui souhaitons en attendant ses deux prochains romans,

L'heure sans ombre et *Le soleil du mitan*, un diptyque intitulé *La somme du cheval*, la suite de *La trace de l'escargot*.

Photo de l'auteur : Benoît Bouthillette

CHRYSTINE BROUILLET

Des heures à la librairie

— Vous pourriez reconnaître votre agresseur ? demanda Maud Graham au docteur Lauzier.

Celui-ci hocha la tête, espérant que ses indications permettraient de réaliser un portrait-robot du jeune homme qui l'avait frappé à plusieurs reprises.

— Un grand type, la vingtaine, des traits réguliers, les yeux très clairs. Ma femme aurait dit qu'il est beau, le genre d'homme qu'on voit sur les publicités d'alcool ou de parfum.

— Quelle heure était-il ?

— Je rentrais du restaurant, il devait être vingt-deux heures et des poussières… On célébrait l'anniversaire de ma petite-fille, Sabrina.

— Vous nous avez fait une liste détaillée des objets qui ont disparu : un pastel de Charles Huot, un dessin de Pellan, la collection de monnaie et un livre d'heures. C'est hétéroclite. Il y a plusieurs autres tableaux de valeur…

— Je venais tout juste d'acquérir ce livre ! gémit le docteur Lauzier. Il avait été acheté par un dentiste de la région il y a quarante ans chez les Franciscains lorsqu'ils ont fermé leur bibliothèque. Dix mille ouvrages à vendre, dont ce livre ancien ! Un magnifique objet, émouvant, quand on songe à toutes ces heures passées par les moines à l'enluminer, à leur labeur, à leur patience…

— Plusieurs personnes étaient au courant de votre acquisition ?

Francis Lauzier soupira ; même s'il avait été discret, la nouvelle de cet achat s'était sûrement répandue dans le cercle des collectionneurs étant donné la rareté et la beauté de l'incunable.

Comment savoir qui s'y était particulièrement intéressé ? Pour quels motifs ? Avait-il été volé pour un acheteur étranger ? Comment lui ferait-on traverser la frontière ? Tous les douaniers seraient avertis de cette disparition, mais Graham savait bien que le trafic d'œuvres d'art était un des plus malaisés à contrer.

— Il faut diffuser la nouvelle, déclara-t-elle, afin qu'il soit trop périlleux de faire circuler ce livre. Le temps qu'on remonte des pistes…

: :

— On peut vous être utile, monsieur ? demanda Angélique au client qui venait d'entrer dans la librairie de livres anciens. Malgré le capuchon de son pull, elle pouvait distinguer son visage et elle lui trouva une certaine ressemblance avec Jon Hamm, même s'il était plus jeune que le très sexy personnage de la série *Mad Men*. Elle ne put s'empêcher de jeter un coup d'œil à ses mains, et elle se réjouit : il ne portait pas d'alliance.

— Non, merci, fit l'étranger tout en souriant à la jeune femme. Je jette un coup d'œil… Vous avez de bien belles éditions…

— Grâce à mon père, c'est un passionné !

La sonnerie du téléphone l'obligea à délaisser ce client qu'elle n'avait jamais vu auparavant. Qui était cet homme qui s'exprimait avec un léger accent britannique ? Était-il à Québec pour longtemps ? Elle le regarda s'éloigner vers le fond de la librairie, disparaître entre deux rangées de livres. Un vieil habitué ouvrit la porte et, même si elle aimait bien Marcel Poirier, elle lui en voulut un peu de l'empêcher d'aller rejoindre l'étranger aux yeux si verts qui s'attardait au bout de la rangée des biographies. Avait-il déniché un bouquin qui lui plaisait ? Quel type de lecteur était-il ?

Au moment où un autre client se joignait à Marcel Poirier pour commenter la nouvelle du vol d'un livre d'heures la veille, en banlieue de Québec, l'inconnu revint vers la table de chêne où se trouvaient la caisse enregistreuse et, depuis peu, un ordinateur qui jurait avec le reste du mobilier.

— Quand je pense qu'un livre vieux de plusieurs centaines d'années a été dérobé et que vous, ici, vous informatisez tout ! Est-ce vraiment nécessaire de répertorier les titres de tous les livres ? Ton père se souvient de chaque ouvrage...

— Lui, mais pas Mathieu ou moi, plaida Angélique. Il est temps d'entrer dans l'ère moderne. C'est utile pour les commandes de l'extérieur. On nous écrit beaucoup d'Europe et des États-Unis.

Elle osa se tourner vers le mystérieux client.

— Venez-vous du Vieux Continent ?

— Vous êtes perspicace, fit-il en poussant la porte. On se reverra bientôt.

Angélique le suivit du regard alors qu'il traversait la rue. Qu'y avait-il de subitement urgent ? Il était resté au fond de la librairie une quinzaine de minutes... Elle espéra néanmoins qu'il tiendrait parole.

: :

Elle dut attendre quelques jours avant de le revoir et il lui sembla encore plus beau que dans ses souvenirs ; mais pourquoi s'entêtait-il à se couvrir la tête de ce capuchon ? Elle se demandait ce qu'elle lui dirait pour lui sembler intéressante, mais au moment où l'inconnu pénétrait dans la librairie en lui souriant, trois autres touristes faisaient de même, et Angélique se résigna à s'occuper d'eux tandis que l'étranger se dirigeait vers le fond de la librairie. Il en revint quelques minutes plus tard, visiblement troublé.

— Vous avez changé le classement ?

— Depuis qu'on a informatisé la librairie... On a attaqué cette section hier et mis les livres dans des caisses au premier étage ; on les triera ensuite pour les répertorier. C'est encore plus long qu'on l'avait craint, mais il était temps de faire un peu de ménage dans la place. Mon père a tendance à tout accumuler, mais... Vous cherchez quelque chose en particulier? Vous aviez repéré un livre lors de votre première visite?

Il la dévisagea, secoua la tête, puis ressortit du commerce avant qu'Angélique n'ait le temps de lui poser la moindre question. Il se retourna une fraction de seconde, elle se tenait sur le seuil, l'air dubitatif, et gardait son téléphone cellulaire contre son oreille. Il esquissa un vague salut de la main gauche, puis bifurqua vers la droite. Heureusement que sa voiture de location n'était pas garée trop loin. Mais où était ce satané livre? Qu'est-ce qui leur avait pris de tout chambouler dans la librairie? Comment pourrait-il retrouver l'incunable? Était-il toujours dans une des caisses dont avait parlé la jeune femme?

Un long frisson parcourut Jonathan Skipper malgré l'humidité du mois d'août: se pouvait-il qu'il ait été remarqué par le propriétaire de la librairie? Que celui-ci ait reconnu le livre? Si le bouquiniste l'avait remis à la police, cette info aurait été diffusée sur le Web ou dans les journaux. Il y avait bien vu son portrait-robot quatre jours plus tôt... C'était le regard fixe d'un galeriste, à quelques mètres de la librairie de livres anciens, qui l'avait poussé à s'y réfugier, à y cacher l'incunable; si le galeriste s'était empressé d'appeler la police, Jonathan ne pouvait en aucun cas être intercepté avec le précieux livre d'heures en sa possession. Il ne pouvait trouver meilleur endroit pour dissimuler ce trésor que parmi d'autres vieux livres. De toute manière, il ne pouvait le rapporter maintenant au studio où il créchait depuis une semaine, car Sabrina Lauzier qui l'avait accueilli avait vu le livre d'heures avant qu'il le dérobe à son grand-père... Elle lui en avait parlé, car elle ignorait qu'il n'en était pas à son premier vol, qu'il l'avait draguée pour obtenir des informations, sachant que son grand-père était un collectionneur réputé, qu'il avait joué les amoureux transis, inventé des soucis au sujet d'un appartement qui n'avait pas été livré à temps. « Reste ici jusqu'à ce qu'il soit prêt», avait-elle aussitôt proposé. Il avait mollement protesté avant de déposer chez la jeune femme la valise qui contenait tous ses effets personnels. Juste avant de s'esquiver, jurant qu'il regrettait de devoir justement rencontrer le promoteur immobilier le soir même de l'anniversaire de Sabrina. Il verrait sa famille un autre jour. Un jour qui n'arriverait jamais; dès qu'il aurait touché l'argent de la vente de l'incunable à un antiquaire montréalais, il filerait à Vancouver.

Avant, il n'avait pas le choix, il devait revenir durant la nuit, pénétrer dans la librairie et examiner toutes les caisses de livres. Pourrait-il y arriver en quelques heures?

: :

Le soleil accentuait les ombres des techniciens en scène de crime qui se déplaçaient autour du cadavre de Jonathan Skipper. Graham s'était penchée vers la victime, avait déploré sa jeunesse. Qui était-il? Que faisait-il dans cette librairie en pleine nuit? L'endroit regorgeant de livres anciens, Maud Graham supposait que certains d'entre eux avaient une certaine valeur, mais que connaissait un gamin dans la vingtaine du marché du livre? N'était-ce pas plutôt l'ordinateur tout neuf qui avait pu intéresser le voleur? Elle examina de nouveau la victime: pourquoi lui semblait-elle familière? Il ressemblait à un acteur, oui, une série qui se déroulait à New York qu'adorait Grégoire. Elle entendit, au fond de la pièce, Michel Joubert qui s'entretenait avec l'employé de la librairie qui avait surpris et tué le cambrioleur. Pas beaucoup plus vieux que la victime, il n'avait cessé de pleurer depuis qu'il avait appelé les policiers. Elle s'approcha de lui, se présenta de nouveau.

— Vous pouvez me répéter ce que vous nous avez dit plus tôt? Vous êtes venu ici en pleine nuit parce que vous ne parveniez pas à dormir. Ça vous arrive souvent de vous présenter au travail à cette heure-là?

— Je voulais avancer dans l'enregistrement des livres. C'est plus long qu'on l'imaginait, classer tout ça.

— On?

— Angélique et moi, la fille du propriétaire.

— Alors vous vous êtes pointé à la librairie et vous avez vu le cambrioleur.

— Je l'ai surpris à fouiller dans les boîtes de livres. Il les avait vidées par terre! Nous, on passe des heures à tout répertorier et il avait ouvert les boîtes et il...

— Vous lui avez parlé?

— Je n'ai pas eu le temps, il s'est jeté sur moi. Je... je ne sais pas comment c'est arrivé, j'ai pris le buste de Molière qui traînait dans une caisse et je l'ai frappé pour me défendre. Molière, c'est l'auteur préféré du propriétaire. C'est à cause du *Malade imaginaire* qu'il a appelé sa fille Angélique. C'est avec elle que je mets de l'ordre dans les livres, pour le système informatique. Mon Dieu! Si c'était elle qui était arrivée avant moi...

— Vous sentez-vous capable de revoir le voleur? Il faudrait qu'on sache si vous le reconnaissez.

Mathieu secoua la tête en frissonnant; il était certain de ne l'avoir jamais vu.

— Jamais!

Il était convaincant, mais il pouvait leur mentir. Il pouvait connaître la victime, avoir décidé avec elle de cambrioler la librairie. Pour une raison ou une autre, les deux jeunes hommes avaient pu se disputer.

— Il est peut-être venu ici lundi ou mardi, ce sont mes jours de congé, mais moi, je ne l'ai jamais vu.

Graham insista, posa une main sur son épaule, à la fois douce et énergique; il devait le regarder attentivement. Joubert échangea un coup d'œil avec elle: ils tenaient à voir la réaction de Mathieu devant le corps. Il se leva, suivit les enquêteurs à l'autre bout de la pièce en évitant les caisses éventrées. Il respira profondément avant de se diriger vers le cadavre, frémit et recula en portant la main à sa bouche, retenant un haut-le-cœur.

— Je… je ne le connais pas !

Au même moment, Maud Graham comprit pourquoi le visage de la victime lui était familier : le portrait-robot. Elle allait s'expliquer avec Joubert lorsque des tintements à la porte d'entrée, un étage au-dessous, firent sursauter Mathieu. Il jeta un regard paniqué aux enquêteurs.

— C'est Angélique ! Il ne faut pas qu'elle…

— Nous n'aurons pas le choix : peut-être qu'elle a déjà vu cet homme.

— Non, non ! C'est elle qui a découvert sa mère quand elle s'est suicidée, elle a déjà assez…

— Vous l'aimez beaucoup ? chuchota Joubert.

— Plus encore ! murmura Mathieu. Êtes-vous sûrs que le voleur est mort ?

En descendant chercher Angélique, Graham songea qu'un sentiment d'incrédulité accompagnait inévitablement la mort, quelles que soient les circonstances.

Angélique s'entretenait avec un policier en écarquillant les yeux, le spectacle de tous ces agents qui s'agitaient dans la librairie lui semblant irréel. On l'avait appelée pour l'avertir qu'un incident avait eu lieu à la librairie. En l'absence de son père, parti faire des achats à Toronto, elle était la responsable du commerce.

Maud Graham s'avança vers elle et compléta le récit de l'agent.

— Mathieu semble s'être défendu contre le voleur. Malheureusement, il l'a tué.

— Tué ?

Graham hocha la tête avant de lui demander de la suivre ; peut-être identifierait-elle la victime ?

Angélique était tellement choquée par ces propos qu'elle obéit, muette d'étonnement, à Maud Graham. Elle entendit Mathieu crier son nom, mais elle continua à s'approcher du corps, s'immobilisa avant de pousser une exclamation.

— Ce n'est pas possible ! Il était ici hier après-midi !

— Vous le connaissez ?

— Non, mais… Il était là ! Il est entré, puis il est ressorti deux minutes plus tard.

— Vous lui avez parlé ?

— Pas hier, mais il y a trois ou quatre jours. Je crois que c'est un touriste, un Anglais, je ne l'avais jamais vu avant. Je m'en serais souvenue.

Maud Graham extirpa son iPad de son sac à main, retrouva le portrait-robot dans les documents récents, tendit l'iPad à Angélique, qui étouffa un cri.

— Qu'est-ce qu'il a fait ?

— Il est soupçonné d'avoir dérobé un livre d'une grande valeur chez un particulier. Un livre d'heures.

— Un incunable ? Je n'en ai jamais vu depuis que je travaille avec papa, mais lui en a déjà vendu un. Avant ma naissance ! C'est introuvable ! Ça vaut une fortune !

— De quoi avez-vous parlé avec ce jeune homme ?

— On a échangé trois mots, il y avait du monde dans la librairie. Il s'est rendu au fond des rayonnages, puis il est revenu, m'a demandé pourquoi on avait tout changé dans la librairie. Je n'avais même pas fini de lui expliquer qu'on se met à l'informatique qu'il était rendu dehors. Je l'ai trouvé bizarre…

— Et la première fois ?

— Il était resté au fond de la librairie une dizaine de minutes. Il avait dit qu'il reviendrait.

— A-t-il acheté quelque chose ?

Angélique secoua la tête, pâlit subitement, rattrapée par la réalité ; cet homme qu'elle avait trouvé si beau hier était maintenant étendu dans la librairie. Mort.

— Ça ne se peut pas, bafouilla-t-elle. Qu'est-ce qu'il faisait ici ?

— C'est ce que je leur ai dit, fit Mathieu en rejoignant Angélique. On ne connaît pas ce gars-là. Je n'y comprends rien. Je suis arrivé, il avait ouvert toutes nos caisses, il était juste là avec son sac à dos.

Graham se rapprocha des techniciens, repéra le sac à dos dans les pièces à conviction qu'ils avaient recueillies. Elle avait préféré s'entretenir tout de suite avec Mathieu, laissant la tâche d'expertiser le sac à ses collègues, mais en échangeant un regard avec Joubert, elle comprit qu'ils partageaient la même intuition. Elle remit ses gants avant d'ouvrir le sac à dos et sortit délicatement un vieux livre à la couverture de cuir usée. Elle le feuilleta et de merveilleuses enluminures les laissèrent tous bouche bée.

— On n'a jamais eu ce livre ici, s'écria Angélique, on ne l'aurait jamais rangé dans…

— Je prends quatre ou cinq livres à la fois pour les mettre dans les caisses, expliqua Mathieu, je ne l'ai pas remarqué.

— Le signalement du vol et le portrait-robot du cambrioleur étaient dans les journaux avant-hier. Le voleur a dû se débarrasser de cet objet trop incriminant et se dire qu'il reviendrait le chercher ici après avoir trouvé une autre cachette ou rejoint son client.

— Mais on a tout chamboulé dans la librairie… Et il ne l'a pas retrouvé ! C'est pour ça qu'il avait l'air si bizarre quand il est parti.

Angélique se pencha à son tour au-dessus de l'ouvrage ; se pouvait-il que ses yeux absorbent autant de beauté et d'horreur dans la même matinée ?

— Je vais appeler le propriétaire pour confirmer qu'il s'agit bien du livre disparu, dit Graham. Je crois que vous devrez malheureusement garder la librairie fermée aujourd'hui.

Angélique et Mathieu la dévisagèrent ; ni elle ni lui n'auraient eu l'énergie pour travailler de toute manière. Ils avaient besoin d'un café. Arrosé d'une goutte de brandy. Elle serra la main de Mathieu, qui passa son bras autour de son épaule, autant pour la réconforter que pour se rassurer lui-même. Il avait l'impression d'avoir vieilli de dix ans en dix secondes.

Quelle idée avait-il eue d'aller travailler en pleine nuit ? Il voulait faire plaisir à Angélique… Comment aurait-il pu deviner qu'une aussi mauvaise surprise l'attendait ? Il ne parvenait pas à croire qu'il avait vraiment tué un homme.

— Je ne voulais pas… C'est arrivé si vite…

— Je sais, dit Maud Graham à Mathieu avant de lui expliquer les prochaines étapes de la procédure. La journée serait longue.

Le docteur Lauzier serait sûrement heureux de récupérer son bien, mais Maud Graham ne pouvait s'empêcher de penser que la mort de Jonathan Skipper était un beau gâchis. C'était vraiment trop bête de mourir alors qu'il avait la vie devant lui. Plus elle vieillissait, plus elle déplorait l'arrogante témérité des jeunes hommes…

CHRYSTINE BROUILLET

Comment parler polar au Québec sans mentionner le nom de Chrystine Brouillet? À la parution, en 1982, de son premier roman, *Chère voisine*, le monde du roman policier n'est pas aussi effervescent qu'il l'est aujourd'hui. Il fallait manifester un certain culot pour sortir ainsi des sentiers battus et tracer la voie à toute cette nouvelle génération d'écrivains et d'écrivaines.

Grâce à son talent de conteuse et à son charisme, Chrystine Brouillet a donné ses lettres de noblesse à un genre littéraire somme toute peu présent au Québec et elle a permis à toute une cohorte de lecteurs de s'initier à la littérature policière.

Mais d'où lui vient ce goût pour le polar? Au cours de sa jeunesse, passée à Québec, elle se révèle une lectrice très classique: la comtesse de Ségur, les *Contes des mille et une nuits* et les légendes de tous les pays envahissent son imaginaire. Marcel Aymé accompagne son passage de l'enfance à l'adolescence, des *Contes du chat perché* jusqu'à ses textes pour adultes.

Étudiante en littérature à l'Université Laval, elle écrit *Chère voisine* pour participer à un concours littéraire. Ne voyant pas d'intérêt à se vautrer dans l'autofiction de ses histoires d'amour, elle décide d'écrire un polar. D'une logique implacable, Chrystine avoue : « Comme je n'avais jamais tué personne, j'ai pensé qu'une histoire de meurtre était une bonne façon de débuter en écriture. » Trente ans plus tard, on ne peut que lui donner raison.

Commence alors sa carrière d'auteure, avec des allers-retours entre des romans pour adultes et une production très appréciée en littérature pour la jeunesse.

L'année 1987 marque un tournant majeur dans la carrière littéraire de Chrystine. Fatiguée de l'image de la femme véhiculée dans les polars, où les blondes sont fatales, les rousses sont flamboyantes et les brunes se révèlent démoniaques, elle décide de créer un personnage d'enquêtrice normale et ordinaire, qui pourrait être notre voisine et à qui l'on pourrait « jaser » cuisine ou problèmes d'adolescents. Maud Graham était née. Elle devient alors le personnage principal de Chrystine Brouillet et encore aujourd'hui, après quatorze romans, les lecteurs attendent toujours avec impatience la sortie d'une nouvelle enquête de l'épicurienne policière.

Maud n'est pas l'alter ego de l'auteure ; Chrystine la définit plutôt comme une amie qu'elle aime fréquenter. Le lecteur, lui, retrouve avec plaisir une femme attachante, avec des préoccupations ancrées dans le quotidien. Une mère, une amoureuse, une amie, bref, une femme ordinaire qui fait cependant un métier extraordinaire.

L'immense succès de la série repose en grande partie par cette relation entre Maud, sa famille, Chrystine et ses lecteurs. Cependant, un autre élément explique l'intérêt de ces derniers, à savoir les préoccupations sociales et les thématiques particulières qui servent de toile de fond aux crimes dans chacun des romans. La documentation fouillée sur laquelle s'appuie Chrystine Brouillet donne à ses récits une profondeur et une texture riches. Aucun sujet délicat n'est écarté. Le lecteur est confronté aux profondeurs de l'âme humaine, de l'âme blessée. Puis, dans le chapitre suivant, on se retrouve à table, autour d'un bon sancerre, à discuter du quotidien, de la vie de tous les jours. Une trêve bienvenue pour reprendre son souffle.

Que nous réserve Chrystine au cours des prochains mois? Dès le début de 2014, elle publiera une suite à *Chère voisine,* qui aura pour titre *Louise est de retour*. Pour cet été, elle nous prépare «un parcours de l'écrivain» avec Maud Graham, dans les lieux réels de ses romans. Ce parcours est écrit en collaboration avec Marie-Ève Sévigny, qui a créé la Promenade des écrivains.

Enfin, elle nous promet, dans les années à venir, un roman qu'elle a en tête depuis quinze ans… et qui mijote encore dans les fourneaux créateurs de cette reine du polar.

Photo de l'auteure: Marcel La Haye

ROBERT SOULIÈRES

Un cadavre au Crépuscule

À mon ami Pierre Bourdon,
qui aime le tartare
et les lancements.

C'est plutôt rare qu'un homme se rase vers seize heures. Mais Clément Martin a une bonne raison de le faire, il se rend à un lancement ce soir à dix-sept heures à la Librairie Le crépuscule, à Longueuil.

Dans la glace, Clément admirait sa tronche. Pas si mal foutu pour un gars qui frappe à la porte de l'âge d'or. Poète de son état, Clément Martin faisait aussi de la traduction comme d'autres font du petit point, pondait quelques vers pour tromper son spleen quotidien et prenait quelques verres pour engourdir le tout. Mais sa principale activité, depuis plusieurs années, était d'agir à titre de nègre blanc, en mijotant des romans policiers intenses pour l'écrivain de l'heure… le dénommé Geoffroy Lanuie. Ce dernier vivait au-dessus de tous et de tout. Le petit magot qu'il avait touché lors du décès du paternel lui permettait de marcher le nez en l'air tout en mâchant de la gomme. Lanuie écrit comme d'autres font du petit point. Pour lui, écrire est un bon divertissement, surtout qu'il ne fait souvent que relire et modifier un mot ou dix, quelques phrases, un paragraphe, supprime une page au passage pour se donner de l'importance et pour dire que lui aussi travaille.

Lanuie aime la gloriole littéraire. Il aime qu'on parle de lui dans les journaux, sur les réseaux sociaux, il adore qu'on l'invite à la télé, qu'on lui demande son avis sur tout et sur rien, sur la politique, sur l'amour, sur la vie, sur les hommes.

À trente-cinq ans, Geoffroy est bien satisfait de lui-même. Avec un brin d'arrogance, il a tout pour plaire et il plaît à tout le monde ou presque... sauf à Clément, qui depuis quelques mois se plaint de son sort, déteste maintenant l'ombre qu'on fait sur son talent, car ce n'est pas avec ses petites plaquettes de poésie hermétique qu'il attire les regards et la lumière. Sûrement pas avec une moyenne de 137 exemplaires vendus par titre... un record maintenu grâce au silence arrogant des médias.

Oui, Clément Martin aimerait bien que ça finisse un jour. Ou un soir. Ce soir, par exemple. Et c'est ce qu'il se dit en glissant une petite fiole dans la poche de son veston. « On verra comment réagira la fiole de Geoffroy », qu'il se dit en souriant.

Si on peut trouver l'amour, des livres gratuits et les dix étapes pour fabriquer une bombe artisanale sur Internet, on peut tout trouver, y compris un peu de cyanure. À peine quelques gouttes, et la mort est jouée.

— Bon, appelons un taxi maintenant, dit Clément à voix haute.

Il est habitué à se parler tout seul, mais il ne se répond pas encore. C'est toujours ça de pris.

Décidément, pense-t-il en composant le numéro, l'esclavage, qu'il soit littéraire ou non, dure toujours un temps.

: :

Il est rare de voir un homme se raser vers seize heures, sauf s'il lance son propre livre à la Librairie Le crépuscule. Drôle de nom pour une librairie. Un nom sans doute aussi un peu prémonitoire. Le crépuscule du livre... mais Geoffroy n'est pas un écrivain à plaindre. Ses affaires vont plutôt très bien. Chaque année, en mai, il fait paraître LE best-seller de l'été dans un genre qualifié par les critiques de littérature de genre justement. Geoffroy se moque bien des critiques et des prix littéraires, surtout depuis qu'il en vend, bon an, mal an, autour de 40 000 exemplaires. Pour un petit marché comme le Québec, c'est colossal, et ça fait vivre son homme. Si on ajoute à cela les deux films déjà produits, l'autre qui est en tournage et les quelques traductions dans la langue de Shakespeare, Geoffroy Lanuie est un écrivain envié.

Un roman policier, bon an, mal an, avec juste ce qu'il faut de sexe, de sang et de suspense. Les ingrédients sont connus depuis longtemps, suffit de savoir doser et d'avoir un bon nègre pour l'aider. Écrire des livres qui se laissent lire, ce n'est pas donné à tout le monde. Des livres dont les pages se tournent toutes seules, sans effort : « Un livre bon jusqu'à la dernière plage », tel est le dernier slogan trouvé par son éditeur, qui, cette fois-ci, avait mis le paquet en publicités, en présentoirs de carton pour les librairies avec la photo de l'auteur bien en vue. L'éditeur avait également distribué plus de 10 000 fascicules gratuits du premier chapitre pour mieux appâter le lecteur… la lectrice plutôt, car les hommes, c'est bien connu, lisent peu et surtout des magazines. L'éditeur avait vraiment pensé à tout.

Les grandes surfaces n'avaient pas été oubliées, évidemment, mais l'éditeur et l'auteur tenaient à faire des lancements dans des librairies indépendantes afin de ne pas s'attirer les foudres des libraires ou, du moins, afin de les amadouer un peu, si c'était chose possible. De toute façon, organiser un lancement dans un Costco, entre les petits pois et les marteaux, ça manque un peu de classe.

— Es-tu nerveux, mon chéri ? a lancé Agnès, sa conquête de l'heure.

L'amour dure trois ans, comme le dit si bien son idole française, Frédéric Beigbeder, et Lanuie se colle parfaitement à ce nouvel adage.

— C'est mon sixième lancement depuis un mois, dit-il avec une moue détachée, alors, pour la nervosité, on repassera. Il n'en reste qu'un, enfin ! Jeudi prochain, à Trois-Rivières. Il ne faut surtout pas oublier les régions, ajoute-t-il avec un sourire moqueur, même s'il pense vraiment ce qu'il dit.

— Ah ! Au fait, ma mère sera au lancement ce soir. Ça sera une occasion pour moi de la voir.

Geoffroy lève les yeux au plafond.

— … Je la vois si rarement.

Toutes les deux semaines, tu parles ! Et une heure pendue au téléphone chaque samedi, ça ne compte pas ?

— Et ton petit laïus, ce sera le même ? demande Agnès qui ne l'accompagne pas toujours.

Les mondanités littéraires, trop mortelles pour elle.

— Je traîne le même depuis des années, et tout le monde n'y voit que du feu. De toute façon, ils viennent tous pour le vin et pour le buffet. Les gens se moquent bien de ce que je dis. Je ne les blâme pas, remarque, je fais pareil aux lancements de mes confrères… quand ils m'invitent. C'est un petit milieu… qui est petit, tu sais. La jalousie et l'envie sont les deux mamelles de l'édition. Bref, je dirai la même chose que l'autre soir, et ça commence par : « Je vous remercie d'être venus en si grand nombre »… comme s'il pouvait y avoir plus de gens que le nombre d'invitations envoyées, souligne-t-il en riant. Et le reste, ce n'est que du bla-bla. L'important, ce sont les exemplaires vendus à la fin de la soirée.

Après un court silence, il demande :

— Cravate ou col ouvert ?

— Col ouvert, on est fin mai et c'est plus décontract. Tu es plus beau sans cravate.

— Ça ne fait pas trop Gino ?

Agnès fait signe que non tout en réprimant un sourire. Elle ne déteste pas se payer sa tête une fois de temps en temps. Oui, ça fait Gino avec son poil un peu gris qui sort de sa chemise, mais bon…

— Je t'admire tellement, lui susurre-t-elle. Tu es si merveilleux, tu sais ! Tu as tout : tu es beau, tu as du talent, de l'argent, de la notoriété… et tu as MOI en prime, termine-t-elle en pouffant de rire.

Geoffroy ne répond rien, mais pense : si elle savait que je n'écris pas ça tout seul. Et je me demande bien s'il viendra, ce soir, ce foutu Clément Martin de mes deux… lui qui me menace de signer seul le prochain opus !

Un dernier coup de peigne et ils s'engouffrent dans la BM Z4 bleu nuit.

: :

À la Librairie Le crépuscule

— Bonjour ou plutôt bonsoir, monsieur Lanuie, à cette heure-ci, on ne sait plus… Je suis très heureuse de vous recevoir pour votre lancement ce soir, dit la libraire.

La jeune femme lui prend chaleureusement la main. Elle aurait aimé faire la bise à son auteur-vedette, mais elle s'est retenue à la dernière seconde. Un élan comme ça, comme si elle le connaissait depuis toujours. À la fin de la soirée, si tout se passe bien, ça serait plus convenable, pense-t-elle.

— Ça va faire du bien à notre petite librairie. Les temps sont durs, vous savez…

Pas pour moi, songe-t-il en esquissant un sourire.

— … j'espère qu'il va venir beaucoup de monde.

Oui, mais pas plus que le nombre d'invitations expédiées.

— … en tout cas, de notre côté, on y a mis le paquet : 336 invitations bien comptées ont été envoyées et, avec celles de votre éditeur, on devrait casser la baraque, comme on dit.

Mentalement, Geoffroy compte qu'il pourrait signer autour de 135 exemplaires. Somme toute, une assez bonne soirée en perspective.

Tandis que le moulin à paroles, toujours aussi excité, turbine encore, il examine discrètement le chic décolleté de la libraire. Intéressant. Ses jambes sont fort belles. Jeune quarantaine encore jolie et éminemment baisable. Petites lunettes rondes aussi. Femme à lunettes, femme à quéquette, dit un faux proverbe. Les rapports entre humains sont souvent sexuels. On ne baiserait pas avec tout le monde quoique… mais c'est souvent sur cette base du possible que nos relations sont teintées. Enfin, c'est ce que pense Geoffroy Lanuie à cet instant précis. Les rapports sont plus cordiaux, voire plus chaleureux, avec une personne qu'on aimerait baiser sans passer aux actes. Sa théorie s'arrête là. Pas besoin d'écrire un livre sur le sujet.

— Votre éditeur n'est pas encore arrivé, dit-elle, mais ça ne devrait pas tarder. C'est un homme tellement charmant. Le mois dernier, il était avec…

Pas tant que ça, je dois dire. Plutôt radin, en fait, comme tous les éditeurs. Mais j'imagine que les temps sont durs pour lui aussi. Par chance, il m'a !

— … bon, la table de signature est là, précise-t-elle en désignant les belles piles de livres artistiquement placées en pyramides originales. J'ai ajouté, bien sûr, vos autres livres en 25 ou 30 exemplaires, comme *Les assassins se cachent pour vomir*, *Mourir à Venise-en-Québec*, *Pas de sangria pour Miss Sonia*, *Il était une fois à Hochelaga-Maisonneuve en direct*, *Le mystère de la chambre froide*, sans oublier *Assassins, Ah ! ça saigne* et *Le mort parle, mais il doit répéter deux fois*, etc. Ça vous va ? Et le micro est là. Je vais vous présenter en quelques mots, tout simplement. Je n'aime pas parler en public. On devrait commencer vers 17 h 45, pour donner le temps au monde d'arriver.

— Excellent ! la félicite-t-il.

— Une coupe de vin en attendant ?

— Oui, pourquoi pas ?

— Rouge ou blanc ?

— Vous avez les deux, c'est merveilleux…, je blague, dit-il en voyant le regard de la libraire s'assombrir un peu. Rouge pour moi.

Il se tourne vers Agnès.

— Et toi, Agnès ? s'enquiert-il.

Goeffroy réalise tout à coup qu'on n'a pas du tout adressé la parole à sa compagne depuis leur arrivée. Une des nombreuses raisons sans doute qui expliquent qu'Agnès apprécie peu les lancements. Ça ou l'abattoir, quelle différence?

— Oh! Je vous présente Agnès, reprend-il, ma compagne et ma première lectrice.

Échange poli de poignées de main. Plusieurs libraires aimeraient bien être sa première lectrice… de chevet.

— Blanc pour moi, répond Agnès. Le rouge tache trop les dents.

La libraire poursuit:

— J'ai aaaadoooooré votre dernier roman!

Une fan finie, ma parole!

— Beau clin d'œil, en passant, à notre ami Woody Allen avec votre titre: *Prends Loiselle et tire-le!* Je l'ai dévoooooré! Quel style aussi et plein d'humour et de suspense… et le coupable, à la fin, on ne s'en doute pas du tout. Ça se lit d'une traite, comme on dit…

… et comme disent les fermiers aussi lors du train de cinq heures.

— Et c'est très bien écrit parce que généralement les romans policiers… Et j'aimerais bien si…

— Bien sûr, l'interrompt Geoffroy, qui a deviné sa demande. Je vais vous dédicacer un exemplaire avec plaisir.

Avec une pointe de dépit, il se dit qu'il vient de perdre une vente, car son éditeur lui avait évidemment offert cet exemplaire. C'était là la moindre des choses. Et sans doute d'autres exemplaires aussi pour les employés.

Geoffroy chasse cette pensée mesquine de son esprit. Après tout, c'est bien grâce aux libraires qu'il vend autant de livres et qu'il connaît autant de succès. Son père pouvait couper une cenne en deux et c'est maintenant lui qui a un mal de chien à se débarrasser de cette vilaine manie de tout compter… la génétique a le dos large.

— Tiens, voici ton éditeur, lance Agnès, et ma mère aussi. On dirait qu'elle l'accompagne, ajoute-t-elle en pouffant de rire. Au moins, je ne serai pas seule…

— Bonsoir, Geoffroy, dit l'éditeur en lui serrant la main tout en lui tendant une enveloppe. Et avant que tu me le demandes, c'est ton chèque pour couvrir tes dépenses lors des lancements à Québec et à Rimouski. Ces deux lancements ont connu vraiment un beau succès. Bravo ! Tu es le *king* ! Tu trouveras aussi ton chèque pour l'avance sur le premier tirage…

— Merci, dit Geoffroy en glissant l'enveloppe dans la poche intérieure de son veston. Ça devrait commencer dans quelques minutes. Veux-tu dire un mot ?

— Mais non, tu sais bien que je déteste parler en public. Ça me donne des sueurs et je ne sais jamais quoi dire. Non, il faut laisser toute la place à l'auteur lors des lancements, c'est tout naturel. C'est lui la vedette, après tout. Tiens, bonne nouvelle tandis que j'y pense : le distributeur a placé plus de 27 600 exemplaires de *Prends Loiselle et tire-le !* à l'office. C'est bien parti, si tu veux mon avis, et on devrait atteindre facilement notre quarantième mille !

Geoffroy lui offre un sourire de satisfaction.

— L'attachée de presse qu'on a mise sur le coup a réussi à t'obtenir, à l'arraché, je dois bien l'avouer, une entrevue pour le cahier « Livres » de *La Presse*. L'entretien aura lieu dans deux jours chez toi ou à la maison d'édition si tu veux, à toi de choisir. Mais chez toi, dans ta vaste bibliothèque par exemple, ce serait mieux. Les journalistes aiment bien voir les écrivains dans leur habitat naturel, ah !

— Je suis bouche bée. Ils ont un cahier « Livres », maintenant ! Et ils vont oser s'abaisser à faire une entrevue avec moi, minable auteur de romans policiers. Alexandre Jardin n'est plus en ville ? Le dernier John Irving n'est pas encore paru ? C'est déjà la saison creuse ?

— Cesse de faire de l'ironie, implore l'éditeur. Pour une fois, ne sois pas méprisant. Une porte s'ouvre à toi, ne va pas la refermer sur tes doigts. C'est Jean-François Nadon qui va faire l'entrevue. Il a une bonne crédibilité, non ? Et le journal va aussi diffuser ça sur le Web.

— C'est vrai, tu as raison. Je chiale parce que je n'ai pas d'entrevue dans la grosse presse et quand j'en obtiens une, grâce à tes bons soins, merci, je me plains encore. Bon, je te le promets, je serai le plus gentil des écrivains du monde et le moins chiant par la même occasion.

— Toute une commande!… Je plaisante. À la bonne heure. Tu me fais plaisir, là!

— Je te laisse, je vais aller saluer Clément Martin, un bon ami à moi, qui vient tout juste d'arriver. À plus…

En effet, Clément Martin musarde dans les livres d'occasion. « Tiens, se dit-il, *Nègres blancs d'Amérique* de Pierre Vallières pour seulement 4,95 $! »

— Salut Clément, content de te voir ce soir, je ne pensais pas… après l'altercation téléphonique qu'on a eue, l'autre jour…

— Que TU as eue…

— Oui, c'est vrai, c'est moi qui ai ouvert les hostilités après ta demande insensée, il faut bien l'admettre. Bon, voilà, je m'excuse. C'est OK? C'est oublié et enterré?

— Oui, on va dire ça comme ça… mais je vais ruminer ça encore un peu, si tu permets. Mets-toi à ma place!

— Clément, on fait une équipe du tonnerre, tu ne trouves pas? Tu y trouves ton compte aussi, non? Même si tu publiais un excellent roman policier, sans mon nom sur la couverture, tu sais très bien que tu dépasserais à peine les ventes de tes plaquettes de poésie. Sois réaliste, mon vieux. On ne va pas recommencer ici la discussion de l'autre soir. Mais je te regarde, là, tu as une drôle de fiole, ce soir…

… *Et j'en ai une autre dans ma poche, si tu veux tout savoir.*

— Oui, c'est la fatigue sans doute. Je dors mal depuis quelques jours et…

— … même chose pour moi, je n'ai jamais pu supporter les hôtels. Peu importe leur nombre d'étoiles, j'y dors souvent mal. J'aime bien être chez moi.

Geoffroy fait une pause, puis ajoute, en lui touchant le bras:

— Content de te revoir, sincèrement, Clément. Allez, va te prendre un verre, ça commence à l'instant.

Et Geoffroy se dirige vers le lutrin comme un président américain pour un point de presse important.

Sans notes, Geoffroy débite son baratin habituel, parsemé d'une anecdote et de deux citations d'écrivains célèbres. Ça fait mouche chaque fois.

— Je vous remercie d'être venus en si grand nombre…

Clément Martin réprime son envie de rire.

Le gentil public est très attentif. Ce n'est pas comme aux lancements collectifs de l'éditeur, dans une grande salle à Montréal, où tout le monde parle en même temps tandis que les directrices de collection s'époumonent pour présenter leur salade.

— … et bien sûr, je suis tout à vous pour dédicacer un, deux ou trois romans, mais le maximum est de dix par personne. Il faut en laisser pour les autres…

Silence gêné.

— Mais non, je blague.

: :

— Verrines de saumon au tatziki…, annonce une commis libraire déguisée en serveuse pour l'occasion.

La jeune fille prononce assez mal le mot *tzatziki*, mais qui pourrait la reprendre ?

— … et avocats au crabe.

— Il me semble, glousse Clément, qu'avocats et crabes vont bien ensemble.

La jeune fille sourit.

— … et terrine de poisson.

— Ma foi du bon Dieu, on se croirait en pleine mer, dit Clément. À quelle heure on fait la vague pour la veuudetttte ? Non merci, je suis allergique au poisson… et aux lancements.

— Je vais repasser, dit-elle. Sinon, il y a aussi le buffet là-bas, sur le côté, près de la section des livres de cuisine.

— C'est tout indiqué ! Ma parole, la libraire ne manque pas d'esprit non plus.

Il fait déjà une de ces chaleurs, pas étonnant avec tout ce monde. Et Geoffroy qui signe avec le sourire et son Montblanc, comme on doit le faire pour le service après-vente.

— Et c'est pour qui ? Avec un *t* ou deux *t* ? Et un *y* à la fin ? Ah ! bon.

« Mais avec son col ouvert, ça jure un peu. Il devrait se raser », se dit Clément, qui se dirige maintenant vers le buffet.

De petits cartons affichent le nom des bouchées : « Carpaccio mariné aux deux poissons », « Tartare de poisson fumé », « Sushis de la Méditerranée », « Crevettes tempura » et, finalement, sur un coin de la table, un peu laissées à elles-mêmes, quelques mini-brochettes de poulet et de bœuf ainsi qu'une assiette de crudités et des cubes de fromage.

« Enfin ! » se dit Clément qui vient de terminer son quatrième verre de vin et qui allonge le bras pour en prendre un cinquième.

— Au moins, ce n'est pas de la piquette, murmure-t-il pour lui-même.

En glissant un cure-dent dans sa poche, il touche la fiole, qui lui fait penser aussitôt à la mission qu'il s'est juré d'accomplir.

L'heure est venue. Discrètement, il prend un verre de vin rouge et y laisse tomber quelques gouttes du funeste poison. Un convive le regarde d'un air réprobateur mais poli.

— C'est pour ma pression artérielle, précise Clément. Vieillir, ce n'est pas toujours drôle.

: :

— Tiens, j'ai pensé que tu aurais soif, lance Clément en déposant le verre de vin près de l'auteur en pleine séance de signatures, et un peu faim aussi. Moi, les sushis, ça me répugne, ajoute-t-il, la bouche molle.

— Charmante attention, c'est gentil, dit Geoffroy, qui voit là un indice de la fin des hostilités.

Clément n'est pas du genre rancunier ; enfin, Geoffroy espère qu'il n'a pas changé.

L'auteur boit une bonne gorgée avant d'émettre un commentaire :

— C'est un lancement bien organisé !

— C'est ce que je me disais tantôt, justement. La libraire doit te porter dans son cœur…

Puis Clément prend congé de son maître.

Agnès est aux côtés de sa mère, en grande conversation avec l'éditeur dont le regard brille en voyant la pile d'exemplaires fondre à vue d'œil.

« Au moins, ça va aider à payer les frais », calcule-t-il pour lui-même avant d'ajouter :

— Bon, je vais y aller, des obligations familiales…, précise-t-il en prenant congé d'Agnès et de sa mère.

— Au plaisir de vous revoir, donc, dit Agnès.

Geoffroy ressent une crampe à l'estomac. « Les maudits sushis, pense-t-il tout de suite. Faut toujours se méfier. » Il grimace en signant un livre, le tend à la jeune cliente heureuse et se masse le ventre. « Ça va passer », se dit-il en regardant Clément qui jase avec une commis.

— Les toilettes ? demande Clément.

— Désolée, mais nous n'avons pas de toilettes pour les clients.

Vu la pâleur de l'invité, la commis ajoute :

— C'est un centre commercial ici et il y a des toilettes là-bas, près du Dollarama… mais je vois que vous n'allez pas très bien.

— Excellente observation, dit Clément. Content de voir que je n'ai pas besoin de vous faire un dessin.

— Alors, c'est là-bas, tout au fond de la librairie. Les portes grises. Au bout à votre droite. Ça va aller ? demande-t-elle, inquiète.

— Oui, oui, ça devrait, répond Clément en retenant un rictus.

Il ressent déjà un pincement au cœur.

— Une vieille intoxication alimentaire qui se soigne mal, murmure-t-il.

Puis il s'éloigne rapidement en titubant. Les cinq verres de vin commencent vraiment à faire leur effet. Clément zigzague avec un certain contrôle jusqu'à la porte grise. La vue embrouillée, son cœur qui bat à mille à l'heure dans ses tempes, il s'assoit sur le siège de toilette, en sueur. Il sait qu'il n'en a plus pour longtemps. Clément porte la main à sa poitrine une dernière fois, puis son corps, sans bruit, s'affale sur le plancher comme une guenille molle.

: :

Geoffroy signe le dernier exemplaire de la soirée avec un air satisfait. Agnès est toujours là, à ses côtés cette fois, comme pour soutenir le marathonien dans le dernier droit.

— T'aurais pas vu Clément Martin par hasard ?

— Non, répond Agnès. Il doit être parti en coup de vent. La dernière fois que je l'ai vu, il n'avait pas l'air dans son assiette.

— Je ne le suis pas non plus, je dois dire. La digestion… les sushis… ou bien les crevettes, va savoir, comme disait Ducharme.

— Ducharme, qu'est-ce qu'il a à voir là-dedans ?

— Rien, rien, un jeu de mots… pour moi-même.

— Geoffroy, si tu veux parler tout seul, dis-le…

À ce moment-là, on entend un cri effroyable venant de l'arrière de la librairie. Il ne reste plus que trois ou quatre clients, la libraire et les deux commis. Tous courent en direction du cri d'effroi.

C'est la jeune commis qui, le teint livide, bafouille :

— Il y a… un… mort… dans la toilette des… employés !

Geoffroy risque un œil vers le fond de la cabine tandis que la libraire compose le 9-1-1 sur son cellulaire. Il reconnaît le complet gris de Clément et ses vieux souliers démodés à semelle de gomme. Clément est mort. Foudroyé. Il n'avait jamais envisagé ça ! Qu'allait-il devenir ? Sa carrière ? Et son prochain roman qui est presque complété, il ne manque que le dernier chapitre, la résolution de l'énigme, en fait.

Les ambulanciers sont sur place en moins de sept minutes. Ils constatent rapidement le décès du vieil homme.

— Crise cardiaque, dit le moustachu qui en avait vu d'autres. À mon humble avis, du moins.

Les policiers, vite arrivés eux aussi, interrogent les témoins, prennent leur déposition sommaire et leurs coordonnées. Le coroner aura le dernier mot sur la cause du décès.

: :

Quelques jours plus tard, les médias annoncent, dans un articulet de douze lignes, la mort du poète Clément Martin. Il est mort aussi discrètement qu'il avait vécu. Dans la poche de son veston, on a trouvé une fiole avec un fond de cyanure ainsi qu'une clé USB contenant le prochain roman de Geoffroy Lanuie. Le coroner conclut au suicide par cyanure. Aucune autre empreinte, hormis celles de la victime, n'apparaît sur le flacon.

Dans la même journée, le journaliste Jean-François Nadon a la surprise de recevoir une lettre de la main de Clément Martin avec une clé USB et la recommandation de divulguer le contenu, en mai prochain seulement, lors de la parution du prochain roman de Geoffroy Lanuie, afin que l'étonnement et la stupéfaction soient complets. Jean-François Nadon est content d'être dans le secret des dieux.

: :

Onze mois plus tard, scandale à Bouquinville : Geoffroy Lanuie n'écrivait pas ses romans seul ! Imposture ! Le nom de Clément

Martin est sur toutes les lèvres durant quelques semaines. Une gloire posthume. Une revanche d'outre-tombe.

Si on avait été dans une bande dessinée, Geoffroy Lanuie aurait quitté la ville le corps enduit de goudron et de plumes. Mais comme il sait tout de même écrire un peu, il est contraint dorénavant de mettre sa plume au service d'un autre éditeur, dans l'anonymat le plus total, pour écrire des biographies de chanteurs et de comédiens.

Après la lumière, un peu d'ombre, ça ne fait de mal à personne.

ROBERT SOULIÈRES

Que vient donc faire un écrivain ayant exclusivement publié des livres pour les jeunes parmi les auteurs d'un recueil de nouvelles pour adultes ? Excellente question en réponse à laquelle je ne peux qu'avouer ceci : je lis les polars jeunesse de Robert Soulières en cachette et j'aimerais bien pouvoir enfin sortir du placard et le lire au grand jour !

Ne vous y trompez pas, la carrière d'auteur de polars de Robert Soulières est très importante pour le roman policier québécois. Un peu comme le club-école du Canadien entraîne les futurs joueurs d'élite, cet auteur au sens de l'humour extraordinaire prépare avec talent les lecteurs de polars et de romans noirs de demain. Voyez les titres de ses romans pour la jeunesse : *Un cadavre de classe*, *Un cadavre de luxe*, *Un cadavre stupéfiant* et même *Un cadavre au dessert* !

Robert a appris à écrire à l'école et, depuis ce temps, il n'arrête plus. Mais c'est sa tante Jeanne qui lui a donné le goût de la lecture en lui offrant *Coke en stock*, une aventure de Tintin. (L'histoire ne nous dit pas si c'est la tempérance du capitaine Haddock ou l'intelligence des Dupond et Dupont qui a provoqué son désir d'écrire un premier roman...) À l'époque, il s'écrivait peu de littérature pour adolescents. C'est donc pour eux, tout en donnant le biberon à son fils, qu'il a imaginé son premier polar jeunesse, *Le visiteur du soir*. Il fallait être un peu fou ou visionnaire pour situer l'intrigue policière au Musée des beaux-arts, autour de la disparition d'une toile de Jean Paul Lemieux. Surprise: les adolescents ont été conquis; leurs parents aussi! Depuis ce temps, Robert Soulières pratique tous les métiers du livre, comme éditeur et comme écrivain. Et bon nombre de ses premiers lecteurs, devenus parents, lisent encore ses œuvres avec plaisir.

Prolifique et imaginatif, il mijote de beaux projets: un recueil d'une quinzaine de nouvelles, *Des nouvelles de Bob,* puis des histoires sentimentales sous forme de journal poétique dont le titre pourrait bien être *Hier, tu m'aimais encore*. On y suivra des jeunes vivant une peine d'amour qui, somme toute, se terminera bien. Car, comme Robert le dit lui-même, «au vingt et unième siècle, il est préférable de ne pas mourir d'amour».

Photo de l'auteur: Alexis K. Laflamme

SYLVAIN MEUNIER

L'homme qui détestait les livres

— Et particulièrement les romans policiers.

— Pourquoi les policiers ?

— Ce sont des sottises ! Quel est l'intérêt d'inventer des crimes, il s'en commet déjà assez, non ?

L'inspecteur Forcier fait rouler son fauteuil en poussant sur son bureau, se lève et tourne le dos à Norbert Spehner, puis se dirige vers la fenêtre ; vu que Forcier est grand et gros, la pièce se trouve ainsi privée d'une part de la lumière du jour. On est dans son bureau, où il ne recourt à l'éclairage artificiel qu'en cas d'absolue nécessité. Il aurait été contre-productif de faire conduire son homme en salle d'interrogatoire.

L'inspecteur Forcier réfléchit à la suite de l'entretien. S'il joue habilement ses cartes, il pourra ajouter un fameux coup d'éclat à son dossier. Ce n'est pas qu'il soit si ambitieux, mais dans ce métier, ce sont les succès qui font qu'on vous prend au sérieux. Or, être pris au sérieux est un éternel combat pour Forcier, à qui un quelconque bogue neurologique a donné une élocution traînante, un regard plissé et une gueule bouffie qui laisse croire qu'il est en perpétuel état d'ébriété.

— Donc, dit-il en revenant à son « client », votre femme a quitté la maison… vers dix heures, hier, lundi, pour aller, selon son habitude, acheter un… ou des livres à la Librairie Alire… de Place Longueuil. Contrairement à vous, donc, elle aime lire.

— Elle lit tout le temps.

— Mais pas vous.

— Je viens de vous le dire, je déteste la littérature.

L'inspecteur Forcier sait transformer en atout son allure atypique. Nul doute que son interlocuteur se dit en son for intérieur que ce flic qui se présente soûl au boulot devrait être suspendu de ses fonctions, mais, si un mauvais flic est inquiétant pour les innocents, il est rassurant pour les coupables. Alors Spehner fait comme si de rien n'était. Forcier s'efforcera dès lors de paraître encore plus empâté.

— Pourquoi… avoir attendu cet avant-midi… pour signaler sa disparition ?

— Eh bien, ma femme est une adulte !

« Courte hésitation, histoire de s'assurer de bien employer le présent de l'indicatif, note mentalement Forcier. Le gars s'est préparé. »

— Nous n'avons pas eu d'enfants, elle ne travaille plus depuis qu'elle a hérité…

— Hérité… gros ?

— Ha, ha ! Assez gros, oui, mais n'allez pas imaginer que j'aurais voulu accaparer sa fortune personnelle. D'abord, elle a fait un testament en faveur de ses neveux et nièces, et pour ma part, j'ai déjà plus d'argent qu'il ne m'en faut pour mener la belle vie jusqu'à la fin de mes jours. Je ne suis pas non plus venu au monde dans la misère, je suis toujours actif comme comptable, et disons que j'ai fait des placements fructueux. Vous pouvez enquêter là-dessus si vous voulez.

— Mais non, voyons… J'essaie… de me faire une juste idée de la situation de votre femme, sans plus. Donc ?

— Eh bien, comme je disais, elle est libre de son temps. Il faisait beau hier, et j'ai d'abord supposé qu'elle s'était pris un sandwich et était allée lire au bord du fleuve, dans le parc Marie-Victorin. C'est dans ses habitudes. Elle y passe souvent l'après-midi. J'ai été surpris qu'elle ne rentre pas pour souper. Quand ça lui arrive, elle appelle.

— Elle a sans doute un cellulaire…

— Vous savez, les gens qui ont toujours le nez dans les livres, ce sont un peu des arriérés technologiques, ils ne vivent pas dans le même monde que nous. Elle a son téléphone, oui, mais elle ne l'allume que pour appeler. Donc, avant que vous me le demandiez, j'ai essayé en effet de la joindre, mais ça n'a pas répondu, comme je devais m'y attendre. Bien sûr, ça pouvait lui arriver aussi d'oublier de me prévenir, alors je ne me suis pas énervé. J'ai mangé. Ensuite, je suis allé compléter quelques dossiers dans mon bureau.

— Seriez-vous ce qu'on appelle… un *workaholic* ?

— Inutile de le nier. J'aurais les moyens de tout arrêter demain si je le voulais, mais j'aime ça. Les finances et le golf, ce sont mes seules passions.

— Le sexe ? demande Forcier avec un clin d'œil goguenard.

— Pardon ? !

— Avez-vous encore des… rapports sexuels ? Vous n'êtes pas obligé de répondre, mais est-ce qu'on peut éliminer l'hypothèse qu'elle soit partie… avec un amant ?

— Un amant, Manon ! Allons donc, on voit que vous ne la connaissiez pas !

« Faux pas ! Il a employé l'imparfait », note encore Forcier, qui savait qu'il allait toucher un point sensible.

— Un libraire, mettons ?

— Quoi ?

— Elle aurait pu entretenir une liaison avec un libraire.

Spehner pâlit. Il ne s'attendait vraiment pas à celle-là. Il ricane nerveusement et hausse les épaules.

— Pour en revenir à votre question, reprend-il, disons que nos rapports sexuels se sont raréfiés. C'est le cas pour bien des couples de longue date. Il faut dire que nous n'avons jamais été exagérément portés sur la chose, du moins après l'enthousiasme des débuts.

Spehner est singulièrement dépourvu de sex-appeal, pour autant que Forcier puisse se mettre dans l'esprit d'une femme.

Court, affublé de lunettes qu'il a choisies vastes sans doute par solidarité avec ses oreilles, dégarni du haut, moustachu du bas, mais pas assez pour dissimuler une dentition bancale, quoiqu'apparemment saine, sous des narines évasées et broussailleuses, on voit mal quel attrait physique il pourrait susciter chez une femme équilibrée. En revanche, il y a quelque chose de ramassé dans son ossature, dans ses mains surdimensionnées, qui donne à croire qu'en certaines circonstances, la concupiscence, par exemple, ou plus encore la colère, il serait en mesure de dégager une énergie physique brutale. Une force animale contenue par un esprit rationnel, cela peut être séduisant. Tous les goûts ne sont-ils pas dans la nature ?

— Vous l'aimiez toujours ?

— Oui. C'est-à-dire que je l'aime toujours ! On ne doit pas présumer qu'elle est morte, il me semble.

Il a parlé sur un ton de reproche. Il cherche à reprendre l'initiative.

— Alors cessons ces suppositions oiseuses, reprend-il, et revenons-en aux faits, si vous voulez bien, inspecteur. Je ne l'ai pas rappelée sur son cellulaire, sachant que ça ne donnerait rien. Je suis habitué à me coucher tôt. J'ai décidé de l'attendre au lit. Nous avons la télé dans la chambre. Nous l'écoutons rarement parce que Manon continue à lire au lit et que ça la dérangerait. Non, cela ne me frustre pas, je suis habitué. Mais hier, j'ai profité de son absence pour me payer le luxe de regarder dans les draps une ronde de golf de l'Open américain. Et que voulez-vous que je vous dise, je me suis bêtement endormi. Ça n'a rien d'extraordinaire, j'ai le sommeil facile.

— L'inquiétude ne vous a pas tenu éveillé.

— Je n'étais pas tellement inquiet. Le pire qu'on imagine, dans ce genre de situation, c'est un accident, et si elle avait eu un accident, vos collègues m'auraient contacté, non ? Je suis un homme de chiffres, moi, j'ai un esprit cartésien. C'était peut-être le fait d'être tout seul dans le lit, mais j'ai dormi comme une bûche. Vous savez, quand on vieillit, on se lève plus fréquemment la nuit. Ça fait qu'on se dérange l'un l'autre. Je me suis éveillé spontanément à quatre heures trente et là, constatant qu'elle n'était pas rentrée, j'ai dû admettre que le problème était réel.

— Vous n'étiez pas encore plus alarmé que ça ?

— Ça ne sert à rien d'envisager le pire. À ce qui semble invraisemblable, il y a la plupart du temps une explication simple à laquelle on n'a pas pensé. Il n'y avait évidemment pas de message dans la boîte vocale, sinon je ne serais pas ici. J'ai pris ma douche, je me suis habillé, je suis descendu faire du café et j'ai entrepris de dresser la liste de tous les endroits où elle aurait pu se trouver. C'est une courte liste. Elle a deux sœurs, une à Saint-Bruno et l'autre à Laval. Elle peut coucher chez la première à l'occasion, quand celle-ci s'absente pour un jour ou deux, afin de prendre soin du chien. Si elle va souper chez la seconde, il arrive aussi qu'elle reste à coucher, car elle déteste conduire le soir, surtout quand elle a bu.

— Elle boit beaucoup ?

— Oh non ! Mais il ne lui en faut que peu pour s'abstenir de conduire. Ensuite, il y a un trio d'ex-collègues de travail avec qui elle organise des sorties de filles. Mais tout ça est planifié et rigoureusement inscrit sur le calendrier de la cuisine, qui nous sert d'agenda de couple, si on peut dire. Les numéros de ces personnes sont toujours sur l'afficheur du téléphone, mais il était trop tôt pour les appeler. Je me suis pris un muffin et suis allé dans mon bureau voir quelle journée m'attendait, s'il n'y avait pas des échéances ou des rendez-vous qu'il me faudrait reporter, au cas où le pire s'avérerait. Vers huit heures, j'ai commencé à appeler. J'ai eu la chance de pouvoir joindre rapidement tout le monde, mais personne n'avait quoi que ce soit de prévu avec elle ces jours-ci, et personne n'avait d'idée de l'endroit où elle pourrait bien se trouver, même en se creusant les méninges. Toutes m'ont promis de faire des recherches de leur côté. J'ai cherché des explications rationnelles, mais je n'en ai trouvé aucune. À midi, je n'avais rien de nouveau et j'ai considéré qu'il était désormais justifié d'appeler le 9-1-1. On m'a dit qu'on allait lancer une recherche dans les hôpitaux et appeler les corps de police. À treize heures, on a rappelé pour me demander s'il était possible de me présenter au poste. Je pensais qu'on avait trouvé quelque chose, mais c'est vous qui m'avez reçu, et il semble que vous n'ayez rien à m'annoncer. Je vous avoue que je ne comprends pas.

— Dans vos démarches, vous n'avez pas pensé… à contacter la librairie… pour au moins essayer de savoir si elle s'y était bien rendue ?

Spehner écarquille les yeux derrière ses lunettes.

— Ma foi, non ! Ça ne m'est pas venu à l'idée, je ne suis pas enquêteur, moi. Mais en effet, il faudrait voir.

— C'est vu.

— Déjà ? fait Spehner, visiblement décontenancé.

— C'était une affaire de rien à vérifier, surtout un lundi avant-midi. C'était plus facile encore hier. Vous n'avez pas écouté les nouvelles, monsieur Spehner ?

— Non. Ce n'est pas dans mes habitudes, à moins d'une situation de crise, genre World Trade Center. Le matin, nous écoutons de la musique classique à la radio. Il y a bien des bulletins d'information, mais je n'y porte pas attention. Je lis mon journal, que je reçois depuis toujours, surtout les pages financières.

— Mais vous n'avez pas lu le journal ce matin…

— Eh non ! J'avais autre chose en tête, figurez-vous. J'aurais dû ?

— Vous auriez appris que la Librairie Alire a été fermée hier, dès dix heures, soit juste trente minutes après l'ouverture.

— Vraiment ? Alors Manon n'a effectivement pas pu… Mais pourquoi ? Pourquoi parlerait-on de la fermeture d'une librairie de banlieue dans le journal ?

— Parce que... un meurtre... c'est toujours un événement digne de mention !

— Un meurtre ! ? ? !

Forcier ne croit pas une seconde à cette stupéfaction. Même un débutant ne s'y laisserait pas prendre. Demandez à n'importe quel acteur, il vous dira que la surprise est très difficile à feindre de façon naturelle. Spehner en a trop mis, et il a répliqué trop vite. Un esprit analytique comme le sien aurait réagi de façon moins exclamative, plus réflexive. Spehner n'est pas un acteur. Il a sûrement répété devant son miroir, mais il a essayé de reproduire ce qu'il supposait que Forcier ou un autre voudrait voir, plutôt que de travailler à établir comment lui-même, en fonction de ce qu'il est, se serait comporté. Donc, ça sonne faux. Donc bis, Spehner savait qu'un meurtre a été commis à la librairie, même s'il prétend n'avoir pas écouté les nouvelles. Forcier, quant à lui, n'est pas du tout surpris. Les choses avancent comme il le souhaite.

Un œil à moitié fermé, l'autre à moitié ouvert, un sourire en coin, il fixe le comptable en silence. Et celui-ci se demande bien ce qu'il a en tête.

— Pas Manon ! ? fait encore Spehner, cette fois de façon plus crédible.

— Mais non, vous le savez bien.

— Comment ça ?

— Vous le disiez vous-même à l'instant : si on avait retrouvé votre femme, vous auriez déjà été avisé.

— Oui, bien sûr... Mais qui a été tué ?

— Vous connaissez Robert Leroux ?

Spehner balaie sa mémoire, ou du moins, il fait semblant.

— C'est un nom commun, ça me dit vaguement quelque chose, mais ça ne me revient pas.

— Je vous rafraîchis la mémoire, ironise Forcier. C'était le propriétaire de la librairie. Un homme de votre âge, à peu près, un homme très apprécié de ses employés et surtout de ses clients les plus fidèles. Il se rappelait leurs goûts et ses recommandations de lecture leur devenaient indispensables. Vous l'avez sûrement croisé, quand il vous est arrivé d'accompagner votre femme.

— Dans une librairie ! Jamais ! Moi, quand j'ai quelque chose à acheter, j'entre et je demande. Je sais ce que je veux. Si j'ai besoin d'un livre relié à ma profession, je le fais mettre de côté à la librairie de HEC et je passe le prendre. Et encore, ça, c'était avant de pouvoir les commander en ligne. Écoutez, Manon mettait facilement une heure à bouquiner, vous vous rendez compte ? Alors, elle avait pris l'habitude de faire ça toute seule, comme une activité, comme d'autres jouent aux quilles. C'était très bien. Ce n'est pas parce qu'on forme un couple qu'on doit avoir les mêmes champs d'intérêt.

— Bien sûr que non… mais vous parlez d'elle au passé, maintenant.

Durant un instant, Spehner se transforme en statue de cire.

— Vraiment ? Cet entretien commence à me troubler. C'est ce meurtre… Mais vous ne considérez tout de même pas Manon comme une suspecte ? ! ? !

— Si vous lisiez des romans policiers, vous sauriez qu'un bon enquêteur n'écarte jamais quelque possibilité que ce soit.

— Manon, voyons donc ! Il n'y a pas une once de méchanceté en elle.

— Tout être humain peut soudainement tomber sous l'emprise de la passion… n'est-ce pas, monsieur Spehner ?

— Qu'est-ce que vous sous-entendez ? Je vais vous dire franchement, inspecteur, plus cet entretien se prolonge, plus je me demande…

— Si j'ai… toute ma tête ? Je vous assure que si.

— Soit, mais vous enquêtez sur un meurtre. Il me semble que la disparition de ma femme mérite une attention exclusive. Il est évident qu'hier avant-midi elle s'est cassé le nez à la porte de la librairie. Elle a dû rebrousser chemin. Il faut savoir où elle est allée. Tant qu'à échafauder des hypothèses ridicules, qui sait si elle n'a pas été témoin du meurtre et qu'on l'aurait fait disparaître pour cette raison ?

— Gardez votre calme, monsieur Spehner. S'il fallait affecter un enquêteur dans les quarante-huit heures chaque fois qu'on nous signale une disparition, vos clients pleureraient au moment de payer leurs impôts.

— Ils pleurent déjà.

— Je compatis. Et puis d'abord, je ne soupçonne pas votre femme. De la façon que Robert Leroux a été tué, il fallait à l'assassin une force supérieure à celle qu'elle pourrait mobiliser, même en état de crise. Et elle n'a pas non plus été témoin du meurtre. Par contre, je suis persuadé que le meurtre et sa disparition sont reliés.

— Excusez-moi, mais que savez-vous de la force physique de ma femme ? On ne m'a pas encore demandé de fournir une description.

— On le fera au moment de lancer un avis de recherche, mais je doute qu'on en arrive là.

— Quoi ? Comment pouvez-vous douter ? Sauf le respect que je vous dois, inspecteur, je vais demander à vos supérieurs d'affecter quelqu'un d'autre à…

Spehner s'interrompt. Forcier a levé un sourcil amusé et prend en même temps un air d'absolue indifférence.

— Monsieur Spehner, j'enquête sur un meurtre et je peux placer qui je veux sur la liste des suspects. Je peux même vous soumettre à un interrogatoire en règle, avec lumière dans la face et tout le *kit*. Je suis sûr que vous préférez qu'on continue à jaser tranquillement.

— Moi, suspect ! C'est insensé.

— Pas tant que ça. Continuons à parler de votre femme. Pouvez-vous me donner le titre du dernier livre qu'elle a lu ?

— Quoi ? De plus en plus insensé… mais oui, je m'en souviens, parce qu'il y avait une balle de golf sur la couverture, une couverture verte comme un *green*. Ces auteurs de romans policiers inventent vraiment n'importe quoi : ça s'appelait *L'homme qui détestait le golf*, vous vous rendez compte ? Comme si ça se pouvait, un homme qui déteste le golf !

— Et le nom de l'auteur ?

— Alors, vraiment, vous n'avez pas idée comme je m'en fous. C'était déjà assez de voir cette couverture chaque fois que j'ouvrais les yeux… Surtout avec le printemps merdique qu'on a eu. De la pure provocation !

— Elle l'a terminé quand ?

— Dans la nuit de samedi à dimanche.

— Vous n'avez pas dormi cette nuit-là ?

— Non, mais comment… ?

— C'est logique. On ne dort pas quand on est enragé.

— Oh, comme vous y allez ! J'étais juste un peu irrité par le titre, et puis parce qu'elle riait tout le temps.

— Elle se payait du bon temps pendant que vous, vous broyiez du noir, c'est pire.

Spehner est sans réplique. Forcier poursuit :

— Vous n'ouvrez jamais un roman, monsieur Spehner, et vous n'avez pas ouvert *L'homme qui détestait le golf*, ne serait-ce que par curiosité de golfeur ?

— Quand j'ai envie de lire sur le golf, je prends une des excellentes revues auxquelles je suis abonné, je n'ai pas de temps à perdre avec le pelletage de nuages.

— Dommage, vous auriez dû. Vous n'en seriez pas là.

— Pas là, pas là où ?

— Sur le point d'être inculpé du meurtre de Robert Leroux et, je le crains fort, de celui de votre femme.

Spehner se lève brusquement et amorce une sortie.

— Restez ici ! lance Forcier d'une voix soudainement ferme. Considérez-vous comme en état d'arrestation et rassoyez-vous, s'il vous plaît.

Spehner hésite. Deux agents se montrent à la porte du bureau.

— Vous allez payer pour cet abus, menace-t-il en se rassoyant.

— En attendant… écoutez donc ma version des faits. Ce n'est qu'une première version, il faudra la retravailler, mais l'essentiel y est. Quelque part la semaine dernière, vous avez appris que votre femme, Manon Trépanier, avait une relation bien plus que commerciale et intellectuelle avec Robert Leroux.

— Franchement…

— Ne m'interrompez pas, s'il vous plaît. Elle vous a même annoncé sa ferme intention de divorcer. En tout cas, ce n'était qu'une question de jours avant qu'elle vous quitte. Vous êtes un homme rationnel, monsieur Spehner, pour autant que vous demeuriez dans votre petit monde, votre ménage, vos clients, le golf. Cet équilibre s'est cependant rompu, et vous avez temporairement perdu vos repères. Qu'est-ce qui s'est passé dimanche ? Une violente querelle, peut-être, mais de toute manière, c'est dimanche que votre femme est disparue, par vos soins. Lundi matin, après avoir fait vos appels pour assurer vos arrières, vous avez assouvi votre vengeance. Vous vous êtes pointé à la librairie à l'ouverture. Robert Leroux était seul, car c'était à ce moment-là que votre femme avait l'habitude d'y aller. C'est une heure où il y a rarement d'autres clients, alors ils pouvaient s'échanger des amabilités en toute discrétion. Discrétion relative, notez, puisque tous les employés étaient au courant et même la propriétaire de la boutique d'en face. Mais Robert Leroux ne vous connaissait pas. Vous ne vous êtes pas nommé, comme tout client normalement constitué. Vous avez demandé à voir les dictionnaires, qui sont au fond. Aussitôt dans le rayon, vous avez assommé Robert Leroux avec un objet contondant, probablement une garcette que vous avez bricolée, puis vous lui avez brisé la nuque en exerçant une violente pression avec le plus gros bouquin disponible. Ensuite, vous avez fait tomber d'autres dictionnaires et encyclopédies, de manière à faire croire à un accident. Ce n'était pas fort comme idée, monsieur Spehner. Un auteur, même un simple amateur de romans policiers aurait trouvé mieux. N'empêche que ça aurait pu fonctionner, puisque vous avez réussi à vous esquiver. La librairie est à quelques mètres d'une sortie et il n'y avait pas grand monde encore. Peut-être vous étiez-vous déguisé, en tout cas, personne ne vous a vu.

Spehner a écouté en déniant sans arrêt d'un mouvement de tête accompagné de gloussements préfabriqués.

— Allez savoir pourquoi les écrivains se cassent la tête pour imaginer des histoires complètement tordues alors que la police le fait si bien ! persifle-t-il.

— Je vous ai prévenu qu'il s'agit d'une première version. Je vous ai dit aussi que vous aviez eu tort de ne pas ouvrir *L'homme qui détestait le golf*. Il n'est cependant pas trop tard.

Forcier tire un tiroir latéral et y prend un livre vert qu'il tend à Spehner.

— Vous le reconnaissez ? Vous pouvez le toucher, j'ai déjà consigné au rapport qu'on n'y a relevé aucune autre empreinte que celles de la victime. Vous aviez consciencieusement procédé à un nettoyage préalable. Vous aviez perdu la carte, Spehner, au point de vouloir narguer l'amant de votre femme, même dans la mort. Vous avez placé entre les mains de Leroux le dernier livre qu'il lui avait recommandé. Et pour n'avoir pas à le chercher dans la librairie, vous aviez apporté l'exemplaire de votre femme.

— C'est absurde ! Vous n'avez aucune preuve, on peut imaginer mille raisons expliquant que ce…, Leroux, Dieu ait son âme, ait eu en mains un exemplaire de ce maudit livre.

— Ça, c'est une phrase de coupable. Rappelez-moi donc le nom de l'auteur ?

À contrecœur, Spehner baisse les yeux et lit :

— Sylvain Meunier. Et alors ?

— C'est un auteur de Longueuil, le saviez-vous ?

— D'après vous ?

— Répondez.

— Bien sûr que non!

— Je vous crois. Si vous l'aviez su, vous auriez été un peu plus… précautionneux. De plus, pour votre plus grand malheur, Sylvain Meunier connaît très bien Robert Leroux, si bien que ce dernier lui avait demandé une petite dédicace. Ouvrez-le donc. Et lisez encore.

Spehner s'exécute, et lit péniblement:

— *À Manon Trépanier, avec le souhait d'autres merveilleuses lectures, et surtout tout le bonheur possible dans sa nouvelle vie avec mon ami Robert. Que demander de plus quand l'amour des lettres se marie à l'amour tout court?*

Forcier laisse les mots faire leur effet avant de poursuivre.

— Comment ce livre aurait-il pu voyager de votre chambre à coucher jusqu'aux mains de Robert Leroux mort? En homme rationnel, monsieur Spehner, vous ne croyez pas en la magie. Moi non plus. Les juges non plus, et cela suffit amplement pour vous inculper.

Spehner fixe le vide. Il comprend qu'il ne s'en tirera pas.

— Maintenant, conclut Forcier avec une lenteur qu'il savoure, j'envoie une équipe mettre votre propriété à l'envers pendant que je vous cuisine dans les règles de l'art ou on se sert plutôt un petit café, et vous me racontez dans le détail ce que vous avez fait à votre femme?

SYLVAIN MEUNIER

Vous recherchez un roman atypique qui vous surprendra? Sylvain Meunier pourrait être votre homme. Votre auteur, pardon! Affable, drôle et inventif, il exprime sa créativité dans des romans qui surprennent, autant par leur contenu que par leurs titres. Comment ne pas être attiré par un roman qui s'intitule *Meurtre au Bon Dieu qui danse le twist* ou charmé par l'écriture tout en tendresse d'un roman comme *Lovelie D'Haïti*?

Enfant, Sylvain a été marqué par des lectures très diversifiées: la vie des saints (pour les scènes de martyre), les *Tintin* et la série des *Bob Morane*. Déjà, on pouvait percevoir son goût pour l'éclectisme, le différend. Encore aujourd'hui, il étonne en affirmant qu'il puise son inspiration directement de la vie des saints. Qui se surprendra alors de l'entendre raconter que son premier roman a été écrit à la suite de l'audition d'une chanson d'une sœur Sourire du Lac-Saint-Jean?

Après trente ans d'enseignement, il se consacre maintenant entièrement à l'écriture. Tous les après-midi, quand les réseaux sociaux lui laissent un peu de temps, il écrit en regardant, dit-il, la statue de saint Antoine de Padoue, à Longueuil. Décidément, il ne s'en sort pas, sa culture judéo-chrétienne influe sur son travail.

C'est toujours sans plan précis que Sylvain commence ses histoires. Se laissant porter par les mots et par son imagination, il pourra, au besoin, se référer à un canevas pour éviter de se perdre. Il a d'ailleurs amorcé son prochain roman, *La femme de Percival Imbert*, à partir d'une simple idée de départ: l'histoire d'un homme dont la femme disparaît pendant son magasinage des fêtes. Le récit s'est ensuite construit au fur et à mesure.

Déjà lauréat du prix Saint-Pacôme du roman policier en 2008 pour *L'homme qui détestait le golf*, il a remporté, pour son plus récent roman pour adultes, *Les mémoires d'un œuf,* le premier prix Tenebris des Printemps meurtriers de Knowlton.

Souhaitons-nous que le prochain polar de Sylvain s'inscrive dans la continuité de ce qu'il nous a offert à ce jour. Car lire ses romans inclassables, hors norme, c'est fréquenter un imaginaire débridé, une poésie des mots et des images qui charme le lecteur et des personnages surprenants, parfois tordus, souvent méchants, mais toujours attachants. Que vous vous promeniez dans *La nuit des infirmières psychédéliques* ou que vous assistiez à l'*Enquête sur le viol d'un père Noël*, le plaisir de lire sera assurément au rendez-vous.

www.facebook.com/sylvain.meunier

Photo de l'auteur: Union des Écrivains du Québec

ANDRÉ JACQUES

Perinde ac cadaver

Quand j'ai vu entrer Morel dans la librairie, avec son éternel chapeau noir, j'ai tout de suite su que j'allais mourir.

Ça faisait plus de deux ans que je ne l'avais pas croisé. Mais, depuis quelques jours, j'appréhendais sa visite. C'est toujours lui que l'Organisation envoie quand il y a un problème. Et Dieu sait que, là, il y avait un problème. Un grave problème ! Et l'on m'envoyait Morel. N'avait pas vraiment changé depuis les années où nous travaillions ensemble. Peut-être un peu forci. Des plis, plus profonds sous les yeux et de chaque côté de la bouche, accentuaient son air de vieux morse.

À cette heure-là, en plein cœur de semaine, il n'y avait guère de monde dans la librairie. Morel a quand même pris le temps de sillonner les rayons. Lentement. Comme un client ordinaire. Il s'est arrêté un moment devant l'armoire vitrée fermée à clé, dont je venais de faire changer la serrure. Il a salué Maryse, la caissière, qui rangeait sur des tablettes une vieille encyclopédie reçue la semaine précédente, et il a continué à faire semblant de bouquiner pendant un moment. Puis, il s'est dirigé vers moi.

Mes mains tremblaient un peu. J'avais comme une boule de billard coincée dans la gorge. On a beau savoir, avoir tout prévu et s'y attendre…

— Salut, Morel, lui ai-je dit en tentant de sourire.

— Salut, Berthier. Et la librairie, ça tourne ?

— Bof… tu sais… Ici, on se spécialise pas dans les best-sellers. Des merdes à la Dan Brown ou des torchons en 50 ou 60 teintes de gris, c'est pas tout à fait mon style. Et les premières éditions d'Octave Crémazie, tu t'en doutes, ça se vend moins.

Je parlais, je parlais…

Morel a souri. Ou du moins, tenté de sourire. Même lui pouvait parfois avoir l'air aimable. Je l'avais vu tuer un homme avec le même sourire.

— À quelle heure tes employés quittent la boutique ?

— Aujourd'hui, y a que Maryse et elle part à la fermeture, à dix-sept heures. Tu veux que je la renvoie ?

Morel regarda sa montre : 15 h 47.

— Non, non. On pourrait sortir un peu. On a des choses à discuter, je crois.

— Il y a un bar, un peu plus haut, de l'autre côté de la rue.

— Oui. J'ai vu.

Bien sûr, Morel avait vu. Morel voit tout. Avant d'entrer dans un immeuble, il connaît déjà le plan de tout le quartier.

J'ai pris mon blouson au crochet et je l'ai suivi, après avoir avisé Maryse que je serais de retour pour la fermeture. Sinon, elle savait quoi faire.

Nous avons marché jusqu'au bar, et Morel a choisi une table au fond de la salle, près d'une vitrine. J'avais prévu qu'il s'assoirait dos au mur. Les vieux réflexes sont difficiles à déraciner. De là, il pouvait surveiller l'ensemble du bar et, par la fenêtre, tout le coin de la rue. Pendant un instant, il contempla le terrain vague de l'autre côté. Quelques années plus tôt, on y avait démoli un édifice du XIXe siècle dont il ne restait que des gravats. Sur le mur aveugle, on pouvait encore deviner, comme sur un palimpseste, toutes les marques des vies antérieures : les cheminées aux tracés noircis, les ombres des escaliers, les paliers, les cloisons. On distinguait même le papier peint délavé et déchiré d'une chambre d'enfant. Au bas du mur, des vignes sauvages s'étaient mises à grimper, à gruger la paroi, tentant de camoufler ces cicatrices. Le temps… Y a des jours où ça fait chier, le temps.

Morel conclut son observation par un propos sentencieux:

— Tu vois, Berthier, la vie, c'est comme ça. On croit l'avoir effacée et elle laisse des traces.

— Le moins possible. Tu te souviens, c'était notre méthode: pas de traces, pas de pistes…

— Ouais… Mais les plus malhabiles en laissaient quand même.

— Pas nous.

Le serveur se présenta à notre table.

— Et pour ces messieurs?

— Vous avez du whisky?

— Chivas, Jack Daniel's, Glenlivet…

— Un Jack Daniel's. Double. Sans glace, commanda Morel de son ton sec.

— Et pour monsieur?

— Une bière. Blonde. Une grande.

Un sourire passa sur les lèvres de Morel. Non, décidément, je ne changeais pas. Lui non plus d'ailleurs. Puis, son visage redevint sérieux et il reprit son allure de vieux morse.

Il attendit que le garçon eût servi les boissons. Il goûta son whisky, le laissa glisser sur la langue, puis il posa son verre.

— On s'inquiète, en haut lieu, à ton sujet.

— Je m'en doute, oui.

Il semblait soudain mal à l'aise. Pendant un instant, il fixa le mur délabré de l'autre côté de la rue. Comme s'il ne savait pas par où commencer.

— On en a quand même vécu pas mal de choses ensemble, toi et moi, Berthier.

En effet, c'était souvent nous que l'Organisation chargeait des missions les plus délicates. Morel continua:

— Tu te souviens, ce type qu'on a dû poursuivre jusqu'à Trieste. Il avait commis quelques… indélicatesses envers Frank. Des comptes pas réglés, qu'on a dit après. Mais nous, on n'avait pas à savoir, n'est-ce pas? Retrouvez-le, suivez-le et faites ce que vous avez à faire…

— On l'a d'abord cherché à Palerme, puis dans la région de Naples. Une chaleur effrayante. Les ordures s'accumulaient jusqu'aux étages. La puanteur de la décomposition, tu te rappelles ? C'est là qu'on a reçu un message, venant de Toronto. On nous informait que quelqu'un avait repéré le type à Trieste où il tentait de passer en Slovénie ou en Croatie, je me souviens plus. Fallait le retrouver avant qu'il passe la frontière…

— Ouais… L'avion jusqu'à Venise. La voiture de location. L'autoroute, à fond de train. On l'a cherché toute la nuit et on l'a finalement ramassé le lendemain matin à la sortie d'un bordel. « Monte, qu'on lui a dit. Rien qu'une balade. »

— Une balade sur le karst, juste en banlieue de la ville.

Pendant un instant, nous sommes restés silencieux, perdus dans nos souvenirs. Moi, je me disais qu'il tournait autour du pot, qu'il tentait de noyer le poisson. Continuer à le faire parler. Gagner du temps…

— Tu crois qu'on a retrouvé son corps ?

Morel a haussé les épaules. Question non pertinente. Il a enchaîné sur un autre cas où nous avions travaillé avec Rinaldi en Corse. Toujours étirer le temps. C'est tout à l'heure que les choses se passeraient. Quand nous serions rentrés à la librairie. J'ai quand même tenté de ramener la conversation sur le sujet.

— Ouais… On formait une belle équipe… Mais toi, Morel, t'as songé à prendre ta retraite ?

— Tu sais bien qu'on prend jamais vraiment sa retraite de l'Organisation. On te laisse en congé ou en disponibilité un bout de temps. Puis, un matin, le téléphone sonne… Toi, t'as eu de la chance avec ta librairie. T'as toujours aimé les livres. Alors, pour tes vieux jours, l'Organisation t'a acheté un petit fonds de commerce…

— Que j'ai remboursé, Morel. Que j'ai remboursé…

— Oui, je sais. T'ont quand même aidé.

Il a regardé sa montre et a vidé son verre. Moi, j'avais déjà terminé le mien depuis un bon moment. L'envie d'en commander un autre. Sans un mot, il s'est levé. Je l'ai suivi. J'aurais pu alors tenter de lui fausser compagnie. Il avait pris du poids, et j'ai toujours couru plus vite que lui. Je savais qu'il ne m'aurait abattu ni dans ce bar ni dans la rue. Ce n'est pas son style de créer des scandales. Ni sa technique. Mais mieux valait attendre et savoir exactement ce qu'il voulait. Même si je m'en doutais pas mal. J'ai allumé une cigarette en me disant, comme dans les films ou les mauvais polars, que c'était peut-être la dernière.

Nous sommes arrivés à la librairie quelques instants plus tard. Au-dessus de la porte, l'enseigne annonçait :

RAYMOND BERTHIER
Bibliophilie & livres anciens

Pour combien de temps ? me suis-je demandé. À l'intérieur, Maryse comptait la recette de la journée.

— Est-ce qu'il y aura autre chose, monsieur Berthier ?

— Non. Ça ira, Maryse. Je fermerai.

— Alors, au revoir et à demain.

Elle a rassemblé ses affaires et elle est sortie. J'ai vu Morel l'observer et regarder vers où elle se dirigeait. Bien sûr, ce serait facile pour lui de la retracer ensuite. Il lui suffirait de fouiller dans mon classeur. Il trouverait son dossier. Ne pas laisser d'indices ni de témoins gênants. Pourtant, elle n'avait rien à voir dans cette histoire, la pauvre petite. Mais c'est comme ça. J'aurais fait la même chose. J'ai fermé la porte à clé.

— Viens, Morel, on sera mieux dans l'arrière-boutique.

Il m'a suivi. En entrant dans la pièce qui sentait la poussière et le vieux papier, il a vite évalué l'état des lieux. Pas de fenêtres sauf celle de la porte qui donnait sur la librairie. Un vieux coffre-fort. Des tablettes avec des livres empilés en désordre. Des boîtes par terre. Une table encombrée. Il est passé derrière et a vérifié le contenu de l'unique tiroir. Puis, il est revenu s'installer dans le fauteuil défoncé, face à moi. Il a enlevé son petit chapeau noir et l'a posé sur l'autre chaise. Un de ces chapeaux noirs comme les gens en portaient au début des années 60 et qui, depuis quelque temps, revenaient à la mode chez les jeunes. Morel le portait, lui, pour cacher sa calvitie. Il a jeté un œil sur le matériel de camping entassé à ses pieds : un sac de couchage, une petite tente bien enroulée et une caisse avec un poêle et deux bombonnes de propane.

— Tu fais du camping maintenant ?

— C'est mon neveu. Il est revenu la semaine dernière des Îles-de-la-Madeleine et il devait sans délai se rendre à Ottawa. Pour son travail. Pas le temps de passer chez lui à Sherbrooke. M'a laissé quelques affaires qui l'encombraient.

— Je me disais, aussi…

Morel s'est passé la main dans les quelques cheveux qui lui restaient. Le moment était venu. J'ai tenté d'avaler, mais j'avais la bouche sèche comme une dune saharienne.

— Et alors, Berthier, qu'est-ce qui s'est passé ?

— Tu le sais très bien, Morel. J'ai fait un rapport complet à l'Organisation.

— Mais je veux connaître TA version des événements. Dans les détails.

— J'ai tout raconté à Pasquale.

— Alors, tu répètes.

Le ton était sans appel. J'ai donc commencé… recommencé mon récit. Je savais que chaque détail comptait. Ma vie en dépendait. Si je réussissais à convaincre Morel, peut-être avais-je encore une chance. Peut-être…

Pasquale était venu quelques semaines plus tôt. Comme les fois précédentes, il m'avait remis une liasse de documents. Des listes, des feuillets couverts de colonnes de chiffres, d'autres avec des noms, certains étaient codés, des numéros de téléphone, des adresses courriel… Les archives, quoi ! Il fallait mettre tout ça à l'abri des regards indiscrets pendant un certain temps. « Trop de chiens qui rôdent », avait-il ajouté.

— J'ai décidé d'utiliser une technique qui a fait ses preuves : je les ai reliés.

— Reliés ?

— J'avais un vieux bouquin du XVIIe siècle, un *Tractatus philosophicus* d'un auteur presque inconnu. Je l'avais déniché dans un lot de livres anciens qu'un client avait rapportés de Paris il y a quelques années. Les pages étaient moisies, gondolées par l'humidité, presque illisibles. Par contre, la couverture avait mieux résisté…

Méticuleusement, j'avais retiré les pages du livre. J'avais tranché les documents apportés par Pasquale au format adéquat et les avais reliés dans le *Tractatus*. L'illusion s'était avérée presque parfaite. Ensuite, j'avais rangé le livre dans la bibliothèque vitrée et toujours fermée à clé. Celle où je gardais mes trésors, les œuvres les plus rares et les plus coûteuses.

— Mais pourquoi t'as pas tout simplement mis les documents dans ton coffre-fort, ici, dans l'arrière-boutique ?

— Penses-y, Morel : un type cherche à mettre la main sur les documents et il entre ici. Par où il commence ses recherches d'après toi ?

— Par le coffre, évidemment.

— Tu as lu *La lettre volée* d'Edgar Poe ?

— Non, je lis plus beaucoup, tu le sais. Mais on nous l'a tellement rabâchée, cette histoire-là, à l'époque de notre formation…

— Ouais… La meilleure cachette pour un objet, c'est l'endroit le plus évident. Sous le nez de tout le monde. Là où personne songera à regarder. Dans une librairie, la meilleure cachette, c'est dans un livre.

J'avais bien travaillé. J'avais même jauni les tranches pour que l'ouvrage ait tout à fait l'apparence d'un livre ancien. Et je l'avais placé parmi les trésors de la librairie : le *Cinna* de Corneille de la fin du XVIIe siècle, deux tomes des *Relations des Jésuites*, quelques éditions originales des romans de Jules Verne, la *Grammaire* de Wailly, 10e édition, celle de 1786, l'édition de *Maria Chapdelaine* illustrée par Clarence Gagnon, un dictionnaire d'héraldique de 1727… J'avais aussi appliqué sur la reliure un petit autocollant rouge et avisé Maryse que ce livre était déjà vendu à un client de Québec qui passerait le prendre d'ici quelques semaines.

— Ta vendeuse…

— Maryse ?

— Tu lui fais confiance ?

— Oui. Et puis, pour cette armoire, je suis le seul à posséder une clé.

— T'as rien remarqué de spécial dans les jours qui ont précédé la disparition des documents ?

— Non. Rien.

Bien sûr, il y avait toujours des types bizarres qui traînaient dans la librairie : des chercheurs aux cheveux longs, des bibliophiles à lunettes, des curieux, quelques touristes, parfois, l'été… La faune habituelle, quoi !

— Mais Maryse, quand je l'ai interrogée, m'a raconté que, les jours précédents, un individu s'était pointé à quelques reprises. Toujours sur l'heure du midi, au moment où moi, je sortais manger. Il entrait cinq minutes plus tard.

Le premier jour, elle l'avait pris pour un fouineur ordinaire. Il s'était renseigné sur des œuvres du philosophe allemand Martin Heidegger, sur un opuscule de Ludwig Wittgenstein. Il avait parcouru toute la librairie, faisant mine de s'intéresser à tel titre, à tel autre, sortant un bouquin des rayons, le feuilletant pendant un moment. Maryse se souvenait qu'un midi il avait jeté un coup d'œil dans l'arrière-boutique. Elle avait fermé la porte en disant que c'était un espace privé. Il n'avait pas réagi, continuant à explorer la librairie. Ce midi-là, il avait acheté un exemplaire de *Fictions* de Jorge Luis Borges, la première édition française publiée chez Gallimard en 1948, dans la collection La Croix du Sud.

— C'est seulement le troisième jour qu'il s'est vraiment intéressé à la bibliothèque vitrée. Il en a étudié le contenu, a même demandé à Maryse de l'ouvrir, car il voulait examiner l'un des livres. Elle lui a répondu qu'elle n'avait pas la clé, mais que je reviendrais vers quatorze heures. Selon elle, il semblait s'intéresser au *Tractatus*. Il voulait savoir pourquoi celui-ci, et seulement celui-ci, avait un petit autocollant rouge. Elle lui a expliqué qu'il était déjà vendu.

— Et elle t'a décrit le type ?

— Oui. Taille moyenne. Cinquante ou cinquante-cinq ans. Cheveux mi-longs, raides, déjà grisonnants, un peu calé aux tempes. Petites lunettes rondes cerclées de métal. L'air d'un intellectuel qui prend de l'âge. Un léger accent étranger qu'elle a pas pu identifier. Pas italien, selon elle. Chaque fois, le même imperméable verdâtre, trop grand pour lui. Au début, elle l'a surveillé. Elle pensait qu'il voulait piquer des livres, les cacher dans les poches intérieures de son manteau. Non. Le seul qu'il a pris, c'est le Borges. Et il l'a payé.

— Avec une carte ?

— Non, bien sûr. Comptant.

— Le portrait que tu me traces ressemble pas à nos oiseaux habituels.

— C'est ce que je me suis dit.

— Et ensuite ?

— La suite, je l'ai racontée à Pasquale.

Un matin, en entrant, j'avais tout de suite remarqué que le coffre-fort avait été ouvert. Certains papiers à l'intérieur n'étaient plus disposés comme la veille. Mais rien ne manquait. J'avais aussitôt couru jusqu'à la bibliothèque vitrée. Elle aussi avait été forcée…

— Et évidemment, le *Tractatus philosophicus* avait disparu.

— Rien d'autre ?

— Non. Rien d'autre. Seulement le livre dans lequel j'avais camouflé les documents.

— Et il est entré comment, ton type ? ton intellectuel ?

— Je sais pas si c'est le même. Celui qui a volé le livre est pas nécessairement celui qui est venu faire le repérage des lieux. Il peut y avoir deux individus.

— Ouais. Mais t'as pas répondu à ma question.

— J'ai tout de suite vérifié la porte avant. Bien fermée. Mais on avait crocheté la porte arrière, celle qui donne sur le stationnement du Salon Lépine. Un travail de pro, si tu veux mon avis, comme pour le coffre. Le gars a aussi désamorcé le système d'alarme, puis l'a remis en marche en partant. Il faut que ce soit un spécialiste.

— Les pros, on les connaît pas mal tous, toi et moi, et il y en a pas un qui ressemble au rat de bibliothèque que tu m'as décrit.

— C'est pour ça que je crois qu'il y avait un autre homme impliqué dans le coup. Deux types : le fouineur et le serrurier.

J'ai exploré pendant un moment quelques nouvelles hypothèses avec Morel. Puis, il y a eu un long silence. Morel continuait à observer la pièce. De temps en temps, il se tournait et jetait un regard dans la librairie vers les vitrines de l'avant. À un moment, il poussa du pied le sac de couchage qui reposait juste devant lui. J'ai toussoté en déplaçant un livre sur la table.

— Et maintenant, Morel, qu'est-ce que tu vas faire ?

— Je te l'ai dit : les gens de l'Organisation sont pas très contents. Ça grogne chez les grosses têtes. Plusieurs disent que t'as perdu la main, que tu vieillis.

— Merde ! Les trois quarts sont plus vieux que moi. Et d'ailleurs, c'est parce que je vieillis que j'ai décidé, il y a deux ans, de prendre ma retraite.

— On prend jamais sa retraite, Berthier. Tu le sais. On doit continuer. C'est ce que je fais, moi. *Perinde ac cadaver*, disaient les Bons Pères.

— T'as étudié chez les Jésuites, toi, Morel ?

— Quelques années, dans ma jeunesse. Il y a longtemps. J'aimais leur rigueur et leur discipline.

Le ton de Morel redevint tranchant comme une lame.

— J'ai retenu ça : *Perinde ac cadaver*. Il faut obéir jusqu'à la fin.

— Moi aussi, j'obéis, merde ! Je sers de boîte aux lettres à l'Organisation. J'entrepose des documents, des colis… Sans compter d'autres petits services.

— Mais ce coup-là, t'as gaffé. T'as pas été à la hauteur, Berthier.

— Pasquale, quand il a apporté la paperasse, il m'a pas dit que c'était si important que ça, ces documents, ces listes…

— Pasquale a gaffé aussi… Et il lui est arrivé malheur. La semaine dernière, après avoir rapporté ton histoire au Conseil, il a eu un accident. Un bête accident de la route. À deux rues de chez lui.

Un frisson cassant dans ma nuque. Comme une bête qui mord.

— Je vois.

J'ai avalé sec. J'aurais vraiment pris une autre bière. À ce moment-là, quelqu'un a frappé à la porte de la boutique. Morel et moi, on s'est retournés. L'homme cognait encore en collant son visage à la vitre.

— Tu le connais ?

— Non. Jamais vu. M'a l'air d'un client qui a aperçu un bouquin en vitrine et qui voudrait que je lui ouvre.

— Va lui dire que c'est fermé. Qu'il dégage. Et pas de bêtise, hein ! Je te surveille.

En effet, Morel avait glissé la main à l'intérieur de son veston, sous l'aisselle gauche, là où il place toujours son Beretta.

J'ai marché vers la porte et j'ai crié « C'est fermé ! » avec un grand mouvement du bras. Dégage. L'autre gesticulait en montrant quelque chose dans la vitrine de droite. « Vous reviendrez demain. » Le client a tourné le dos, et je suis revenu vers l'arrière-boutique. En passant devant le comptoir, j'ai récupéré mon cellulaire qui traînait près de la caisse.

— Qu'est-ce que t'as dans la main ?

— Mon téléphone.

— Pose-le sur ton bureau.

— Je voulais simplement faire un appel.

— Un appel à qui ?

— À ma copine. Enfin, à une femme que je vois de temps en temps. Pour lui dire de pas m'attendre pour souper. On devait manger ensemble ce soir.

— T'as une blonde, toi ? T'as jamais eu de blonde, Berthier. Des putes, oui, mais des blondes…

— J'en avais pas quand on travaillait ensemble. Tu me vois avec une femme et une trâlée d'enfants à l'époque où on se déplaçait à la grandeur du pays et parfois à l'étranger pendant des semaines, des mois… ? Elle est célibataire, prof de littérature à l'Université de Montréal. On s'est rencontrés un jour où elle était venue ici. Elle cherchait une édition rare d'Alain Grandbois. On se revoit parfois. Finalement, l'édition rare, ç'a été moi.

J'ai tenté de sourire, mais Morel avait froncé les sourcils. Il ne me voyait vraiment pas en ménage. Moi non plus d'ailleurs.

— Et tu veux lui téléphoner. Comme ça. Juste là.

— Ouais… Une sorte de message d'adieu, quoi ! « Je rentrerai pas ce soir. » C'est tout.

— Ouais…

Nous nous fixions dans les yeux. Deux visages de pierre. Suspicion, tension et, pour moi, un léger espoir. Morel tira sur l'une de ses bajoues. Il hésitait. C'est moi qui ai repris :

— Écoute, Morel, on n'est pas nés de la dernière pluie. On a travaillé ensemble pendant vingt ans. Je le sais, ce que t'es venu faire ici. Aussitôt que je t'ai vu entrer dans la librairie, j'ai su. Les lois de l'Organisation, je les connais… Ils envoient pas Morel pour rire ou pour vérifier quelques détails.

Morel hésitait toujours. Il posa son Beretta sur le bord de la table. À portée de sa main, mais assez loin pour que je ne puisse pas l'atteindre.

— Vingt ans, Morel. C'est pas rien. Je t'ai sauvé la vie au moins deux fois. Et puis sorti du pétrin à quelques reprises, merde. Tu te rappelles, à Toronto… Le Chinois… Un appel, Morel. Un seul. Juste là, devant toi. Tu vas tout entendre. Si je déconne, tu tires. Alors…

Le visage de Morel se détendit un peu.

— D'accord, mais tu me donnes le nom et l'adresse de la dame. Si tu dis quelque chose de pas clair, si tu dérives, elle y passe aussi.

— Jacynthe Larose. Elle habite au 217, rue Gilford. Troisième étage. Tiens, prends l'annuaire. Tu peux vérifier.

Morel prit le bottin et le consulta pendant un instant en ayant l'œil sur moi qui m'étais renfoncé dans mon fauteuil. Il y avait bien une « Larose, J. » au 217, rue Gilford. Il repoussa l'annuaire. C'est seulement alors, en s'avançant, qu'il remarqua les petits fils jaunes et rouges qui reliaient les bombonnes de propane au sac de couchage.

Je pianotais déjà un numéro sur le cellulaire…

— C'est quoi, ces fils qui…

Morel ne termina jamais sa phrase. Il y eut un grand éclair de lumière blanche, aveuglante, et un souffle brûlant, comme si on avait ouvert les portes des Enfers. *Perinde…*

: :

Quelques heures plus tard, dans la zone délimitée par des rubans jaunes, les experts retrouvèrent, au milieu de centaines de livres en partie calcinés, un résidu de chapeau noir comme on en portait au début des années 60. Mais on ne retrouva presque rien du libraire. Seulement les restes d'une main noircie qui tenait un cellulaire un peu tordu.

Les enquêteurs s'interrogèrent longtemps sur l'origine des plumes de duvet. Roussies, dispersées à la grandeur des ruines de la librairie et dégageant une écœurante odeur de poil brûlé.

Paris
Août 2013

ANDRÉ JACQUES

Bien qu'il ait mené jusqu'à la retraite une carrière vouée à l'enseignement au cégep (littérature, linguistique, cinéma et histoire de l'art), André Jacques a toujours rêvé d'écrire. Ses lectures de jeunesse semblent déjà le préparer à sa deuxième carrière, celle d'auteur de polars. Les *Tintin* d'Hergé, *Le comte de Monte-Cristo* d'Alexandre Dumas, les *Arsène Lupin* de Maurice Leblanc et les *Sherlock Holmes* d'Arthur Conan Doyle, tous ces personnages affinent son goût pour la littérature policière. Son parcours scolaire, lui, nourrit sa passion des lettres au sens large: cours classique au Séminaire de Sherbrooke, études en lettres modernes à l'Université Laval, à Québec, maîtrise à l'Université d'Aix-Marseille et début de doctorat à l'Université Paris VIII Vincennes. Inutile de se demander d'où vient la bougeotte du personnage principal de sa série de romans policiers!

Quand, un jour, André entre chez un brocanteur du boulevard Saint-Laurent, à Montréal, la révélation a lieu: la boutique d'un antiquaire est un endroit merveilleux pour ancrer une fiction, les histoires de tous ces objets pouvant alimenter quantité de récits. L'imagination d'André se met alors à bouillonner, un univers romanesque se dessine. Lui manque encore un héros. Un vieil et frêle antiquaire, au milieu de ces objets poussiéreux, ferait un piètre enquêteur. André imagine donc un agent, nouvellement retraité des services de renseignement de l'armée canadienne : ce sera Alexandre Jobin et il entreprendra une nouvelle carrière en achetant la boutique d'un vieux brocanteur qui restera son ami fidèle. Tout est maintenant en place pour faire évoluer le personnage dans un environnement aux couleurs des amours d'André : l'art, les beaux objets, les voyages, la bière, le vin et le scotch. On y note aussi une petite touche sentimentale avec l'arrivée, dès la première aventure intitulée *Les lions rampants*, de la belle Chrysanthy, qui pimentera de jolie façon la vie d'Alexandre.

Très rapidement, on se passionne pour cet antiquaire qui allie la confiance d'un James Bond, la culture d'un Pepe Carvhalo et l'efficacité d'un Wallander. Qu'il se promène boulevard Saint-Laurent ou qu'il investigue en Europe ou en Asie, Alexandre vit des enquêtes palpitantes. Son créateur écrit de bonnes histoires, crédibles et bien documentées, parsemées de nombreux rebondissements. L'ennui n'est jamais au programme !

Contrairement à beaucoup de ses confrères écrivains et malgré un plan très détaillé, André laisse à ses personnages une certaine autonomie, une certaine marge de créativité. Mais n'ayez crainte, le professeur retraité maîtrise quand même la situation.

Son prochain roman relatera la cinquième aventure d'Alexandre Jobin. Comme il sera question d'art italien, il est fort possible que nous voyagions vers Palerme et Marseille. Pour vous mettre l'eau (de la Méditerranée) à la bouche, disons que vous pouvez prévoir la présence d'une gentille tueuse à gages. Il y aura donc encore un savant mélange de ce que l'homme peut faire de pire — le crime — avec ce qu'il peut faire de meilleur : l'art ! Voilà la recette gastronomique d'André, qui, après la publication de ce cinquième roman, songe à écrire une nouvelle série mettant en scène une policière particulièrement douée en nouvelles technologies. C'est à suivre !

ajacques3@videotron.ca

Photo de l'auteur : Martine Doyon

JACQUES CÔTÉ

Jungle Jungle

À Claude Paradis

Robinson filait entre les voitures sur son vélo de montagne. Il traversa des parcs de stationnement en louvoyant entre les automobiles. Ses biceps musclés soulevaient le guidon d'un coup sec pour sauter les chaînes de trottoir, absorbant les contrecoups sur ses avant-bras veineux. Il frôla à grande vitesse les miroirs d'une file d'automobiles coincées dans la circulation. Un automobiliste le klaxonna et le cycliste brandit son majeur. Il eut juste le temps de passer le feu jaune et se retrouva dans un autre stationnement.

Dans la fournaise de juillet, la chaleur était accablante dans ces stationnements vastes comme des terrains de football. Le soleil miroitait sur les chromes étincelants. De tous bords, les autoroutes charriaient du gaz et cet incessant chuintement de pneus. Il lui en avait fallu des astuces pour trouver un parcours à vélo à travers ces enchevêtrements d'asphalte. Un vrai *no bikes land*.

Dans ce qui avait été le boisé de son enfance avaient poussé des commerces de grande et de moyenne surface. Ils avaient supplanté les arbres sous lesquels il allait jouer au cow-boy et à la guerre : Walmart, Target, Sears, Winners, Toys "R" Us, Home Depot, Costco, Dollarama. Ici, on jouait à l'argent et à la guerre des prix.

Une file de voitures pare-chocs contre pare-chocs avançaient lentement dans l'allée qui menait au stationnement du Cineplex Odeon. Le *blockbuster* de l'été était arrivé trop tard pour l'autre cinéma, tout aussi gigantesque, qui avait été érigé juste à côté.

Il avait dû fermer ses portes après deux ans et il ne se trouvait personne pour le convertir en autre chose. L'art de se manger soi-même, pensait Robinson.

En progressant dans ce capharnaüm de commerces de banlieue, il réfléchissait à ce qui l'attendait. Il avait des sentiments partagés en se rendant chez Jungle Jungle, une librairie-papeterie très grande surface. Deux semaines plus tôt, il était parvenu à ébranler le siège social, à Montréal, à mettre le superviseur dans une situation intolérable et à semer l'inquiétude chez les patrons. Il avait fait signer assez de cartes d'adhésion syndicale dans chacun des quatre magasins de Québec. Il avait rencontré en cachette tous les employés en qui il avait confiance, une première fois pour leur expliquer ses intentions et une seconde fois pour qu'ils apposent leur signature sur la formule d'adhésion. Il avait eu l'impression de jouer dans la clandestinité. La balle s'était retrouvée dans le camp de la partie patronale. Le syndicat des travailleuses et des travailleurs de Jungle Jungle existait désormais en bonne et due forme. L'article 3 du Code du travail reconnaissait son existence et le droit d'association des salariés.

Mais comme il fallait s'y attendre, les choses s'étaient compliquées entre-temps. La partie patronale n'allait pas laisser un syndicat s'infiltrer dans ses commerces. Elle refusait une négociation, menaçait de fermer ses magasins.

La situation s'était aggravée un peu plus la veille. Les patrons de Montréal et de Toronto étaient arrivés en catastrophe à l'aéroport de Québec pour sauver ce qui restait à sauver et courtiser les signataires. Le gérant du magasin de Sainte-Foy, Laval Boucher, lui avait téléphoné pour lui dire que les *boss* voulaient le rencontrer.

Il plaça le pneu avant dans le support à vélo près de la porte du magasin et verrouilla la fourche avec son cadenas. Il marcha en détachant les attaches velcro de ses semi-gants, qu'il enleva, et s'arrêta devant une vitrine du commerce pour retirer son casque et replacer ses cheveux en deux coups de main.

Robinson avait quitté récemment son poste de libraire — ce titre le faisait rire — ou plutôt de manutentionnaire, de placier, de perchiste d'affichettes et de guide pour diriger les clients. Étudiant en anthropologie, il venait de recevoir une bourse de maîtrise qui le dispenserait de travailler pour les deux prochaines années. Il n'avait plus besoin de Jungle Jungle pour payer son loyer, mais il tenait à laisser un héritage derrière lui.

En marchant, il pensa à ce qui l'avait motivé à syndiquer les employés de Jungle Jungle : des conditions exécrables, un superviseur qui humiliait les employés, des personnes surqualifiées et sous-payées ; plusieurs avaient des diplômes en littérature et en musique. Lemay, un superviseur imbu de lui-même, imposait son fiel et son arrogance. Il ne fallait pas trop jaser avec les clients ; il fallait plutôt les inviter à acheter des livres, des DVD, et non à raconter l'histoire de la littérature ou de la musique. Un climat de suspicion régnait dans tous les magasins. Et il y avait ce stupide perroquet dans sa cage qui annonçait les rabais à sa guise. Les gens se ruaient alors sur les articles et ils avaient deux minutes pour se rendre à la caisse. Suivaient des sons de la jungle et le *jingle jungle* imbécile imposé par le siège social.

Il ouvrit la porte d'entrée. Le jet d'air frais du climatiseur lui fit du bien. Il essuya la sueur sur son visage avec son avant-bras.

Le magasin était si vaste qu'il fallait presque un GPS pour s'y déplacer : sections livres, revues, disques, instruments de musique, matériel d'art, tablettes de lecture, baladeurs numériques, téléphones cellulaires.

Son téléphone sonna au son de *Tequila*. C'était Rodrigue, le représentant syndical.

— Ça va ?

— Oui.

— Fais attention à toi.

— Tu m'as déjà averti.

— C'est pas des anges.

— Ou bien de l'enfer...

— Je sais que tu es là. J'ai envoyé deux de nos gars pour *checker* au cas où t'aurais du trouble. Tu vas les reconnaître sans problème. En tout cas, tu signes rien.

— Inquiète-toi pas.

Il avait les mains moites. Était-ce à cause de la chaleur ou parce qu'il savait qu'il allait rencontrer des crapules notoires qui blanchissaient l'argent du crime dans des guichets automatiques, des lavoirs, et qui se donnaient bonne conscience avec cette façade légale sous la forme d'une chaîne de mégalibrairies ? Cela démontrait l'infiltration de l'économie légale par la mafia. Pour les mafieux, l'arrivée d'un syndicat, c'était comme le vampire qui s'invite à la collecte de sang. Il leur faudrait ouvrir leur livre de comptes. Et ces escrocs-là n'aiment pas montrer leur comptabilité.

Rodrigue l'avait avisé que cette chaîne, qui comptait cinq succursales à Montréal et quatre à Québec, avait parmi ses propriétaires un ex-membre influent du gang de l'Ouest.

Rodrigue, représentant de la CSN, avait été à la fois heureux et anxieux quand il avait entrevu la possibilité de syndiquer les employés des quatre magasins de Québec. Il l'avait été davantage quand Robinson lui avait remis les cartes d'adhésion de tous les magasins : 60 % des employés avaient signé. « On fera les magasins de Montréal après ! » s'était exclamé Rodrique.

Mais depuis l'arrivée des patrons dans le commerce, ce matin-là, plusieurs s'étaient récusés, affirmant qu'ils avaient été contraints de signer. Les gérants, considérés comme des cadres malgré un salaire horaire de 15 $ et quelques maigres primes, ne pouvaient pas signer les cartes. L'un d'eux avait d'ailleurs vendu la mèche.

Robinson entra dans un vaste entrepôt qui avait été auparavant un magasin d'appareils électroniques et d'électroménagers. C'est ici que tout avait commencé.

Au-dessus de la porte d'entrée, l'enseigne composée de néons criards avait la forme d'un arc-en-ciel duquel se déployait le logo Jungle Jungle dont chaque lettre était crachée par un perroquet.

À l'entrée du magasin, il y avait les tourelles de best-sellers qui s'empilaient avec les slogans : « Grande vente safari Jungle Jungle », « Gros vendeurs à petit prix ! » À travers de faux palmiers, des cibles avec la mention : « On tue les prix » ou « À bas la concurrence ! » À droite, les six caisses enregistreuses avec les employés qui s'activaient devant une file de consommateurs. Une voix robotisée se fit entendre : « Veuillez vous diriger vers la caisse numéro 3. » Un 3 lumineux s'alluma au-dessus de la caisse avec un son strident. Le consommateur se rendit payer et le suivant fixa les voyants lumineux. « Veuillez vous diriger vers la caisse numéro 5. »

La première caissière, une signataire, l'aperçut du coin de l'œil et esquissa un sourire embarrassé. Elle détourna le regard tandis que la voix robotisée appelait un client à sa caisse. La présence de Robinson fut rapidement remarquée, sans élan de sympathie contrairement aux jours précédents où il avait été accueilli en héros.

Conrad, le perroquet, cria, dans tous les haut-parleurs : « Spécial ! Spécial ! Spécial ! » On entendit le barrissement féroce d'un éléphant et le bruit des tam-tams avec la voix de la tribu : « Ouga Ouga Chaka. » Les acheteurs se ruèrent çà et là dans un chaos indescriptible. Le compte à rebours de deux minutes s'afficha sur les moniteurs télé.

Deux fiers-à-bras, l'un barbu et en veste de cuir et l'autre chauve, apparurent de derrière une colonne de best-sellers à prix imbattable. Leurs muscles roulaient sous leur t-shirt blanc comme des vagues sur l'océan. Ils s'avancèrent vers lui avec le sourire. On aurait dit un ancien duo de lutteurs de la World Wrestling Association.

— Rodrigue nous a envoyés pour te protéger, dit celui avec l'anneau à l'oreille.

— C'est correct, mais restez pas trop près.

— Tu sais qui tu vas rencontrer, avisa l'autre qui était tatoué partout sur les bras.

— Oui.

— C'est la maf…

— Le gars du syndicat m'a tout dit…

— On va te suivre à distance.

Anctil, un employé qui plaçait des livres, lui annonça que les patrons faisaient signer le formulaire de renoncement à l'adhésion syndicale.

— Les patrons et Lemay rencontrent tous les employés. Ils leur promettent, en anglais — avec Lemay qui traduit en français —, de meilleures conditions, des avantages, et ils leur font signer la résiliation.

— Est-ce que tout le monde signe ?

— Oui, la plupart. Chacun a peur pour sa job. Tu devrais voir le mange-marde à Lemay avec les *blokes*. Y en mène pas large, quand même.

Un client s'arrêta près d'eux.

— Pouvez-vous me dire où sont les livres de développement personnel ?

Anctil étendit le bras.

— Huitième rangée, vous tournez à gauche et ensuite vous faites… (il compta dans sa tête), vous traversez quatre allées vers le fond et vous allez trouver plus loin.

Le client essaya de retenir les indications par des gestes mimétiques et se lança à l'assaut de la jungle du livre et du disque.

— Et toi, tu l'as signée ?

— J'ai pas eu le choix…

Robinson le dévisagea, découragé devant l'attitude de ses anciens collègues qui l'avaient trahi après l'avoir tant encouragé.

— Ils nous ont promis à la place un syndicat de boutique.

— Avec 25 ¢ de plus de l'heure, je suppose ! Méchant avantage. Dix piastres de plus par semaine. Qu'est-ce tu vas faire avec ça ?

Il aperçut le gérant qui l'avait dénoncé à Lemay et qui avait avisé les patrons. En voyant Robinson, il prit le téléphone pour signaler son arrivée, puis s'approcha.

— Y sont en arrière, dans le *back store.*

— Y t'ont pas invité…

Boucher ne répondit pas. Robinson dévisagea ce traître et tourna les talons.

Robinson et les deux matamores marchèrent longtemps, louvoyèrent entre des étagères. Ils passèrent une porte réservée aux employés. Des boîtes de marchandise s'entassaient dans ce mini-entrepôt. Une grande porte coulissante permettait aux camions de livraison de reculer et de décharger directement la marchandise.

Dans le bureau du gérant, quelqu'un se faisait engueuler en anglais. C'était Lemay. « *Fucking asshole !* » revenait souvent, et pas de la bouche de Lemay. Robinson traduisait pour lui-même la conversation : « Comment t'as pu laisser faire ça ? », « On t'a fait confiance. », « *What a fucking mess, man !* » Lemay essaya de se défendre, mais le patron hurla un « *Shut up !* » et, à entendre le silence qui suivit, on devina que Lemay s'écrasait comme un chien soumis à ses maîtres.

Boucher frappa. La porte s'entrouvrit.

— *Wait a minute !* tonna un nabot frisé noir appelé Danny Irving.

Robinson aperçut Lemay rouge de colère et tout en sueur. Il se faisait engueuler par un grand blond dans la quarantaine qui portait des lunettes carrées Dior à monture noire.

Boucher, mal à l'aise dans sa position de Judas, ne savait pas trop quoi faire de son grand corps maigre.

Robinson traduisait dans sa tête la conversation Les mots *fuck, fucker, fucking* remplissaient les phrases. Il entendait Lemay avec son accent québécois qui essayait de sauver sa peau. Robinson comprit que les patrons n'en voulaient pas à Lemay de baver ses employés ou de faire régner un régime de terreur, mais tout simplement, ils déploraient le fait que leur superviseur n'avait pas été vigilant, laissant le mal syndical s'infiltrer dans la place.

Avant d'entrer, il repensa aux conseils que lui avait donnés Rodrigue. On allait essayer de l'intimider, on allait peut-être même le menacer ; il ne devait pas provoquer, mais enregistrer avec son cellulaire tout ce qu'Irving et Bennett allaient lui dire.

Lemay haussa le ton et fut aussitôt éconduit par une voix habituée à la menace.

— *You're fired ! You're fucking fired ! You're just a damned loser* !

La porte s'ouvrit brusquement, et Lemay sortit en jetant un regard furieux vers Robinson par qui tout avait commencé. Le nabot frisé avec son œil torve lui fit signe d'entrer. Le grand blond, Bennett, associé jadis au gang de l'Ouest, le gratifia d'un sourire aussi naturel qu'une potiche sur le crâne d'un chauve. Bennett le toisa des pieds à la tête.

— C'est toé, Robinson ? C'est toé, ça, qui mets nous autres dans les troubles ?

— Ça a l'air.

— Baveux comme tous les syndicalistes socialistes du Kwébec.

Irving et Bennett se regardèrent en gloussant.

— Pourquoi toi faire ça ?

— Salaires de cul. Employés surqualifiés et sous-payés. Climat de travail malsain. Un superviseur qui intimide le personnel. Horaire de travail peu flexible. Pas assez de temps pour le dîner. L'ostie de perroquet à marde. Pis la liste est longue comme votre magasin.

— Tu penses, toé là, que c'est mieux ailleurs ?

— Ailleurs, c'est leur affaire…

Bennett se cambra et haussa le ton.

— Icitte, c'est ma *business, buddy* !

— Mais pour ta *business*, comme tu dis, ça te prend du monde et selon les normes du travail, les travailleurs ont le droit d'association, répliqua Robinson en regardant Bennett dans les yeux.

Des mafieux comme Bennett connaissaient bien la force d'une organisation, pensait Robinson.

— Qu'est-ce t'as contre Rollie ?

— Lemay, c'est un ostie de malade… Il refait sur les employés ce que vous faites sur lui. Il est jamais satisfait. Il gueule. Il stimule personne. Il a toujours des reproches quand on conseille trop longuement un client. Il est jamais content.

Irving, qui ne semblait pas parler français, écoutait sans trop comprendre. On frappa à la porte.

Le frisé ouvrit. Lemay voulait se confronter à Robinson. Bennett se fâcha.

— Toé, ostie, *wait outside* !

Irving referma violemment la porte et Robinson fut rassuré d'entrevoir les deux colosses du syndicat.

Bennett prit la feuille de renoncement syndical qu'il avait posée sur le livre d'un auteur de polars québécois adepte de l'autopromotion, qui offrait à ses cent premiers lecteurs un tour guidé du parc du Mont-Royal où se passait son roman. Depuis qu'il l'avait vu lécher les bottes d'un auteur américain lors d'un événement promotionnel, Robinson n'en pensait que du mal. Plus fend-l'anus que lui, il fallait remonter à Vlad l'empaleur se disait-il. De voir Bennett le coude appuyé sur cette pile de romans l'amusa dans les circonstances.

Robinson prit connaissance du document et il hocha la tête en souriant.

— Si tu le signes, je donne à toi un poste d'assistant-gérant dans la succursale qu'on va ouvrir à Place Laurier. Tu vas avoir *one dollar more per hour* !

Le jeune syndicaliste pouffa en forçant son rire aussi longtemps qu'il pouvait.

— Arrête de me faire rire, j'ai mal aux côtes.

Bennett serra les dents, peu habitué à se faire répondre de la sorte. Il pointa un doigt menaçant vers le jeune homme.

— Toé, t'as de la famille ?

— Oui.

— Qu'est-ce tu dirais si quelque chose arrivait à ta famille ?

— Des menaces ?

Bennett posa une main sur la poche de son veston.

— Qu'est-ce tu dirais si je sortais mon *gun* pis que je te le mettais sur la tête ?

— Sors-le d'abord.

Bennett sortit un petit pistolet de calibre .38. Robinson sentit sa salive passer de travers, mais il ne se laissa pas démonter.

— Es-tu rassuré, là ?

— Si tu tires, t'as plusieurs témoins qui vont te dénoncer et moi aussi j'ai une arme cachée.

— T'as pas l'air de savoir qui on est…

— Je sais exactement qui vous êtes.

On frappa à la porte.

— *I want to speak to Bob. I have something to say to Mr. Bennett,* dit la voix en sourdine de Lemay.

— *Fuck you !* glapit Bennett, qui avait toujours l'arme à la main. *Just go away. You don't work for us anymore. You're fucking fired !*

— Signes-tu ? demanda Bennett à Robinson en lui tendant un crayon de la main gauche tandis que le martèlement reprenait.

— Oui, je vais signer.

— Bon, là tu parles. *Good man !*

Robinson griffonna deux mots — *Fuck off* — et remit la feuille à Bennett. En voyant l'affront de ce jeune insolent, il devint rouge de colère.

— *My fucking bast…*

Puis, on entendit marteler sur la porte avec un objet dur. Lemay frappait de toutes ses forces. Irving déverrouilla la poignée. Lemay entra avec la fureur d'un taureau blessé : « *I'm not a loser.* »

Robinson embrassa le rebord de la porte qui l'envoya contre le mur.

En reculant, effrayé, Irving perdit l'équilibre et fut projeté sur Bennett. La détonation fut instantanée, et Irving s'écroula, faisant tomber une pile de romans à solder. La matière cérébrale gicla sur Robinson et sur la feuille de renoncement, éclaboussant le mur. On entendait le sang glouglouter. Robinson demeura figé, les oreilles assourdies, l'odeur de poudre lui remplissant les narines.

Les têtes des deux gorilles envoyés par Rodrique apparurent dans l'embrasure de la porte.

— Ça va ? dit celui avec la boucle d'oreille.

Puis, l'idiot de perroquet criailla sa rengaine : « Spécial ! Spécial ! Spécial ! » Suivirent le barrissement de l'éléphant, le son des tam-tams, et la tribu entonna : « Ouga Ouga Ouga Chaka ! Ouga Ouga Ouga Chaka ! » La loi de la jungle. Tout simplement.

Rockport (Mass.)
Juillet 2013

JACQUES CÔTÉ

La littérature au service de l'amour!

Au cours d'une soirée, une belle jeune fille demande à Jacques Côté ce qu'il fait dans la vie. Comme il la trouve superbe et qu'il veut faire bonne impression, il lui dit, à la blague, qu'il est romancier. Conquise, l'étudiante en littérature au cégep veut lire son manuscrit. Ils prennent rendez-vous pour le mardi suivant. Suivront pour le jeune homme un week-end intensif d'écriture, un manuscrit de cinquante pages, les prémices d'une histoire d'amour... et un premier roman publié, *Les montagnes russes*! Voilà donc les débuts littéraires peu banals de Jacques Côté.

Cette naissance singulière de sa carrière d'écrivain se marie naturellement avec l'intérêt du jeune Jacques pour l'imaginaire. Les séries télévisées comme *Batman*, *Le fugitif*, *Les incorruptibles* et *Colombo* le fascinent. Puis, à dix-sept ans, il découvre le monde merveilleux du voyage et de la littérature avec *Sur la route*, de Jack Kerouac.

Parallèlement à sa carrière d'enseignant au cégep de Sainte-Foy, Jacques a écrit une série policière mettant en vedette

Daniel Duval et Louis Harel, deux enquêteurs de la Sûreté du Québec. Le premier roman de cette série, *Nébulosité croissante en fin de journée*, précède *Le rouge idéal,* qui remporte en 2003 le prix Arthur-Ellis du meilleur roman policier francophone au Canada.

En plus de ses romans policiers, Jacques a publié une biographie magistrale de Wilfrid Derome, un des grands experts en médecine légale au Québec. Au cours de ses recherches pour ce projet, Jacques a fait d'intéressantes découvertes sur le docteur Georges Villeneuve, un des professeurs du docteur Derome. Il n'en fallait pas plus à ce passionné d'histoire pour imaginer une série romanesque consacrée au docteur Villeneuve. Intitulée *Les cahiers noirs de l'aliéniste*, cette série nous entraîne dans les dédales des sciences du crime à la fin du dix-neuvième siècle, à la morgue de Montréal et dans les couloirs de Saint-Jean-de-Dieu, hôpital pour les personnes souffrant de troubles mentaux. Déjà trois tomes des *Cahiers noirs de l'aliéniste* sont sur le marché et la parution d'un quatrième est prévue.

Le polar historique est un genre particulièrement exigeant. Le respect du contexte de l'époque est essentiel et impose une recherche approfondie. Avant le travail de création, il faut donc amasser une quantité phénoménale de documents et de données, les vérifier, trouver le filon porteur d'une bonne histoire et, enfin, l'exploiter sans tomber dans le didactisme... ou la leçon d'histoire. Jacques le réussit parfaitement. La lecture des aventures du docteur Villeneuve est passionnante, les intrigues sont très bien menées et, surtout, la reconstitution historique sert bien le développement du récit.

Pour son prochain roman, Jacques nous reviendra avec un titre de la série Duval et Harel. Toute l'action se déroulera en Beauce, près de la frontière américaine. Les lecteurs retrouveront sûrement avec plaisir ce duo d'enquêteurs.

En attendant, Jacques nous conseille de lire son premier roman, *Les montagnes russes,* qu'il considère encore comme son meilleur. Écrit en partie à Londres, il donne une image réaliste du Québec contemporain dans l'atmosphère d'une jeunesse à la «fraîcheur toute juvénile». Soyons donc reconnaissants à cette jolie jeune fille rencontrée par hasard, dans une soirée, qui fut sans le vouloir, peut-être, l'instigatrice d'une belle carrière littéraire.

Photo de l'auteur: Valérie St-Martin

FLORENCE MENEY

Dernier chapitre au Bookpalace

Il ressentait une furieuse envie de coller des baffes à ce *golden boy* à la noix.

Richard Mingan, Papy pour les jeunes enquêteurs, n'en revenait tout simplement pas. L'autre imbécile pensait se livrer à son petit cinéma personnel incognito ! Mais Mingan le distinguait nettement dans le reflet des multiples parois vitrées de ce temple de la consommation. Il avait envie de vomir en voyant ce morpion richissime, ce nabot de luxe, qui se scrutait avec amour dans le reflet des vitres multiples de son palace de verre. Ce qu'il s'aimait, ce bellâtre quadragénaire ! Tout cela alors que le cadavre à peine froid de la quatrième victime les contemplait, roide et triste. Cette fois, la morte était une toute jeune femme, à peine sortie de l'adolescence. Comme une gerbe de blé trop mûr en juillet, ses cheveux blond vénitien s'étalaient autour de son visage livide. Mais Ciprin ne semblait pas ému. Un nombril absolu. À ce moment précis, Mingan avait hâte à la retraite qui se profilait péniblement à l'horizon.

— Tout va bien, inspecteur ? susurra perfidement Ciprin, sans même un soupçon d'intérêt véritable dans sa voix nasillarde.

Si tout allait bien ? Quelle blague !

Du haut de sa stature d'ancien flic de rue, avec ses yeux clairs qui faisaient dire aux jeunes inspectrices du SPVM : « Ce qu'il a dû être beau ! », Mingan contemplait avec mépris Philippe Ciprin. Il connaissait par cœur le pedigree de ce genre de type : le complexe du petit mec arrivé au sommet. Un assez beau physique pour ceux qui aiment le poil roux ; rusé d'ailleurs comme un renard, les yeux enfoncés dans les orbites sous un quasi-monosourcil. Un être infect, mais un entrepreneur à la Midas, le genre qui transforme en or tout ce qu'il effleure. Un *king* dans le monde local du livre et un peu plus loin. Non content d'écraser la compétition dans le domaine de l'édition québécoise avec sa boîte florissante, forte d'une écurie d'auteurs à succès, il avait dans les dernières années embrassé d'un souffle, sans effort, le métier de libraire. Avec cette immense librairie sacrifiant à la vente en masse d'ouvrages en tout genre, sur cinq étages délirant de luminaires violents et de climatisation ayant pignon sur rue en plein cœur du Plateau-Mont-Royal.

Le Bookpalace de Ciprin avait ouvert ses portes un an plus tôt à peine, et déjà il sciait les pattes de toutes les autres librairies environnantes. La petite indépendante Page blanche, presque en face, résistait encore de peine et de misère. Mais pour combien de temps ?

Sauf que là, Ciprin le grand avait un quatrième cadavre sur les bretelles. Quatre corps en autant de mois dans les allées de la mégalibrairie rutilante. Tout de même, cela faisait désordre. Ce n'était guère bon pour le business, sans parler de l'image… Ciprin fixait Mingan. Sous l'air blasé de l'homme d'affaires, l'inspecteur devinait la colère qui couvait.

Quatre personnes assassinées, la gorge tranchée par la lame d'un couteau anonyme, impossible à retracer, comme l'avait confirmé cette fois encore la grande girafe de médecin légiste qui venait tout juste de terminer son morbide examen. Comment avait-on pu ainsi frapper silencieusement en plein jour, en pleine activité, en pleine librairie bondée de monde et malgré la surveillance accrue ? Chaque fois, des clients en panique découvraient la victime. Les situations variaient légèrement, sur le même thème : la Grande Faucheuse avait frappé au détour des ouvrages de cuisine empilés en monceaux colorés pour l'homme de cinquante ans, la première victime. C'est près des DVD de séries américaines que la deuxième, une femme de quarante ans et des poussières, avait rendu l'âme. Mais c'est tout au fond du deuxième sous-sol, entre les polars et la science-fiction, que l'autre quadragénaire, un homme, avait connu la peur ultime. Et finalement, aujourd'hui, les enquêteurs se retrouvaient autour d'une autre dépouille étalée au beau milieu de la section des ouvrages de référence, une toute petite zone au Bookpalace, reléguée au dernier étage de l'immense librairie. Quelle main arrogante osait ainsi se jouer des policiers et de la sécurité ? C'était à se damner.

Puis Mingan et ses troupes s'étaient heurtés au défi de l'identification des victimes, dont les dépouilles avaient été privées de leur portefeuille et de tout objet personnel permettant de les reconnaître.

L'opinion publique se déchaînait, alors que Mingan sentait le souffle de ses supérieurs sur sa nuque. Il lui fallait débusquer ce qui se confirmait être un tueur en série de la pire espèce, un être hautement intelligent.

Les services médico-légaux venaient tout juste de mettre un nom sur deux des trois premières victimes. Or, ça n'avançait guère Mingan.

Il faut dire qu'ils avaient perdu un temps précieux au début de l'affaire. Quand le premier assassiné avait été retrouvé, on avait évidemment cherché un mobile lié à la victime. Et comme elle n'était pas immédiatement identifiable… Au deuxième corps, on avait un moment cru à une coïncidence. Pourtant, Mingan avait eu très vite des doutes. Au troisième mort, Ciprin avait pété un plomb, mais pas autant que le commissaire en chef du SPVM et que le ministre de la Justice. Même le fédéral s'en était mêlé.

À présent, Ciprin contemplait Mingan avec impatience, comme si l'inspecteur en chef avait toutes les réponses. Autour de lui, en rang d'oignons solennel, s'alignait tout le personnel de la librairie, une bonne trentaine de petits soldats bien disciplinés par la peur, des jeunes encore boutonneux pour la plupart, qui ne connaissaient pas plus la littérature que Mingan le saut à ski. Des fantassins au service de la machine Ciprin, dressés à écouler le plus vite possible les flots de best-sellers.

— On fait quoi, maintenant ? On attend le prochain meurtre ? crachota Ciprin avec hargne.

Mingan se gratta le crâne, qui, malgré la soixantaine bien en route, demeurait bellement garni d'une crinière grise.

— Je veux revoir les enregistrements des caméras de sécurité.

Ciprin grogna, faisant signe aux deux responsables de la surveillance du gigantesque magasin de le suivre. Le duo était formé d'un gros type d'une cinquantaine d'années répondant au nom de George Durand et d'un adjoint plus jeune, Hector Florange, un beau gars qui n'avait pas encore vu son trentième printemps.

Le grand patron se tourna vers la cohorte de son personnel, l'air mauvais.

— Et vous, retournez à vos postes, faut que ça roule ! Déjà qu'on a des pertes de fou avec cette histoire… Toi, Greta, arrête de bayer aux corneilles. Si tu n'as pas la tête au travail, tu peux aller voir ailleurs si j'y suis !

L'apostrophée était une jeune femme d'une petite vingtaine d'années, brune et légèrement rondouillarde, mais dont le teint frais et les yeux lumineux détonnaient de naturel dans ce décor aux lumières artificielles. Sous la critique, elle rougit violemment et baissa la tête, penaude. Toutefois, c'est surtout la fureur que l'invective alluma dans le regard d'un jeune membre du personnel qui frappa Mingan. Le garçon plutôt fluet, qui cultivait la barbe de cinq jours comme tant de ses contemporains, aurait pu tuer Ciprin de son regard. Celui-ci, heureusement, lui tournait le dos.

« Une chose est sûre, ce type sait se faire haïr », songea l'inspecteur Mingan.

— Allez, venez, je n'ai pas que ça à faire ! enchaîna sèchement Ciprin, qui traversa à grandes enjambées les allées de livres, son équipe de sécurité et Mingan derrière lui.

Ce dernier contemplait au passage les étagères pleines de publications bien rangées sous des enseignes criardes marquées de « Best-sellers » ou « Faciles à lire » et encore « Super rapport qualité-prix ». Il haussa les épaules. Il préférait de loin les petites librairies à l'ancienne à l'atmosphère feutrée. Comme s'il lisait dans ses pensées, le plus jeune des deux responsables de la sécurité, tout en demeurant prudemment hors de portée de l'oreille du patron, fit au policier :

— C'est le marketing du livre à la sauce Ciprin, que voulez-vous...

— Et cela plaît au public, aux lecteurs, ce supermarché du bouquin ?

Le jeune homme aux cheveux ondulés et aux yeux sombres opina de la tête :

— Vous n'avez pas idée ! On cumule les succès ici. Tenez, cette série de miniromans de moins de cent pages, eh ben, elle fait un malheur ! Et puis là-bas, juste en dessous de nous à l'étage inférieur, vous voyez ces livres jaune citron ?

Mingan se mordait les doigts de la coquetterie qui le dissuadait d'apporter avec lui des lunettes alors qu'il en avait fort besoin. Plissant les yeux et se penchant par-dessus la balustrade, il distingua un gros titre en lettres hardies : *Checke-moi la grosse femme d'à côté qu'est en balloune.*

Comme tout le monde au Québec, Mingan savait de quoi il s'agissait.

— C'est cette encyclopédie, continua le jeune garde, enfin je l'appelle ainsi faute de mieux, un truc qui vulgarise les grandes œuvres et les auteurs de la littérature francophone, et qui cible ouvertement un public qui n'a pas fini son secondaire.

La petite troupe était parvenue au local de surveillance de la sécurité. On s'enfila dans la minuscule pièce sombre derrière Ciprin. Baissant le ton, le jeune Florange souffla :

— Oui, il fait une fortune avec ce truc. Même si tous les critiques le démolissent, il s'en fout. Et il avait fait autant d'argent avec le premier volume de ce qui devrait être une série.

— Il y a eu un premier volume ? fit Mingan étonné.

— Oui, suivant le même principe : de la vulgarisation, un vocabulaire trempé des réseaux sociaux, pas de mots compliqués. Le premier était consacré à la littérature anglo-saxonne. Il l'a édité et publié lui-même, et on le trouve lui aussi exclusivement au Bookpalace. Du producteur au consommateur, Ciprin contrôle toute la chaîne alimentaire.

Ledit Ciprin se tourna vivement vers le trio dans la semi-obscurité de la salle de contrôle :

— Assez papoté, vous autres. Passez-moi les bandes au peigne fin ! Je vous laisse, j'ai pas mal de *damage control* à faire, courtoisie d'une police inefficace et d'une sécurité de nuls.

Avec un dernier regard empreint de mépris, Ciprin tourna les talons et s'éloigna, mais pas avant que l'inspecteur, qui en avait soupé de ce malotru, ne lui ait lancé :

— Au fait, monsieur Ciprin, avez-vous des ennemis ?

C'était de l'ironie.

Deux heures plus tard, Mingan n'était pas plus avancé. Sa grande carcasse coincée entre les deux responsables de la sécurité dans le cagibi de contrôle, il avait avec eux passé au crible les images captées dans les différents rayons de la librairie par les multiples caméras qui épiaient les clients en quête de larcins. Le meurtrier en série ne leur laissait vraiment aucune chance.

Mingan avait par contre eu le temps de sympathiser avec les deux gardiens de sécurité, le plus vieux surtout, qui partageait avec lui un passé de policier et se montrait nettement plus loquace en l'absence de son acariâtre patron. Renchérissant sur la question de l'inspecteur à Ciprin, Durand avait ricané :

— Il n'a que ça, des ennemis, si vous voulez mon avis, inspecteur.

— Appelez-moi Richard. Vous m'intéressez, mon cher…

L'ancien flic ne se fit pas prier :

— Vous savez déjà qu'il a littéralement étranglé la business d'une ribambelle d'éditeurs en début de carrière. Il y a aussi une couple de librairies qui ont laissé leur chemise en ville parce que le Bookpalace ne peut souffrir la concurrence, même la plus modeste…

— Et il y a aussi les femmes, renchérit le plus jeune, qui écoutait avidement.

Mingan approuva :

— Nous avons interrogé son ex. Après une séparation sanglante, elle est devenue adjointe d'édition chez Laflèche, à trois coins de rue d'ici. Laflèche, un autre qui ne porte pas Ciprin dans son cœur !

Florange eut un rire entendu :

— Quand je parle des femmes, je ne pense même pas à son ex ; enfin, pas son ex officielle… Tu sais ce que je veux dire, George.

— Oui, fit l'autre, l'air matois. Ciprin a exercé son droit de cuissage parmi les filles de son personnel, y compris ici au Bookpalace.

— Intéressant, fit Mingan

— Il en a passé plusieurs. Actuellement, il fréquente ouvertement la ravissante Sophie, celle qui s'occupe de la gestion des commandes.

— Et il a dompé la jeune fille de tout à l'heure, la petite Greta, ajouta Durand avec un plaisir évident.

Mingan se frotta le menton, qu'il avait carré comme tout bon flic qui se respecte. Il ne pouvait oublier le regard noir de ce commis de la librairie quand Ciprin s'était montré si grossier avec la jeune fille éconduite. Deux femmes froissées, sans compter toutes les autres dont il n'avait pas encore entendu parler, un possible soupirant enragé, et le monde du livre entier contre Ciprin. Il semblait plus facile de compter les rares alliés de l'homme que de dresser l'inventaire de la bibliothèque de ses ennemis !

L'inspecteur se leva péniblement, défroissant son pantalon gris.

— Messieurs, merci de votre accueil, mais en ce qui concerne les bandes enregistrées, nous n'allons nulle part. Remettez-les, comme les fois précédentes, à mon adjointe, Florence Lessard.

— Je m'en occuperai, dit le jeune Florange, j'ai un peu de temps pour faire le tri avant mes cours à l'UQAM.

— Vous êtes dans quelle branche, jeune homme ? demanda Mingan.

— Littérature médiévale. On est tous des littéraires, de père en fils et en fille dans la famille, alors vous imaginez quand je vois le massacre que l'on fait de la notion d'œuvre dans ce Dollarama du livre… Enfin, il faut bien vivre…

Mingan soupira, se demandant s'il devait ajouter le nom du jeune lettré préposé à la surveillance à la longue liste des suspects. Il ne saurait que quelques heures plus tard que le plus vieux des deux agents avait lui aussi un os à ronger. Lui, et plusieurs autres…

: :

Mingan émergea du Bookpalace dans la clarté ardente qui parait la rue Saint-Denis de ses atours printaniers. Les urbains du Plateau déambulaient à pied ou à vélo, heureux de renouer avec la lumière. Si la fraîcheur de mai s'accrochait aux vieilles façades et aux feuilles toutes neuves des arbres, la chaleur de juin affleurait. L'été était presque aux portes de la métropole.

Mingan, lui, se sentait vieux. Plus qu'avant, la méchanceté humaine, la mesquinerie, la cruauté qu'il rencontrait quotidiennement ou presque lui pesaient. Ainsi avait-il pensé trouver un répit à la haine ambiante du Bookpalace en allant une nouvelle fois questionner le libraire propriétaire de la Page blanche. Mais la même hostilité envers Ciprin régnait dans la petite librairie quasi déserte qui semblait appartenir à un autre âge. Difficile de penser que la Page blanche et le Bookpalace représentaient deux déclinaisons d'une même activité.

Le quinquagénaire au crâne dégarni, mince jusqu'à la maigreur, le reconnut immédiatement et s'approcha à petits pas précautionneux, le sourcil froncé :

— Vous allez arrêter de nous harceler, inspecteur. On a appris qu'il y avait eu un autre meurtre, mais ça n'a rien à voir avec moi. On a assez de mal à faire tourner la *shop*, je peux vous dire…

— Les nouvelles vont vite, grinça Mingan. Et avouez que nous avons de bonnes raisons de vous interroger. Vous oubliez un peu rapidement les lettres de menaces soi-disant anonymes dont vous avez inondé votre concurrent, il y a un peu plus d'un an, quand le Bookpalace a ouvert ses portes ? Vous avez tout de même été condamné à une amende et à une peine avec probation. On a toutes les raisons de penser que vous voulez nuire à Ciprin et à son royaume de papier…

— Vous me faites rire, vous autres, les enquêteurs, avec vos raisonnements simplets. La Librairie Page blanche, c'est une institution. Nous, les Boisrond, on est libraires depuis trois générations, et à présent que ce bâtard-là a mis le pied dans la vente au détail avec ses méthodes de cow-boy, les petites librairies indépendantes mettent la clé sous la porte les unes après les autres. Moi, je m'accroche, je ne veux pas lui donner la satisfaction de me casser, à ce sale type, mais de là à trucider des pauvres lecteurs…

Même s'il ressentait une forte sympathie pour Boisrond, Mingan contre-attaqua avec un bluff :

— On vous a repéré dans les allées du Bookpalace sur les enregistrements de sécurité, quelques heures avant que le crime ne soit commis. Avouez que vous rôdez chez votre rival de façon régulière !

Boisrond eut un rire sans joie.

— Bien essayé. Votre jeune collaboratrice, la petite hyperactive, me l'a fait, ce coup-là, il y a quatre mois, quand vous avez trouvé le premier corps. Mais vous voyez, j'ai plus qu'un alibi. Ma femme, vous le savez sans doute, est épileptique. Elle ne peut travailler, ce qui fait de moi l'unique soutien de famille, en passant. Et hier elle a fait une crise, j'ai dû laisser le magasin à mon commis. Nous avons passé plus de dix heures à l'urgence de l'Hôpital juif, voyez-vous. C'est pour ça que j'ai une tête de déterré.

Mingan sentit un pincement de culpabilité. Quel métier que celui-là, qui le poussait à s'acharner sur de pauvres types au bord de la faillite !

Mais Boisrond, avisant une femme entre deux âges qui pénétrait dans sa boutique, se détourna de lui, lançant avec amertume :

— Je vous laisse à vos élucubrations. J'ai une cliente, et comme ceux-ci se font rares par les temps qui courent, vous m'excuserez de m'occuper d'elle plutôt que de vos sornettes.

: :

Les bureaux des Éditions Laflèche se situaient dans le Vieux-Port, à dix minutes à vol d'oiseau du Bookpalace, mais à plus d'une demi-heure en auto à cause des multiples travaux routiers délimités par une forêt en pointillé de cônes orange disgracieux.

Mingan aurait bien fait une petite sieste. Il avait hâte que la journée finisse pour retrouver sa douce dans leur maison fraîche et calme de Laval.

Il pénétra librement dans les locaux des éditions, dont les boiseries fatiguées et le papier peint défraîchi confirmaient que la maison avait connu des jours meilleurs. Une grande femme blonde d'une soixantaine d'années se tenait debout à la réception, rangeant des dossiers dans plusieurs cartons. Quand elle lui parla, il nota les yeux rougis, les traces de larmes séchées.

— Monsieur Laflèche est en réunion, inspecteur Mingan.

— Laissez, Renata, finissez de ranger vos affaires, coupa sèchement une autre femme qui avait surgi d'un bureau comme une diablesse de sa boîte.

Celle-là était tout aussi haute que la première, mais plus jeune, mi-quarantaine peut-être, la chevelure maigre, courte et teinte d'un roux maison peu seyant, la silhouette décharnée. Mingan reconnut l'ancienne conjointe de Ciprin.

— Renata nous quitte, nous n'avons plus les moyens de nous payer une réceptionniste, alors je vais cumuler le job d'éditrice adjointe et d'aide administrative, expliqua Patricia Lange, froidement.

— Vous et votre patron devez en vouloir à votre ex, car la situation précaire des Éditions Laflèche n'est pas sans lien avec sa réussite.

Mingan voulait éviter de parler de la séparation. Il savait de source sûre que Lange avait connu une rapide descente aux enfers après que Ciprin se fut désintéressé d'elle au bout de dix ans de vie commune. Elle avait alors compris pourquoi il n'avait jamais voulu l'épouser comme elle le désirait. Sans le sou, elle avait quand même claqué la porte de son emploi de responsable des éditions chez Ciprin. Et avait dû le regretter, se disait Mingan, regardant la femme vieillissante dont l'amertume marquait le coin des lèvres.

Voilà que le jeune éditeur Jean-Sébastien Laflèche s'approchait du trio. Le trentenaire s'était, à l'époque de la séparation, fait un plaisir d'embaucher l'ex de Ciprin et de la mener jusque dans son lit, croyant infliger une humiliation à son puissant rival. Mais cinq ans plus tard, Mingan lisait dans le regard échangé entre Lange et Laflèche toute l'hostilité des amants désenchantés.

Il les questionna brièvement, se heurtant à un mur. Ces deux-là, s'ils devaient se déchirer en privé sur leurs projets avortés, faisaient bloc contre le monde extérieur, alors que leur radeau semblait sur le point de chavirer.

— Monsieur Laflèche, on me dit que votre entreprise bat de l'aile depuis que vous avez succédé à votre oncle, mais surtout depuis que Philippe Ciprin a entrepris de vous voler vos meilleurs auteurs…

— Je n'ai rien à vous dire, inspecteur. Si vous voulez m'interroger, convoquez-moi officiellement, et on avisera, fit l'homme. Et cela vaut pour ma collaboratrice, ajouta-t-il fermement.

Sur ce, il montra la porte à Mingan, qui n'insista pas. Celui-ci capta au passage le regard désolé de la réceptionniste devenue chômeuse. Une autre victime collatérale de Ciprin, se dit-il. La liste commençait à être longue.

: :

C'était vrai qu'elle était belle, cette jeune Sophie, appétissante comme une jeune pêche sur l'arbre, le teint parfait, le cheveu luisant, la courbe généreuse. « Quel veinard, ce Ciprin ! » se prit à penser Mingan avant de se raviser. Il ne pouvait envier un type qui usait de son pouvoir pour danser le mambo horizontal avec de jeunes employées trop candides. Et puis, il n'aurait échangé sa Lucie pour rien au monde, même si elle commençait à radoter un peu par moments.

L'inspecteur était de retour au Bookpalace. On était en plein après-midi, heure creuse par excellence. Pourtant, les clients qui déambulaient comme des fourmis dans les allées se comptaient tout de même par dizaines.

Sophie Larue, ses grands yeux gris concentrés sur son écran, la langue légèrement sortie, passait pour lui au crible les centaines de carnets de commandes. Car Mingan avait appris d'un coup de téléphone haletant de Florence Lessard plusieurs éléments importants au sujet des victimes, du moins les deux qui avaient enfin pu être identifiées grâce aux tests d'ADN. Il s'agissait d'habitués du Bookpalace, et surtout, de lecteurs qui avaient l'habitude de commander des livres.

— C'est cela, inspecteur, murmura Sophie de sa voix enfantine, je les ai tous les deux. On a d'abord monsieur Paul T. Sawyer, professeur d'anglais au Mont-Saint-Louis.

Il opina du bonnet avec impatience : Sawyer, cinquante-deux ans, célibataire, érudit, sans histoire. Pas d'ennemis connus, à première vue.

— Il a commandé des classiques, cinq ou six, depuis notre ouverture. En fait, c'est un peu le même profil pour l'autre personne, madame Jeanne Heyre, bibliothécaire…

Il y avait quelque chose d'important dans cet élément d'information, Mingan le sentait, avec son bon vieux pif de fin limier. Mais quoi ? Plongé dans ses pensées, il ne remarqua pas qu'il fixait Sophie, sans la voir. Soudain, sous ce regard insistant, la jeune fille se mit à sangloter :

— Ne me regardez pas comme cela inspecteur, je n'ai rien fait. Je sais que tout le monde parle de moi et de monsieur Ciprin, pourtant ce n'est pas ma faute, et plus personne dans l'équipe ne m'adresse la parole…

Interdit, Mingan regarda la jeune fille qui lui tourna le dos et, s'affaissant sur son tabouret, donna libre cours à son chagrin.

Il lui tapota l'épaule d'une main paternelle :

— Mais non, mon petit, ne vous en faites donc pas…

Il pouvait se payer le luxe de s'attarder un peu à consoler la jeune fille. Il avait en effet complété ses interrogatoires, du gérant de la librairie au concierge. Il avait toujours aimé mener lui-même ces entretiens, pour jauger la personnalité des différents protagonistes. Mais là, il avait le tournis. Il y avait trop de gens, trop de suspects, trop de monde dans toute cette affaire. Il devait prendre du recul. Il lui fallait renouer avec son fleuve pour cogiter.

: :

Quatre mois. Quatre victimes. La gorge tranchée à des moments différents, le 15 du mois, le 23, le 12, le 5. Deux hommes, deux femmes, aux âges et occupations variés. Un intérêt : le livre. Un moyen pour le tueur de les retracer : le carnet de commandes du

Bookpalace. Dans les allées de l'empire Ciprin, ils avaient vécu le dernier chapitre de leur vie.

Mingan marcha longtemps le long de la piste cyclable qui suivait le grand fleuve, son compagnon de méditation. De temps en temps, ses pas levaient une marmotte ensommeillée. L'air sentait bon dans le soleil déclinant sur les îles. Au fil de son errance songeuse, il voyait le paysage perdre la netteté de ses contours, la ville au loin devenait imperceptible. Ses idées, par contre, se précisaient. Elles atteignirent la clarté totale avant même que la nuit ne soit tombée. Tout cela semblait loufoque. Était-ce possible ? S'il avait raison, alors… Les lumières de sa demeure lui lançaient leur appel invitant quand son téléphone vibra et qu'il lut le texto de Florence Lessard.

« Troisième victime identifiée grâce à Facebook. Olivier Tors, quarante-deux ans, réviseur linguistique pour l'Union des producteurs de pétrole nord-américains. »

: :

Mingan, tout comme sa collaboratrice Florence Lessard, avait eu une toute petite nuit. Au retour de sa longue errance la veille, il avait convoqué la jeune enquêteuse, et tous deux s'étaient livrés à une série de vérifications.

Puis Mingan s'était frotté les mains. Il allait se payer une mise en scène à la Hercule Poirot, pour une fois dans sa vie. Au diable les convenances ! Avant sa retraite, il allait réaliser ce petit fantasme personnel. Pour la bonne cause. Il eut un ricanement.

À midi le lendemain, Mingan et Florence Lessard se tenaient debout au milieu de l'immense atrium du Bookpalace baigné de lumière. Une quinzaine de personnes les entouraient en demicercle, affichant pour la plupart des mines ennuyées ou contrariées. Dans le cas du grand patron, on pouvait sans exagérer parler d'une humeur massacrante. Devant l'insistance de Mingan, il avait accepté de fermer la boutique au public, mais non sans manifester une vive hostilité. En ce moment encore, il invectivait Mingan :

— Je ne sais vraiment pas où vous voulez en venir, inspecteur, on voit que vous êtes fonctionnaires, vous et vos semblables. Pas comme nous, les entrepreneurs, qui devons gagner chaque dollar à la sueur de notre front.

Un rire agressif monta du petit groupe déployé en demi-cercle. Le libraire de la Page blanche, furieux lui aussi, apostropha Ciprin :

— Vous avez un sacré culot, Ciprin ! On vous voit rarement vous abaisser à travailler. Vous préférez comploter pour appauvrir les autres. Vous êtes une engeance pour le monde du livre, espèce de marchand de soupe !

Ciprin ne daigna pas répondre, se contentant de le toiser avec mépris.

Mingan soupira. L'animosité ambiante était difficile à supporter, mais il le fallait. Au moins s'étaient-ils tous présentés comme il leur avait intimé, tous ces gens unis par la haine de Ciprin : le petit libraire aigri, qui s'était replié dans une bouderie vexée, à côté des employés du magasin ; la belle Sophie, qui, les yeux agrandis, semblait se demander ce qu'elle faisait là ; le jeune soupirant de Greta, l'air furax ; celle-ci, calme et presque curieuse. Plus agité, l'éditeur Jean-Sébastien Laflèche marmonnait dans sa barbe avec impatience. Mingan nota qu'il se tenait loin de sa collaboratrice, l'ex de Ciprin. Cette dernière côtoyait Renata, convoquée elle aussi. La première affichait un air buté, la bouche crispée, tandis que la réceptionniste restait impassible. Et finalement Durand et Florange, les agents de sécurité, se tenaient côte à côte, inséparable duo.

Sentant son auditoire impatient, Mingan s'éclaircit la gorge. Sur une petite table devant lui s'empilaient quelques livres de tous formats. Des titres soigneusement choisis et tirés des étagères des différents étages de la librairie, à sa demande, avec l'aide d'un jeune commis.

— Merci à vous tous d'être venus.

Des grognements de mécontentement montèrent du petit groupe.

— Ce ne sera pas bien long, mais avouez que la situation est exceptionnelle. Et à situation exceptionnelle…

— Tout cela ne me paraît pas bien orthodoxe, lança Ciprin.

Mingan se tourna pour faire face à l'homme d'affaires.

— Avoir des morts qui jonchent les allées de son établissement, ce n'est pas non plus très orthodoxe, monsieur Ciprin. Rarement dans une enquête, et j'en ai mené pas mal, ai-je rencontré un homme qui unissait autant que vous les autres dans la haine. Vous dormez bien la nuit ?

Ciprin, le regard fuyant, haussa les épaules.

— En quoi cela vous regarde-t-il ? Depuis quand le travail d'enquête comprend-il un volet jugement des autres ?

Ciprin avait raison, mais Mingan n'avait pu s'empêcher de s'accorder ce petit plaisir.

— C'est vrai. Cependant, mon commentaire n'est pas gratuit. Monsieur Ciprin, vous baignez littéralement dans un marais d'hostilité, et même quand nous avons compris que c'est à vous qu'on cherchait à nuire, le champ des possibilités demeurait plutôt vaste. Une ex déchue, des rivaux laminés, des employés réprimés, plusieurs jeunes filles abusées.

Mingan marqua une pause, pour l'effet.

— Je me suis livré à un petit exercice, dit Mingan, en sillonnant ce matin votre entrepôt du bouquin, comme je l'appelle… J'ai trouvé un ouvrage qui correspond à certains de ceux qui sont ici. Vous verrez, cela en dit long sur eux… Mais peut-être surtout sur vous, Ciprin.

— Vous vous moquez de nous ! Un jeu, alors qu'on a des meurtres non résolus !

— Faites-moi confiance, je vais y venir, fit Mingan, levant sa grosse paluche en un geste rassurant.

Son assistance fut traversée par une onde de protestation. Tout cela était bien bizarre.

Mingan tira un livre de la pile, sous le regard amusé de Florence Lessard. Ce Mingan, quel type ! Il lui manquerait quand il serait rangé parmi les anciens.

— Alors, quel titre avons-nous là ? Ah oui, *Les fleurs du mal*… À qui devrais-je l'associer ? dit Mingan, faisant mine de réfléchir. Je sais, à vous, madame Lange, fit-il en lui tendant le mince volume.

L'ex-conjointe de Ciprin eut un mouvement de recul.

— Oui, c'est avec ce livre que votre ancien compagnon vous a séduite, du moins c'est ce que ma collaboratrice a appris. Des années plus tard, avec le recul, le titre prend tout son sens. Il vous a pris votre sécurité financière, votre jeunesse. De quoi vouloir l'éliminer comme un vilain cafard.

— Je ne vous permets pas…, siffla Ciprin.

Sa voix fut couverte par celle, quasi hystérique, de son ex-concubine.

— Je le hais, c'est vrai ! De là à m'accuser, vous n'en avez aucun droit…

Mais déjà Mingan se détournait d'elle, un deuxième livre à la main. Il marcha droit sur le libraire de la Page blanche, lui plantant le volume dans les mains.

— À vous, je réservais un petit roman, un classique, *Le père Goriot*.

Le libraire, comme les autres autour, lui jeta un regard interdit.

— Dans les retranscriptions de votre procès pour harcèlement contre Ciprin, j'ai déniché pas plus tard que cette nuit un étonnant passage. Philippe Ciprin, appelé à témoigner contre vous, s'est lancé dans une diatribe, vous qualifiant de minus, de, je cite : « Pauvre petit père Goriot »… De quoi humilier un adversaire déjà à terre. On doit avoir envie de tuer après ça, non ?

— Vous, peut-être ; pas moi. Je ne suis pas un psychopathe, contrairement à d'autres, marmonna Boisrond, le regard obstinément fixé au sol.

— Qui sait ? rétorqua Mingan, qui avait déjà un autre livre à la main.

Cette fois, c'est au jeune éditeur qu'il s'adressa :

— Vous connaissez Jean Carrera, monsieur Laflèche ? Question toute rhétorique. Jean Carrera, l'auteur du méga best-seller *Cœurs rompus*, publié chez Ciprin éditeur…

— Je connais la suite, rétorqua avec arrogance Laflèche. Vous allez me rappeler que Carrera s'apprêtait à signer avec moi pour *Cœurs rompus*, mais que ce malade-là (il désigna Ciprin) me l'a soufflé sous le nez avec ses promesses de couverture médiatique mirobolante…

— Une promesse que j'ai tenue, minable, répliqua Ciprin avec hargne. Tu penses, Laflèche, que tous les auteurs qui t'ont quitté pour moi auraient aussi bien réussi dans ta boîte ringarde ?

Mingan les ignora.

— Mais monsieur Laflèche n'est pas le seul à connaître Carrera. N'est-ce pas, Sophie ? Tenez, je vous dédie ce livre de la comtesse de Ségur sur les malheurs d'une jeune fille, votre homonyme. Car vous êtes bien malheureuse, n'est-ce pas, depuis que votre oncle Jean Carrera vous a reniée après avoir appris votre liaison avec votre patron. De quoi transformer la princesse en crapaud, non ?

La jeune fille tourna vivement la tête vers Mingan, une colère sans nom dans les yeux. La douce jeune fille avait cédé la place à la harpie.

— C'est un immonde salaud, Ciprin, tout le monde le sait… Demandez à Greta.

Cette dernière se faisait toute petite, mais Mingan ne la regarda même pas. Il saisissait plutôt l'avant-dernier livre de la pile, un ouvrage carré à la couverture jaune citron.

L'inspecteur se mit à marcher de long en large, parlant comme pour lui-même, mais hautement à l'écoute des réactions de son entourage.

— Et il y a cette question de l'identité des victimes. Les victimes, on les oublie presque dans toute cette histoire. Une poignée de pauvres malchanceux dans la longue liste des clients qui commandent au Bookpalace… mais quand même. Il y a madame Jeanne Heyre, monsieur Paul T. Sawyer ; Olivier Tors aussi… étonnant, ce nom, Olivier Tors… Et ce matin, on me parle de la quatrième victime, cette jeune Alice Carroll… intéressant, non ? Surtout quand on apprend que le deuxième prénom de monsieur Sawyer était Thomas… Cela allume une étincelle ?

Mingan jeta un œil sur son public. Il avait réussi à le captiver.

— Vous voyez ce livre, *Chécke-moé la grosse femme d'à côté qu'est en balloune* ? Tout le monde en connaît le succès fracassant… Une espèce d'encyclopédie de la littérature francophone pour les nuls. Un concept génial, simple, élémentaire même. Mais il fallait y penser. J'ai dressé l'oreille quand j'ai su que Ciprin avait publié une première encyclopédie selon ce concept, consacrée à la littérature anglo-saxonne. Bizarrement, ce livre n'a pas d'auteur. Un concept *made in* Ciprin. Dont réclame la paternité, et dont il engrange les bénéfices.

Mingan, mélodramatiquement, se tourna vers Durand et Florange, les deux gardiens de sécurité.

— Vous, Durand, vous ne m'aviez pas dit que le patron menaçait de vous renvoyer pour ne garder que le jeune Florange ici, à temps partiel ?

Le gros homme ouvrit la bouche pour protester. Mingan ne lui en laissa pas le temps. Il s'adressa plutôt à son jeune assistant, brandissant le livre jaune.

— Pourtant, c'est vous, Florange, qui avez des choses encore plus intéressantes à nous dire. Chez vous, on est des littéraires de père en fils. Votre père, Arthur Florange, retrouvé pendu il y a un an dans son sous-sol, était un écrivain. Un écrivain génial mais malheureux. Et pourtant, il avait inventé un concept qui aurait pu mettre toute la famille à l'aise. Et vous éviter ce boulot pour payer vos études.

Le jeune Florange baissait la tête. Tous les autres s'étaient tournés vers lui, écoutant avidement l'inspecteur.

— Arthur Florange est allé proposer son manuscrit, il a soumis son idée de vulgarisation des grands courants littéraires à Ciprin, il y a quatre ans de cela, n'est-ce pas, jeune ami ?

Florange leva la tête, avec un regard de haine et de défiance :

— J'étais encore au secondaire quand il a écrit son ouvrage sur les auteurs anglo-saxons. Ma mère l'a quitté quand il a sombré dans la déprime, après que cette pourriture-là (il désigna Ciprin) a refusé son manuscrit, lui a volé son concept pour ajouter encore à sa fortune personnelle. Il a cassé mon père, il nous a tous détruits !

— Alors, vous avez décidé de chercher à le détruire à son tour. Je me suis longtemps demandé pourquoi on ne pouvait détecter de signe du tueur sur les enregistrements de surveillance. Il fallait que celui-ci soit diablement rusé… ou qu'il ait accès au système central pour le trafiquer.

— Arthur, ce n'est pas possible ? souffla Durand, atterré.

Mingan hocha la tête.

— Si, monsieur Durand, même un ancien flic comme vous ne l'a pas vue venir, celle-là… Puis, il y a eu la touche créative : les allusions à l'œuvre volée au pauvre père, choisir parmi les clients passant des commandes ceux qui portent le nom de héros de grands auteurs anglo-saxons… Vous avez eu un peu de mal parfois à trouver. Cela a donné Olivier Tors, pour Twist, et Alice Carroll. Un joli clin d'œil morbide. Comment avez-vous pu tuer tous ces pauvres gens innocents ? fit Mingan, tandis que deux agents robustes saisissaient un Florange impassible.

Le jeune tueur toisa Ciprin d'un regard rempli de mépris avant de répondre à Mingan.

— Ces gens n'étaient pas innocents : ils étaient clients du Bookpalace. Ils avaient choisi leur camp.

Mingan soupira. Il lui restait un petit livre à donner.

— Tenez, Ciprin, voici pour vous. *Le prince,* de Machiavel. Lecture imposée.

FLORENCE MENEY

Florence Meney est venue à l'écriture de romans en passant par le journalisme. Née à Dijon, en France, elle émigre en Amérique et, comme Alanna, son personnage de *Rivages hostiles*, elle s'engage comme fille au pair dans une famille de Boston. Puis, après un passage en Ontario, elle s'installe au Québec où elle devient journaliste à Radio-Canada.

Son enfance européenne a marqué ses lectures de jeunesse : Pierre Gripari, la comtesse de Ségur ; par la suite, Oscar Wilde l'accompagne durant son adolescence, tout comme Flaubert et Maupassant. Depuis ce temps, malgré son amour pour les classiques, Florence lit beaucoup de grands auteurs de romans policiers, québécois et européens.

Pour elle, chaque moment libre devient occasion d'écriture. Son jogging quotidien ou le ski de fond en hiver, sur les berges du Saint-Laurent, suivie de ses chiens, sont des moments privilégiés de création littéraire. Chaque chapitre est réfléchi et écrit dans sa tête, toutes ses intrigues se nouent à l'air vivifiant du fleuve avant qu'elle couche le tout sur l'écran de son ordinateur.

Et il n'y a pas que les berges de Longueuil qui inspirent Florence Meney : sa profession de journaliste teinte grandement ses histoires. Les héros de ses romans hantent les studios de télévision et de radio, les salles de rédaction des journaux et les bureaux d'attachés politiques. Ses thrillers à caractère psychologique nous font découvrir les arcanes de ces métiers passionnants.

Une des grandes forces de cette auteure, c'est sa capacité de mettre en action des protagonistes crédibles et attachants. Une fois bien campé chacun des personnages, le roman psychologique se transforme en thriller. Avec une écriture sensible, belle et très souvent imagée, Florence s'amuse avec les mots, créant parfois des analogies qui font sourire ses lecteurs.

Après quelques incursions dans le monde de l'essai et du livre d'art, elle fait paraître *Rivages hostiles,* son deuxième roman. Ayant comme modèles Mary Shelley et Oscar Wilde, elle pourrait aisément donner à ses prochaines œuvres une couleur plus sombre, des atmosphères plus inquiétantes. D'ailleurs, Florence se consacre à l'écriture d'un roman noir dans lequel elle explore des facettes particulièrement obscures de l'âme humaine et du mal qui l'habite. Un roman qui s'intitulera peut-être *L'encre mauve*...

www.facebook.com/florence.meney

Photo de l'auteure : Maxyme G. Delisle

MARIO BOLDUC

Mon combat

Dès la sortie de Murvica en direction de Zagreb, la jeune femme se mit à klaxonner de façon obsessive, obligeant les paysans à lever les yeux vers la Mercedes, comme si la conductrice voulait signaler à tous ces péquenots le passage de Stevan Kovačić. L'auto filait à grande vitesse sur une route sinueuse. Miroslav, qui avait pris place à l'arrière, s'accrocha à la poignée de la portière.

Stevan éclata de rire.

— Tu as peur, mon petit papa ?

Elena se retourna, souriant à Miroslav de ce sourire un peu enfantin que le vieillard méprisait déjà. Stevan l'embrassa dans le cou, elle le repoussa d'un geste brusque, en rigolant, puis reprit de la vitesse et doubla un paysan sur son tracteur à grands coups de klaxon encore une fois. Où Stevan était-il allé la pêcher, celle-là ? Elle parlait avec un accent que Miroslav n'arrivait pas à replacer. Une Russe, probablement ; une de ces putes qui écumaient la côte adriatique à la recherche d'Allemands oisifs et en quête de sensations fortes. Des bijoux clinquants plein les bras, minijupe indécente, maquillage outrancier. Stevan en était complètement fou. Elle lui avait permis de retrouver sa jeunesse, avait-il répondu à son père, ce matin-là, quand Miroslav lui avait lancé qu'elle aurait pu être sa fille.

— Je suis amoureux, fous-moi la paix.

Amoureux d'une pute.

Les deux s'étaient pointés la veille, à la fin de la journée. Miroslav leur avait laissé la chambre, qu'il n'utilisait plus de toute façon depuis la mort de Tatjana. Avec sa décoration chargée, ses lourdes tentures, la pièce lui rappelait trop la mère de Stevan. Depuis sa disparition, Miroslav dormait sur le canapé du salon, et parfois même dans la cuisine, près de la table, comme à l'époque où il se levait à l'aube pour mener paître le bétail.

Durant la nuit, incapable de trouver le sommeil, Miroslav entendit le couple faire l'amour. Stevan, surtout, bruyant, sans-gêne, dont les cris et les ahanements donnaient froid dans le dos. Le vieil homme se leva et tituba jusqu'à la salle de bain pour y vomir, comme lors du retour au pays de son fils, après son acquittement au Tribunal pénal international, à La Haye. Un retour triomphal que Miroslav avait encore en travers de la gorge. « Cette gloire m'est venue sans que je la réclame », avait dit Stevan à son père, comme s'il voulait s'excuser de sa soudaine célébrité. « Je n'ai fait que défendre mon pays, ma culture, ma religion. » Miroslav avait hoché la tête, incrédule.

Dégoûté, surtout.

À la suggestion de son avocat, le Finlandais Rafael Häkkinen, Stevan avait écrit sa biographie : *Moja Borba*, « mon combat », en référence à *Mein Kampf*. En trois cents pages bien tassées, Stevan y racontait son engagement politique, son amour de la Croatie, embellissant ses faits d'armes, justifiant ses « exploits » dans une langue alerte, dynamique et convaincante — qui n'était pas la sienne, bien sûr, mais celle d'un journaliste de Zagreb recruté par la maison d'édition.

Miroslav lut le bouquin d'un bout à l'autre le jour même de sa sortie en librairie. Il avait fait le voyage jusqu'à Zadar pour s'en procurer un exemplaire. La description de son enfance et de sa jeunesse dans la ferme familiale ne révéla aucune surprise. Son fils se donnait le beau rôle sans écorcher ses parents au passage, ce dont Miroslav lui était reconnaissant. De toute façon, sa vie à Murvica n'avait été que le prélude à ce qui allait suivre, son éducation politique et militaire venait d'ailleurs. De son engagement comme mercenaire en Afrique. Ou encore de son passage en

Amérique du Sud pour y entraîner des milices paragouvernementales. Son arrestation à Rome pour vol de banque, ensuite, ses cinq ans de prison, le recel de tableaux qui lui vaudra une autre année derrière les barreaux, d'où il assistera à l'éclatement de la Yougoslavie et à l'indépendance de la Croatie.

Miroslav et Tatjana n'avaient plus de nouvelles de leur fils depuis des lunes lorsqu'il réapparut, tout à coup, à l'écran de leur téléviseur. Stevan était devenu général dans les forces armées croates, à la tête des salopards qui allaient bientôt s'abattre sur la Bosnie-Herzégovine et sa population musulmane.

Rien ne résista au général Kovačić : mosquées incendiées, lieux saints bombardés, des civils — y compris femmes et enfants — jetés sur les routes avec leurs maigres possessions. Des centaines de morts, des milliers de déplacés. Viols, tortures, pillages, que Stevan justifiait dans son livre. Sans parler du vieux pont ottoman de Mostar, sur la Neretva, qu'il fit sauter à la dynamite, comme pour prouver au monde que rien ne lui résistait. La nouvelle Croatie s'était levée, et le général Stevan Kovačić était l'un de ses représentants les plus sanguinaires.

Leur fils.

Qu'ils avaient pourtant élevé avec amour. Dont Tatjana prenait soin quand il était malade. Qui avait peur dans le noir et venait pleurer dans leur chambre, les soirs d'orage, quand les éclairs illuminaient la maisonnée.

Stevan, l'adorable Stevan.

Leur enfant chéri.

D'où lui venait cette haine ?

Dans leur petite maison de Murvica, au milieu de leur lopin de terre, Miroslav et sa femme vécurent la guerre en silence et en solitude, les volets fermés. La télévision croate, glorifiant Stevan, parlait déjà de leur fils comme d'un héros. Miroslav ne pouvait comprendre comment Tatjana et lui, de bons socialistes, avaient pu donner naissance à ce guerrier assoiffé de sang.

À la fin du conflit, la paix revenue, Stevan conserva son poste dans l'armée. Mais un jour, il débarqua en catastrophe à Murvica. Pour favoriser l'adhésion du pays à l'Union européenne, le nouveau gouvernement croate avait accepté de le livrer au Tribunal pénal international pour l'ex-Yougoslavie. Stevan était scandalisé. C'était la guerre, il s'était battu avec courage. Pourquoi lui demandait-on des comptes aujourd'hui ?

Sa cavale dura trois ans, pendant lesquels Miroslav n'eut plus de nouvelles — même à la mort de Tatjana, Stevan ne se manifesta pas. Finalement, on lui mit la main dessus à Belgrade, où il dirigeait une agence privée de sécurité — au vu et au su de tout le monde qui connaissait son identité. Stevan fut déporté à Zagreb, puis transporté à la prison internationale de Scheveningen, aux Pays-Bas. Motifs d'inculpation : meurtres, déplacement de populations, destruction de villes et villages, Mostar notamment. Des photos avaient été prises qui montraient Stevan arrachant le foulard d'une vieille paysanne avant de la jeter en pâture à ses soldats ivres.

L'avocat Häkkinen s'était fait les dents sur deux officiers serbes, dont il avait réussi à réduire la peine imposée par le tribunal. « Vingt et un ans de détention », conclut la Cour. Häkkinen porta la cause en appel et, contre toute attente, obtint la libération de l'ancien général. Stupeur et désolation en Bosnie-Herzégovine, et à Mostar plus particulièrement. Enthousiasme en Croatie, où plusieurs le considéraient comme un héros de la nation. L'imprimeur de son bouquin faisait bosser ses employés jour et nuit pour répondre à la demande. *Moja Borba* était partout, les Croates se l'arrachaient.

Stevan Kovačić, vedette des médias.

Une semaine plus tôt, de Dubrovnik où il était de passage, Stevan avait appelé son père, lui annonçant sa visite et lui demandant de l'accompagner à Zagreb pour une séance de signatures dans la plus grande librairie de la capitale. Sans lui dire que sa nouvelle conquête les accompagnerait. Ils étaient arrivés avec des cadeaux que Miroslav n'avait pas déballés, avaient regardé avec mépris la ferme aujourd'hui délabrée.

Pendant la soirée, le vieil homme s'attendait à ce que Stevan s'excuse de n'avoir pu assister aux funérailles de sa mère, mais le héros national n'aborda même pas le sujet, trop occupé à faire les yeux doux à sa maîtresse.

— Nous partons tôt demain. Et rase-toi, s'il te plaît. Tu ressembles à un clochard.

Miroslav avait eu envie de lui cracher au visage, mais il s'était retenu. Et ce matin, frais rasé, il broyait du noir, recroquevillé sur la banquette d'une Mercedes qui roulait trop vite dans un paysage de carte postale.

— Regarde, mon petit papa. Regarde comme c'est beau ! s'exclama Stevan.

Peu avant Rovanjska, on retrouvait la mer, qu'on perdrait de nouveau, bientôt, alors que l'autoroute traverserait le massif du Velebit. À quinze heures, ils seraient dans la capitale. Peut-être avant si la Russe maintenait l'allure.

— Votre fils a raison. La Croatie est le plus beau pays du monde ! s'écria Elena d'une voix enthousiaste.

Que connaissait-elle de notre pays, cette salope ?

Son acquittement spectaculaire, son retour triomphal en Croatie, son livre devenu un best-seller avaient incité plusieurs organisations politiques à courtiser Stevan. Le Parti du renouveau avait gagné la mise. Ce regroupement de conservateurs purs et durs vit soudain sa popularité grimper en flèche, on lui prédisait une place importante au Parlement aux prochaines élections. Un poste de ministre pour l'ancien général. Et peut-être même de premier ministre, éventuellement. Stevan n'avait jamais caché son ambition de diriger un jour le pays.

Ce qui n'arriverait pas.

À Zagreb, pendant que Stevan dédicacerait son bouquin, alors que ses admirateurs se presseraient autour de leur héros, Miroslav s'approcherait de son fils et lui tirerait une balle dans la tête.

Sa décision, il l'avait prise après l'appel de Stevan lui annonçant sa visite. Dans une boîte de chaussures au fond d'un placard, le vieil homme avait retrouvé son arme de service, un pistolet Zastava M57, avec ses médailles patriotiques et une lettre signée du maréchal Tito. Derrière la maison, il avait tiré quelques coups avec les munitions qu'il avait conservées de son passage dans l'armée, des siècles plus tôt. Sa vue avait baissé, sa démarche était maintenant hésitante, mais son bras avait résisté à la vieillesse. Solide et stable, comme à l'époque. Il rata pourtant la cible fixée à un arbre. De toute façon, ça n'avait pas d'importance. Stevan recevrait une balle à bout portant, impossible de le manquer.

La veille, en faisant ses bagages, Miroslav avait caché le Zastava dans son sac de voyage, au milieu de ses vêtements de rechange. Stevan avait placé le sac sur la banquette arrière de la Mercedes, ignorant qu'il transportait l'arme qui allait mettre fin à ses jours.

Miroslav ferma les yeux. Il fit semblant de dormir, mais son cœur battait à tout rompre. Ce n'était pas le moment d'avoir une attaque, pas maintenant.

— Si on s'arrêtait manger un morceau ? suggéra Stevan, juste avant Karlovac. On a le temps, pas vrai, ma chérie ?

Un sourire ludique plaqué sur son visage, Stevan lui glissa la main entre les jambes, qu'elle repoussa en gloussant. La Mercedes quitta la voie momentanément, des klaxons se firent entendre, Stevan récupéra adroitement le volant. Son fils était increvable, se dit Miroslav. Il n'y avait que lui qui pouvait débarrasser le monde de ce psychopathe.

À la station-service, Stevan ordonna à la Russe d'aller chercher des sandwiches. Il ouvrit la portière pour s'étirer les jambes, mais surtout pour se faire remarquer par les clients qui sortaient du snack-bar ou faisaient le plein d'essence. L'un d'entre eux s'approcha pour lui serrer la main et se faire photographier en sa compagnie. Une mère lui présenta son bébé, une adolescente lui tendit son carnet d'autographes.

Miroslav eut un haut-le-cœur, de nouveau. Mais il se maîtrisa : dans quelques heures, Stevan baignerait dans son sang au milieu de ses piles de bouquins. Miroslav n'avait pas l'intention de fuir, au contraire. Il voulait être arrêté, jugé ; il voulait prendre la parole et affirmer au monde entier, et à la Croatie en particulier : mon fils est un monstre qui a enfin payé pour ses crimes.

Le vieillard descendit de l'auto à son tour, une fois disparus les admirateurs de son fils. Stevan s'approcha de son père. De l'autre côté de la vitrine du snack-bar, ils pouvaient apercevoir Elena, perchée sur ses hauts talons, en train de faire du charme à l'adolescent derrière la caisse, lui balançant sa poitrine ridicule en plein visage.

— Comment tu la trouves ? Craquante, non ?

— Elle te coûte combien ?

Stevan éclata de rire.

— Tu penses que j'ai besoin de payer pour avoir des femmes ?

Un long silence, rompu par Stevan :

— Le parti a confiance en moi. Ils ont de grands projets à mon égard.

— Tant mieux.

— Tu pourrais en profiter, toi aussi. Un échange de bons procédés. Tu m'aides, je t'aide.

— T'aider à quoi, Stevan ? Je ne suis rien du tout.

— Ce n'est pas l'avis de Vuković.

Boris Vuković, le chef du Parti du renouveau.

— Nos sondages montrent que les vieux sont plus difficiles à convaincre, reprit Stevan. En particulier les socialistes.

— Ceux qui trouvent que tu as trahi les idéaux du maréchal Tito ?

— Je me suis tenu debout. C'est ce que tu me reproches ?

— Tu es un tueur, Stevan.

— J'ai fait mon devoir. Ton maréchal a tué des gens, lui aussi.

— Pour libérer notre pays du nazisme.

— Mon combat est le même. L'ennemi est différent, c'est tout.

— Tu as massacré des civils. Des paysans comme ton père.

— J'ai été innocenté.

— Pas par moi.

Stevan détourna le regard. Puis, après un moment, il lança :

— Vuković aimerait que tu m'accompagnes dans certaines activités politiques au cours des prochains mois. À cette séance de signatures, par exemple, pour montrer l'appui de ta génération envers ma candidature.

— Et tu crois que je vais accepter ?

— Tu as besoin d'argent. La ferme est en ruine.

Miroslav se tut. Pour une fois, Stevan avait raison. Depuis la mort de sa femme, depuis le retour de son fils, il n'avait plus envie de rien. Surtout pas de cultiver la terre. Et les deux vaches qui lui restaient, il les avait refilées à son voisin. Miroslav vivait de la maigre pension de vétéran que le gouvernement lui faisait parvenir tous les mois.

— Si tu pouvais porter tes médailles, en plus. Celle du Mérite militaire, par exemple. Tu les as avec toi, comme je t'ai demandé ?

Miroslav les sortit de sa poche. Il avait l'intention de tuer son fils en portant fièrement ses décorations.

— Cent mille votes au moins ! lança Stevan, ravi. Peut-être plus.

Il ajouta :

— Je ne te demande pas d'approuver mes idées. Seulement d'être là, près de moi. Tu n'auras rien à dire. Un père qui accompagne son fils, tout simplement.

Ils reprirent la route dans un silence lourd, rempli de tension, que la jeune Russe essaya de dissiper par des blagues douteuses et des éclats de rire imbéciles. Mais même Stevan ne s'amusait plus. Ses médailles épinglées au revers de son veston élimé, Miroslav n'arrêtait pas de penser au maréchal Tito, qui prenait plaisir à répéter : « La Yougoslavie a six républiques, cinq nations, quatre langues, trois religions, deux alphabets et un seul parti. » Les gens de son âge étaient nostalgiques d'une époque où la Yougoslavie était un pays respecté, parlant d'une seule voix malgré ses différences, tenant tête à l'URSS de Staline et pratiquant un socialisme ouvert et moderne, loin de la chape de plomb imposée par ses voisins. Tout ça avait volé en éclats à la mort du maréchal, et l'arrivée de Slobodan Milošević avait envenimé les choses.

Par la suite, Miroslav n'avait plus reconnu son pays, ravagé par la guerre. Le siège de Sarajevo, le massacre de Srebrenica, le camp de concentration d'Omarska et les destructions menées tambour battant par son propre fils à Mostar le dégoûtaient au possible. Qu'était-il arrivé à ses compatriotes ? De quel virus avaient-ils été victimes ? Une guerre horrible dont Miroslav avait honte, pour laquelle il se sentait coupable même s'il n'avait rien à se reprocher. Sinon d'avoir donné à son pays un tortionnaire implacable. Il avait bien l'intention de réparer son erreur. Il comptait abattre son fils comme on abat un chien qui a la rage et qui risque de mordre de nouveau.

La Librairie Novigrad faisait partie d'un complexe commercial situé près de l'aéroport de Zagreb. Elena gara la Mercedes dans l'espace réservé, comme il avait été convenu avec le propriétaire, un homme d'affaires de Bjelovar, bailleur de fonds pour le Parti du renouveau. Elle refit son maquillage en s'admirant longuement dans le rétroviseur. Stevan se tourna vers son père :

— La télévision sera ici dans une demi-heure. Tu veux qu'Elena vienne te chercher ?

— J'irai vous rejoindre quand je verrai le camion arriver.

— Souhaite-moi bonne chance.

Miroslav leva les yeux vers son fils. De la chance, Stevan en avait toujours eu. Plus que ses victimes, sans aucun doute. Mais sa bonne fortune se terminait ici, aujourd'hui.

On frappa à la vitre de la voiture, Stevan se retourna. Un jeune homme obséquieux ouvrit la portière : le gérant de la librairie. Stevan présenta son père et sa petite amie, puis suivit le type à l'intérieur du commerce, la Russe s'accrochant à son « héros » comme si elle avait peur de le perdre au profit de ses admirateurs.

Pour la première fois, Miroslav hésita.

Devant Stevan, il n'avait cessé de cultiver sa colère à son égard, mais une fois seul dans la voiture, des doutes commencèrent à l'assaillir. Avait-il le droit d'enlever la vie de son propre fils ? Cette question, Miroslav se l'était posée plusieurs fois au cours des dernières heures, pour obtenir chaque fois la même réponse : son crime permettrait de sauver des milliers de vies, il en était convaincu. Pour cette raison, son geste était essentiel.

Quand le camion de RTL Televizija fit son apparition, Miroslav saisit son sac de voyage et l'ouvrit. Il y glissa la main pour prendre le Zastava. L'arme était déjà chargée, mais il la vérifia de nouveau. Autour de la Mercedes, le parking était maintenant rempli de voitures. Suivi de son perchiste, le caméraman de RTL Televizija courut vers l'entrée de la librairie. Une foule considérable devait maintenant faire la file devant la vedette. Deux heures étaient prévues pour la séance de signatures, mais Stevan avait confié à Elena qu'il n'avait pas l'intention de s'éterniser. Il trouverait bien une excuse pour se défiler aussitôt que les types de la télé auraient capté sa performance.

C'était le moment d'agir.

Le plan de Miroslav était simple : une fois à l'intérieur de la librairie, il se dirigerait vers la table où se trouvait son fils. Il ouvrirait son veston à la dernière minute, en sortirait le Zastava et ferait feu. La pagaille allait éclater, bien sûr. Des agents de sécurité — qu'il avait aperçus près de l'entrée — se jetteraient sur lui pour le neutraliser, mais il n'avait pas l'intention de se débattre.

Il aurait été facile pour Miroslav d'agir ailleurs, plus discrètement. Ce qu'il ne voulait pas. Un assassinat politique devait être vu par le plus grand nombre, se disait-il. Avoir lieu devant les caméras de télévision de préférence.

Le vieux paysan respira bruyamment, puis ouvrit la portière. Il descendit de la Mercedes et se dirigea vers la librairie.

Son cœur battait très fort. Il s'efforça de respirer à fond pour se calmer.

C'est alors qu'il entendit le premier coup de feu.

Puis deux autres presque simultanément.

Des cris de panique, ensuite.

Que se passait-il ?

De la librairie émergea soudain Elena. Dans sa main, un revolver, qu'elle jeta par terre comme on se débarrasse d'un objet souillé. Elle courut vers une auto qui avait rappliqué au même moment.

En s'y engouffrant, elle aperçut Miroslav figé au milieu du parking. Leurs regards se croisèrent un bref instant, puis la jeune femme referma la portière derrière elle, et la voiture redémarra sur les chapeaux de roues.

Par la vitre arrière, Miroslav eut le temps de voir Elena se couvrir la tête d'un foulard, comme en portent les femmes de Bosnie-Herzégovine, à Mostar plus particulièrement.

Des femmes comme celle que le général Kovačić avait jetée en pâture à ses hommes sur la photo qui l'avait incriminé.

Une Bosniaque, qui venait de venger la mort des siens.

Miroslav se précipita vers la librairie, à contresens des clients qui fuyaient l'endroit en criant. Un mouvement de panique accentué par les hurlements des sirènes.

Avec un peu de chance, songea-t-il, j'arriverai à temps pour entendre ses dernières paroles.

Sinon, tant pis.

MARIO BOLDUC

Mario Bolduc est peut-être le plus international des auteurs de polars québécois, par le choix de sujets et des lieux que visite son personnage principal, Max O'Brien. Depuis plus de vingt ans scénariste au cinéma et à la télévision, il écrit deux livres relatifs au monde du sport, avant de se tourner vers le polar. En 2004, il crée Max O'Brien, un escroc international natif de Montréal. Mario avait envie d'un personnage montréalais qui aurait à résoudre des intrigues un peu partout dans le monde. Son premier roman, *Cachemire,* se déroule en Asie; son deuxième, *Tsiganes,* en Europe, et *La nuit des albinos,* en Afrique.

Le passé de filou d'O'Brien donne à l'auteur une marge de manœuvre extraordinaire pour le développement des enquêtes et des recherches de Max. Pour un tel hors-la-loi, tout est possible et tous les moyens sont bons pour parvenir à ses fins. Ce personnage devient un «véhicule» qui permet de raconter de très bonnes histoires dans lesquelles on retrouve une galerie de personnages inspirants ainsi que des thématiques passionnantes et dynamiques. Mario se permet de jeter un regard sur des sociétés variées, souvent complexes sur les plans politique et humain, au sein desquelles Max O'Brien intervient, sans toutefois porter de jugement. Vous vous attacherez à cet escroc sympathique et vous attendrez avec impatience ses prochaines aventures.

Pour écrire ses romans, dans un premier temps, Mario mène une recherche purement théorique dans les livres, les magazines, Internet, etc.; ce travail initial lui permet de cerner son sujet et de choisir les angles sous lesquels il le traitera. Dans un deuxième temps, après l'écriture du premier jet, il consulte des experts pour s'assurer de la justesse de ses écrits et de la vraisemblance de l'histoire. Résultat: on pourrait jurer que l'auteur a fait un séjour prolongé dans chaque lieu qu'il dépeint.

Les polars de Mario Bolduc sont des occasions d'apprentissage, des histoires qui répondent à notre soif de découvertes et qui font preuve d'un humanisme profond. Souvent, nous émergeons un peu secoués d'un roman de Mario Bolduc, mais toujours en nous félicitant d'avoir choisi un auteur qui s'adresse à notre intelligence et à notre curiosité.

media8@hotmail.ca

Photo de l'auteur: Francine Landry

JOHANNE SEYMOUR

233 °C

« Je ne regrette rien ! »

Lucette Grenier ne dérageait pas. Elle tournait en rond dans son deux-pièces meublé, marmonnant inlassablement la même phrase : « Non, monsieur ! Je ne regrette rien ! » Henri Quiète, qui l'avait embauchée trente ans plus tôt dans sa librairie, pouvait maintenant dormir en paix. Elle l'avait vengé.

Le souvenir de son premier employeur persistant dans sa tête, Lucette se calma.

Henri avait toujours eu cet effet sur elle. Étonnant, si l'on considère le fait qu'elle l'avait aimé et qu'il n'avait jamais pu lui rendre son affection au grand jour. Dans de telles circonstances, certaines femmes auraient consacré chaque minute de leur vie à lui en vouloir. Pas Lucette. Elle savait que leur passion ne pouvait exister qu'entre les murs de la librairie. Là, au milieu des rayonnages, ils se retrouvaient comme deux amants sur une île déserte, enivrés par le parfum des livres, excités par les aventures qui s'y dissimulaient.

À cette époque, la Librairie Quiète n'avait pas subi sa grande transformation. C'était encore une petite librairie de quartier, où chaque étagère avait été construite par l'ébéniste du coin. Au gré des planches subtilisées des Anglais de Westmount chez lesquels il exécutait des travaux, l'artisan, un amoureux des livres, avait fabriqué chacun des rayonnages qui agrémentaient le commerce. Chêne, cerisier, acajou, bois de rose s'élevaient, magistraux, du sol au plafond, forêt sempervirente garnie à jamais de millions de feuilles aux nuances et aux couleurs infinies. Il aurait été facile de confondre la librairie avec une bibliothèque tant l'atmosphère qui y régnait était sacrée. Un temple du savoir, aux parfums d'Alexandrie ! Malgré tout, on y entrait à pleines portes. Ménagères aux rêves brisés, vieux retraités, jeunes enfants avec leur maman, professeurs aux fronts soucieux, adolescentes en quête d'idéal, veuves esseulées, étudiants bouillonnant d'idées, tous s'entrechoquaient dans l'antre du père Quiète. Car l'homme possédait un don. Celui de rendre la lecture aussi vitale que boire, manger et respirer. Lorsqu'il contaminait une âme, c'était pour la vie.

Lucette ferma les yeux, inspira profondément, et les odeurs refirent surface.

Il y eut d'abord celle des caisses de livres fraîchement arrivées du port. Les premières années de la librairie, les œuvres étaient transportées sur les navires dans d'immenses boîtes de bois arborant des timbres exotiques. France, Allemagne, Angleterre… Le contenant en soi invitait à l'aventure. Odeurs de sel marin, bouquets d'essences de bois tropicaux ou parfums d'épices envoûtantes émanaient presque toujours de ces coffres qui en avaient côtoyé d'autres, venus de continents éloignés. L'appel au voyage était instantané. Lucette se précipitait pour les ouvrir, anticipant les trésors qu'ils recelaient. Elle commençait par plonger délicatement la main dans la ripe pour en retirer un premier livre, qu'elle portait aussitôt à son nez avant même d'en avoir lu le titre. Une félicité indescriptible s'emparait d'elle, quand les premiers effluves s'insinuaient dans ses narines. Cuir tanné de la couverture, coton des ficelles de la reliure, encre fraîche, essence de bois duquel on avait tiré les pages…

Elle avait justement le nez fourré dans *La Divine Comédie* de Dante lorsqu'Henri Quiète en tomba amoureux… la première fois. Cette chute dans les abysses d'un amour impossible, il l'effectuerait chaque fois qu'il la surprendrait au détour d'une allée, le nez collé à un livre. L'appendice de Lucette posé contre la tranche d'un livre aurait à jamais plus d'effet sur lui que la main de sa femme posée sur son sexe. Dès les premiers instants, Lucette avait remarqué son trouble et l'avait interprété comme une déclaration d'amour. Par la suite, ils avaient formé avec les livres un triangle amoureux que seule la mort dissoudrait.

L'aspect charnel de leur relation ne se limitait pas à l'organe olfactif de Lucette. Ils partageaient également la passion du toucher. Combien de fois Lucette avait-elle failli se trouver mal en voyant Henri caresser sensuellement une page ouverte au hasard ? Et combien d'autres fois Henri avait-il eu le souffle coupé en voyant l'index de Lucette glisser lentement sur la tranche dorée d'un livre ? Encore aujourd'hui, les souvenirs de ces moments refluaient avec une telle intensité que le cœur de Lucette gonflait à en éclater.

Au-delà de la sensualité intrinsèque qui se dégageait de leurs manipulations des livres, il y avait le lien profond qui les unissait : leur soif inextinguible de savoir. Essais, fiction, poésie, biographies, livres d'histoire, tout les intéressait. Toute lecture les passionnait. Ils pouvaient passer des heures, assis l'un à côté de l'autre, un bouquin à la main, unis dans l'isolement de leurs lectures respectives. Ils s'échangeaient les livres comme d'autres échangent des baisers.

La mémoire des mois précédant « l'incident » refit surface, et le calme de Lucette disparut.

Pendant longtemps après la mort d'Henri, rien n'avait changé à la librairie. Les habitués avaient continué à la fréquenter, et l'on aurait pu croire qu'Henri vivait toujours, caché derrière les énormes piles de livres, dont les arrivages avaient décuplé au fil des ans. Cependant, un matin, environ huit mois après le décès d'Henri, Lucette fut témoin du début de ce qu'elle avait depuis nommé la grande hérésie. Violette Sauvé, une des plus anciennes clientes, avait visité tous les rayonnages et était ressortie… sans avoir acheté un seul bouquin. Le ciel serait tombé sur la tête de

Lucette qu'elle n'aurait pas été plus surprise. Cette habituée qui, systématiquement, sortait de la librairie chaque semaine avec un minimum de trois livres avait quitté l'endroit les mains vides.

Luttant contre la panique qui s'était emparée d'elle, Lucette avait entrepris de suivre le trajet emprunté par Violette Sauvé dans la librairie. Placée devant la porte d'entrée, d'où elle avait la même vue que la cliente à son arrivée, sa première constatation avait été que rien n'avait changé pendant son absence. Lucette revenait d'une semaine de congé. C'était la première fois en trente ans qu'elle s'éloignait de ses livres aussi longtemps, mais le fils d'Henri avait insisté arguant que c'était grandement mérité, qu'elle avait besoin de repos… Il avait même ajouté qu'il voulait la garder longtemps parmi eux.

En y repensant, adossée à l'entrée, Lucette s'était interrogée sur les motifs que cachait ce soudain intérêt pour sa santé. Elle avait plissé les yeux et scruté plus attentivement les rayonnages devant elle.

Puis elle l'avait vue.

Tout au fond, au bout de l'allée centrale, une étagère en métal beige flambant neuve avait remplacé celle en bois de rose qui garnissait l'arrière de la librairie depuis son ouverture. Comment avait-elle pu manquer ça à son arrivée ? Bien sûr, l'étagère était remplie à s'effondrer de livres, mais quand même…

Lucette avait réfléchi à la question. Un changement d'étagère pouvait-il avoir fait fuir sa cliente ? Après tout, elle achetait des livres, pas des étagères ! Non, cette disparition ne pouvait pas avoir eu cet effet sur Violette Sauvé. Il y avait sûrement autre chose. Si Gaétan avait profité de son absence pour transformer les lieux, il ne s'était peut-être pas arrêté à l'étagère. Avec appréhension, Lucette s'était engagée dans l'allée de gauche, comme sa cliente auparavant.

Tout en scrutant le contenu des étagères logeant les nouveautés en fiction, Lucette en avait profité pour redresser les volumes déplacés et prendre en note les titres épuisés. Avant qu'Henri ne meure, ils commandaient les livres ensemble, mais depuis elle s'en chargeait seule et s'enorgueillissait du choix de titres qu'elle offrait aux lecteurs.

Le regard de Lucette s'était attardé sur le dernier Houellebecq, un favori de sa cliente. Étrange... Ce livre aurait dû l'interpeller. La libraire avait haussé les épaules et continué sa route. *Les dix enfants que madame Ming n'a jamais eus* d'Éric-Emmanuel Schmitt, *Au hasard la chance* de Michel Tremblay, *Lointain souvenir de la peau* de Russell Banks, *Cinquante nuances de gris* de... Lucette s'était arrêtée net. Elle n'avait pas commandé ce livre, elle en était certaine. Et surtout pas en pareille quantité. Le titre occupait près du tiers de l'étagère ! Lucette s'était précipitée à la caisse pour téléphoner au fils Quiète.

Au souvenir de sa conversation, elle frissonna. Prétextant une charge de travail trop lourde pour elle — vu son âge ! —, Gaétan Quiète lui avait annoncé qu'elle était maintenant soulagée de la tâche de commander les livres. C'est lui qui garnirait désormais les tablettes. Lucette avait été incapable de répliquer quoi que ce soit. Et pour cause. Le profil de l'homme s'apparentait davantage à celui d'un vendeur de voitures d'occasion qu'à celui d'un libraire. Elle ne se souvenait pas l'avoir vu s'intéresser à un livre. La proverbiale pomme était tombée loin de l'arbre.

Lucette avait ravalé sa peine et avait, au fil des mois, assisté avec impuissance à la grande transformation.

Les majestueuses étagères en bois furent liquidées une à une pour être remplacées par de grands présentoirs de métal beige. L'atmosphère feutrée et l'ambiance chaleureuse de la librairie disparurent avec elles. Mais le pire était à venir. L'éventail des titres offerts subit le même sort que celui des étagères.

La section géographie, où Henri et Lucette voyageaient sans jamais se déplacer, se résuma bientôt à quelques guides de voyage pour touristes sans imagination. Les Houellebecq, Schmitt, Banks et Tremblay de ce monde aboutirent dans une division à l'arrière, qualifiée de « pointue ». Pour couronner le tout, la section des livres d'art, qui recelait depuis toujours des trésors introuvables, fut remplacée par une portion imposante de la surface, entièrement dédiée à la cuisine. On y trouvait non seulement une multitude de livres de recettes, mais également les ustensiles, bols et chaudrons nécessaires pour les réaliser.

La Librairie Quiète était devenue un Jean Coutu du livre !

Lucette s'était alors dit qu'elle devrait quitter l'endroit, mais ces quatre murs représentaient tout ce qu'il lui restait d'Henri, si bien qu'elle en avait été incapable. Elle avait donc essayé de comprendre, à commencer par ces *Cinquante nuances de gris*, dont les tomes se multipliaient. Une histoire de domination perverse d'un homme sur une femme, qui semblait ravir le cœur de millions de femmes partout sur la planète : ménagères en manque de sexe, filles de bureau en quête d'aventures libertines, femmes esseulées désespérées de trouver l'âme sœur... Car il s'agissait bien de cela. En lisant ce bouquin, ces femmes tentaient de combler le vide qui les habitait. Lucette ne les jugeait pas. « Un lecteur a faim, répétait-elle souvent, et il va manger tout ce qui lui tombe sous la main. C'est notre devoir de libraire de bien l'alimenter. » Non, Lucette ne jugeait pas ces femmes dans leur choix. Elle avait eu soif, elle aussi. Elle avait simplement apaisé sa soif autrement.

Dans un effort d'ouverture d'esprit, elle avait donc attaqué le premier tome des *Cinquante nuances de gris*, confortablement installée dans son fauteuil de lecture, pour se donner le plus de chances possible de l'aimer. Dès les premières lignes, elle eut envie de pleurer. Ce qu'elle lisait contredisait tout ce qu'elle savait de la littérature, mais surtout annihilait tout le travail que son Henri avait accompli sa vie durant. En commandant ce livre, en cédant à l'appât du gain, Gaétan Quiète avait trahi son père ! Lucette était bouleversée. À sa tristesse succéda bientôt la colère. Elle en voulut au monde entier. Aux auteurs indignes de ce nom, aux éditeurs ayant abandonné le dieu des lettres pour celui de l'argent, aux critiques davantage préoccupés de leur propre prose que de leur devoir de phare dans la nuit, mais surtout elle en voulut à Gaétan Quiète. Lucette ne tolérerait pas que ce fils indigne anéantisse le legs de son père. Au nom d'Henri, elle commettrait l'irréparable.

Cette femme, qui n'avait jamais possédé une once de malice, mit des semaines à préparer minutieusement son crime. Tout dans ce qu'elle allait effectuer lui répugnait, de la naissance de l'idée à son achèvement. Mais elle était déterminée à venger la mémoire d'Henri. Rien ne pourrait désormais l'arrêter.

Cela avait été une véritable torture de continuer à côtoyer Gaétan Quiète à la librairie pendant qu'elle préparait son méfait. Sa haine pour lui grandissait de jour en jour. Lucette avait cependant réussi à réprimer ses envies de meurtre sachant qu'Henri serait bientôt vengé. Car la date fatidique avait été fixée au premier du mois des morts.

Le matin du 1er novembre 2013, Lucette s'était levée à cinq heures comme d'ordinaire. Contrairement à ce qu'elle avait anticipé, elle avait dormi comme une souche. Elle avait pris un petit-déjeuner copieux — ne sachant pas quand elle pourrait de nouveau manger un repas convenable —, puis elle avait choisi sa tenue avec le plus grand soin. Hors de question qu'elle passe pour une vieille folle qui avait disjoncté. On ne l'innocenterait pas pour cause de maladie mentale. Elle savait ce qu'elle faisait.

Lucette gardait un souvenir flou des trois heures qui avaient suivi son départ de la maison, une agitation croissante ayant lentement succédé à son calme olympien. Elle se souvenait s'être assurée que le stationnement de la librairie était désert, mais c'est uniquement par déduction qu'elle savait avoir exécuté les étapes suivantes de son plan. Elle se rappelait cependant parfaitement bien l'arrivée prématurée de Gaétan Quiète, qui en avait bousculé le dénouement.

Lucette s'était appliquée à rédiger un texte expliquant son geste, un discours qu'elle comptait cracher au visage du fils Quiète, mais elle n'en avait pas eu l'occasion. Le mépris qu'elle avait lu sur son visage quand il l'avait aperçue dans le stationnement, un bidon d'essence à la main, et son arrogance — même en comprenant ce qu'elle s'apprêtait à faire ! — avaient eu raison de Lucette. Il avait à peine eu le temps de lui hurler « Vieille folle ! Penses-tu… » qu'elle avait balancé une allumette enflammée sur l'essence répandue devant elle.

« 233 °C, *Fahrenheit 451*, Ray Bradbury, François Truffaut… » sont les pensées qui avaient traversé l'esprit de Lucette pendant qu'elle regardait brûler les livres qu'elle avait empilés dans le stationnement. Gaétan Quiète, pour sa part, n'avait pas eu de pensées aussi raffinées. Une fois le choc de l'explosion passé, il n'avait songé qu'à étriper son employée. Il s'était toutefois contenté de courir chercher un extincteur, plus soucieux de limiter la perte financière qu'il était en train de subir que désireux d'exercer sa vengeance. Plus tard, sans même chercher à comprendre ce qui avait incité Lucette à commettre ce geste, il l'avait sommée de payer les exemplaires brûlés et avait exigé d'elle qu'elle lui demande pardon, sur-le-champ, pour son « crime ».

Lucette regarda autour d'elle. Elle s'ennuyait déjà de la librairie, témoin des plus beaux jours de sa vie, mais elle était résignée à ne plus y mettre les pieds. Après trente ans de bons et loyaux services, le fils d'Henri l'avait jetée à la rue, sans ménagement, comme il le faisait l'hiver des sans-abris venus se réfugier dans l'entrée.

Lucette soupira. Elle paierait les exemplaires brûlés avec ses maigres économies, mais sur l'autre point elle ne bougerait jamais. Elle ne demanderait jamais pardon pour son geste.

Après tout, son crime, s'il en fut, n'était pas d'avoir brûlé tous les exemplaires de *Cinquante nuances de gris*, mais de ne l'avoir pas fait plus tôt.

JOHANNE SEYMOUR

Johanne Seymour est née à Lachine, a vécu une grande partie de sa vie à Montréal et habite les Cantons-de-l'Est depuis 2002, où elle puise son inspiration pour les enquêtes de Kate McDougall, son personnage principal

Les livres ont toujours occupé une place privilégiée dans sa vie. Très jeune, elle flirte avec Tintin, Spirou et la comtesse de Ségur, mais son imaginaire prendra son envol en se transportant en Russie avec une version illustrée des contes de Tolstoï. Son penchant pour le roman policier se manifestera lors d'une incursion, à l'âge de onze ans, dans la bibliothèque de son grand-père, où elle découvrira le roman de Maurice Leblanc, *Arsène Lupin, gentleman-cambrioleur.*

Elle a fait des études en théâtre à l'Université du Québec à Montréal, en vidéo à l'Université de New York et en réalisation à l'Institut national de l'image et du son, lesquelles lui ont permis de pratiquer, tour à tour, les métiers de comédienne, de metteure en scène, de scénariste et de réalisatrice.

En 2003, un accident qui l'immobilise pendant quelques mois lui donne l'occasion de réaliser un rêve : écrire un polar !

Une nuit, réveillée par un cri atroce, elle voit à sa fenêtre un coyote qui égorge un cerf. Après un bref moment de compassion pour la pauvre victime, l'idée d'un titre de roman surgit dans son esprit : *Le cri du cerf*. Son premier roman se dessine dès lors avec, pour personnage central, Kate McDougall, une policière tourmentée par l'alcool et accro au sexe, héritage d'une enfance violentée qui rend difficile son rapport au monde. Ses qualités de battante et sa volonté acharnée de trouver le bonheur attirent aussitôt la sympathie des lecteurs. À travers une série de romans, dans lesquels la policière doit faire face à différentes problématiques sociales, on apprend à connaître le personnage complexe qu'est Kate McDougall, enquêteur, mère, amante et femme.

Généralement, l'auteure développe ses histoires à partir d'un plan qu'elle se plaît à modifier tout au long de son écriture. Toutefois, pour son prochain roman, une histoire d'apprentissage sur fond noir, elle écrit sans plan, en laissant voguer son imagination.

Wildwood, son titre à paraître en 2014, sortira de son univers habituel. Il mettra en scène Mimi Trudel, une jeune fille de seize ans qui, le temps d'un voyage au bord de la mer en 1968, découvre à la fois l'amour et la violence des hommes. Les amateurs de son personnage fétiche ne seront pas en reste, car Johanne Seymour travaille présentement au sixième volet des enquêtes McDougall, intitulé Sfumato.

Le style de Johanne Seymour est agréable, sans fioritures, direct. L'écriture est fluide et rien ne vient altérer la puissance de l'histoire. Le lecteur se laisse emporter par le récit et ne s'ennuie jamais. L'action est toujours bien amorcée : l'atmosphère est tendue et l'auteure installe un rythme soutenu, en parsemant son récit de bouleversements et d'événements inattendus. D'enquête policière classique, le récit se transforme en thriller haletant.

En 2012, Johanne a créé un festival international de littérature policière, Les Printemps meurtriers de Knowlton, qui rassemble, durant un week-end du mois de mai, amateurs de polars et auteurs québécois, américains et européens de renommée internationale. Tables rondes, séances de signatures, quiz et classes de maître sont au programme. Cet événement est appelé à prendre de plus en plus d'importance dans le paysage littéraire du Québec.

www.johanneseymour.com
www.facebook.com/johanne.seymour

Photo de l'auteure: Sarah Scott

CAMILLE BOUCHARD

Rouge tranchant

— Vous en voulez une?

Le vieux me tend une cigarette. Elle tremblote au bout de ses doigts. Rare qu'on nous offre une zigoune, de nos jours. Au prix qu'elles sont, avec les taxes et tout. Et puis rares, aussi, les cons qui fument toujours.

— Ça fout le cancer, votre marde. Comment ça se fait qu'il y a encore des fumeurs avec toute la publicité qui... Vous n'avez pas vu la photo dégueulasse sur le paquet?

Le vieux hausse les épaules. Faut dire qu'à son âge le cancer, la mort...

— Faut dire qu'à votre âge le cancer, la mort...

En allumant le tube entre ses lèvres, il réplique:

— On voit que vous n'avez pas l'occasion comme moi de longer une école secondaire en retournant à la maison après le travail. Le nombre de flos qui boucanent, vous ne croiriez pas ça.

Il souffle son nuage cancérigène dans la direction opposée à mon côté du banc de parc. Je regarde la nuée meurtrière se fondre dans la nébulosité grisâtre de ce jour d'octobre. Au loin, une jeune femme fait son jogging en poussant un landau devant elle.

Le vieux me jette un coup d'œil à la dérobée, puis s'intéresse à la callosité de ses mains. Il a les coudes appuyés sur les cuisses, les paumes tournées vers le haut. La cigarette fume entre son index et son majeur de la main droite. Son crâne est complètement dégarni, sauf pour quelques mèches blanches qui se dressent sur sa nuque à chaque respiration de la brise automnale.

— Notre ami commun m'a dit que je pouvais compter sur vous, souffle-t-il avant de tirer une nouvelle touche.

— Faut voir. Vous payez combien ?

— Cinq mille, *cash*. En billets de vingt. J'ai l'enveloppe.

Je pousse un petit rire de dépit comme on souffle une bougie.

— J'avais demandé le triple.

— Impossible. Peux pas payer ça.

— Je n'irai pas en bas du double. Je prends de gros risques.

— Mais non, ce sera tout simple.

— Si c'est si simple, pourquoi vous ne le tuez pas vous-même, le gars ?

— Écoutez, je peux pas vous offrir plus que cinq mille. Juré. C'est toutes mes économies.

Je serre vaguement les dents. J'espérais bien quinze mille. Steeve, l'alcoolo qui va aux réunions des A.A. avec le vieux, m'avait fait entendre que j'avais pas mal de bacon à retirer. Calvaire ! C'est toujours trop beau les idées qu'on se fait.

— Si vous arrêtiez de fumer, vous auriez plus d'économies. Vous savez combien ça vous coûte par année, vos cochonneries ?

Soupir, nuée cancérigène, yeux jaunes dans ma direction.

— Six mille. Mais il faut que je retourne au guichet pour les mille qui manquent.

— Bon, ça va. J'accepte les cinq sixièmes du motton pour tout de suite. Vous me refilerez le reste quand ce sera fait. Qui c'est que je dois flamber ?

— Mon gendre.

— Me sacre de ses relations avec vous. Je veux juste son nom et savoir où je peux le trouver.

— Il bat ma fille, l'ostie de sale ! Mais elle, elle le sait pas que je compte la tirer de son enfer. Discrétion, OK ? C'est connu : les victimes des batteurs de femmes, elles arrivent pas à quitter leur crotté. Faut agir à leur place. Moi, je comprends pas ça. Pour être franc, je comprends rien aux femmes tout court. Pas étonnant que quand ma vieille a pété au frette…

Bon, maintenant j'ai droit à la thérapie par la confidence. Pourquoi tout le monde s'imagine que les tueurs à gages sont des psychologues ? Le vieux en remet.

— La semaine passée, la pauvre 'tite — je vous parle de ma fille, pas de ma femme —, ma Monique, elle avait un œil gros comme un pamplemousse. Et pendant trois jours, elle a marché avec une canne. C'est le temps que ça arrête.

— Ça va, ça va. Vous avez une photo ?

— J'ai ça ici. Il s'appelle Michel.

Le vieux tire un carré de papier de la poche intérieure de son manteau. Il s'agit d'une feuille format lettre pliée en quatre. Le portrait présente des rayures à intervalles réguliers. Visiblement, l'imprimante du bonhomme a besoin d'un ajustement.

Ma cible est un type dans la quarantaine qui fixe l'appareil photo sans sourire. Il paraît découvrir l'objectif au moment précis du déclic. Il a le visage étroit, le cheveu rare, les yeux ronds — mais c'est peut-être l'étonnement —, le nez mince, les lèvres rayées — mais ça, c'est l'imprimante…

— Où je peux le trouver, ce Michel ?

— À la Librairie Rouge tranchant.

Le vieux fait une moue en agitant la cigarette devant lui et se sent obligé de préciser :

— C'est parce qu'elle est spécialisée en romans policiers, la librairie, qu'elle s'appelle comme ça. C'est un jeu de mots entre le tranchant d'un couteau et celui d'un livre, vous voyez ?

Et, avec les doigts joints, il agite une main de haut en bas pour dessiner une ligne dans l'air. Le bout rouge de sa cigarette exprime très bien son idée. Mais c'est sans que le vieux l'ait fait exprès. Il ajoute en grimaçant comme on sourit :

— Tuer un gars dans une boutique où on vend des romans policiers, ça fait cohérent.

— Et celui qui bat votre fille, là, son mari, c'est le libraire ?

— Tous des salauds !

Je ne sais pas s'il parle des libraires, des maris ou des hommes en général, mais je me dis que, au fond, je m'en sacre. J'ai la photo, l'endroit où trouver la cible, je n'ai pas besoin de plus de détails.

— Ça va. Refilez-moi le foin. Je m'occupe de ce Michel. Mais je veux mille dollars de plus, ici, après-demain, à la même heure.

— Merci, fait-il, les yeux larmoyants (mais c'est peut-être à cause de la fumée de cigarette), avant de fouiller de nouveau dans son manteau.

Je prends l'enveloppe. Un élastique l'entoure, car elle est trop épaisse pour le rabat. Elle doit bien faire ses deux cent cinquante billets. Cependant, je n'ai pas envie de commencer à les dénombrer ici, surtout qu'une bande de promeneuses avec des marmots en laisse viennent d'apparaître sur la piste menant à notre coin du parc.

— Je compterai plus tard. Si le total n'y est pas, je garde le tout et tant pis pour votre fille.

— Je suis pas un voleur ! réplique le vieux, presque offensé.

— Non. Juste un tueur.

: :

La Librairie Rouge tranchant est coincée entre un immeuble d'habitation et un ancien édifice désaffecté. Voilà bien cinquante ans, on y fabriquait des corsets — dans l'édifice désaffecté, pas dans la librairie. Quoique…

Un bref regard dans les alentours m'assure qu'il n'y a pas de caméra donnant sur la rue, pas d'affichette dans la vitrine annonçant un système d'alarme, rien. C'est ce qu'il y a de bien avec les librairies : personne n'y voit d'intérêt à voler.

J'entre.

Calvaire ! Il y a foule.

Enfin, c'est relatif. Quinze personnes dans une librairie, c'est une foule. Une affichette sur le comptoir m'indique qu'une auteure de polars est en signature quelque part entre les rayons.

— Bonjour ! Bienvenu, bienvenu ! Madame Latulippe est à la table, là-bas.

Celle qui me reçoit a des traits vaguement familiers. Je mets deux, trois secondes à les replacer. La fille du vieux, bien sûr ! La Monique. Pas jolie jolie. Visage carré, chevelure plate qui descend en mèches clairsemées jusqu'à la base du cou, profil sans finesse, yeux aux paupières tombantes, nez épaté… Trop de maquillage aussi. Mais peut-être est-ce pour masquer les bleus des mauvais coups. D'ailleurs, un sourcil me paraît un brin enflé.

La silhouette est à l'avenant : sans courbes, large, musclée même. Elle doit bien mesurer autant que moi. C'est drôle, je n'imaginais pas les femmes des libraires de cette façon. À vrai dire, je ne les imaginais pas du tout.

— Elle signe sa nouveauté, c'est vraiment bon.

Je ne tourne même pas le regard vers l'auteure qui reçoit ses admirateurs au fond. Je feins plutôt de m'intéresser à la pile de livres voisine de moi. En fait, à la dérobée, je cherche le libraire lui-même. Le Michel.

Quand j'y pense, ça tombe bien, tous ces gens dans le commerce. Ça me permet d'être plus discret en me fondant dans la multitude — relative. Même la Monique, elle a beau m'avoir adressé la parole, je vous parie que s'il faut un signalement à la police, elle ne se rapp…

— Excusez-moi.

Une femme un peu énervée vient de me bousculer en se dirigeant vers la caisse.

— Je suis un peu énervée, m'explique-t-elle comme si je n'avais pas saisi, tandis que j'essaie de me fondre derrière le présentoir. J'ai ma dédicace de Martine Latulippe ! Depuis le temps ! Je l'ai manquée au dernier Salon du livre.

Je vais finir par croire que j'ai vraiment une gueule de psychologue. Heureusement, l'amatrice de polars ne s'acharne pas sur mon attitude fugueuse. Elle m'oublie rapidement pour filer en direction de la Monique qui, derrière la caisse enregistreuse, sourit de toutes ses dents jaunes.

Un doigt tapotant mes lèvres, je fais aller mon regard autour de moi. Je repère finalement ce que je pourchasse : mon batteur de femmes. En fait, ce que je suppose être lui, puisque je ne distingue que son bas de pantalon de l'autre côté d'une étagère.

Je m'avance en faisant semblant de lire les titres sur les épines à ma hauteur. Au détour du meuble à rayons, je l'aperçois enfin. C'est bien lui.

Mais je manque de m'étouffer.

Calvaire ! Le Michel, il fait à peu près la moitié de la taille de la Monique ! Il est maigre comme un cheveu. Je ne peux pas croire qu'il parvient à la battre ! C'est tout juste si, selon moi, il peut soulever les brochurettes de sa librairie.

— Sacrée belle femme, hein ?

Du menton, il pointe la direction où s'est agglutinée la foule — relative — venue rencontrer l'auteure de polars. Je baisse rapidement le nez vers le livre que j'ai pris au hasard sur la tablette devant moi.

Je ne veux pas qu'il me dévisage trop. Ce n'est pas qu'il pourra témoigner une fois que je l'aurai flambé, mais quand même…

— Martine Latulippe, qu'elle s'appelle. Vous l'avez déjà lue ? Moi, je la trouve vraiment, vraiment…

Talentueuse ?

— Jolie.

Bon, de toute façon, il ne s'intéresse à moi que pour me confier sa vision personnelle de l'auteure. Psychologue, je dis.

Il se déplace de côté et, maintenant qu'il me présente son profil, j'en profite pour mieux l'observer. Non, vraiment, à voir ce petit bout d'homme gros comme un flo de douze ans, j'ai de la misère à m'imaginer qu'il parvient à tabasser le meuble appelé Monique derrière la caisse enregistreuse.

Enfin. Quoi qu'il en soit, je ne suis pas là pour m'assurer de sa possible culpabilité, mais pour le reconnaître mieux au moment de le trouer. Mission accomplie, il est temps de m'en retourner. Je reviendrai à l'heure de la fermeture, quand il n'y aura plus personne. J'espère que la Monique le laisse seul pour boucler, parce que je ne…

— Vous avez votre exemplaire ?

Calvaire !

J'étais distrait, je n'ai pas remarqué que, en contournant cet ultime présentoir, je me trouve face à la table de l'auteure. Et même que j'ai coupé la queue des quatre dernières acheteuses en attente de faire signer leur bouquin.

— Je… je… je…

Habituée sans doute à ce qu'on perde ses moyens devant elle, l'écrivaine cherche à m'apaiser. Elle saisit un roman sur une pile à côté.

— Tenez, pour vous, j'en prends un ici.

Elle sourit et me fixe de ses yeux verts. C'est vrai qu'elle est sacrément jolie, Maryse Laviolette… ou plutôt, Mireille La…

— Votre nom ?

— Martine… C'est ça ! Martine Latulippe !

L'auteure éclate de rire. Ses longs cheveux bouclés ondulent et lui caressent les épaules.

— Non, ça, c'est le mien, dit-elle. Je veux connaître votre nom à vous.

— Camil Touchard.

Calvaire ! Je lui ai balancé mon vrai nom.

Je balbutie :

— Non, je veux dire… mettez au nom de… euh… André Jacques…

C'était sur le livre que j'avais entre les mains, plus tôt.

— C'est trop tard, monsieur Touchard. Je viens de commencer par « Cher Camil ».

J'entends derrière moi les grincements de dents des femmes dont j'ai coupé la file. Du coin de l'œil, je perçois aussi le regard étonné du libraire. Je ne peux pas m'attarder davantage.

— Oui, oui, parfait ! que je poursuis. Écrivez « Cher Camil Touchard ». Je l'offrirai à… euh… mon cousin.

L'auteure me remet mon exemplaire, un mince pavé que je peux rouler sans effort dans ma main.

— Et on paye avant de sortir, se permet de préciser le libraire en me désignant, du pouce, la Monique derrière la caisse.

Je commence à avoir vraiment envie de le tuer.

Je me rends au comptoir, présente ma carte de crédit, me rappelle qu'il vaut mieux pas, rempoche mon portefeuille et sors plutôt l'enveloppe de billets attachée avec un élastique.

— Vous travaillez dans la construction ou quoi ? me demande en rigolant la victime actuelle de ma victime future. Vous voulez un sac ?

— C'est un livre de poche, non ? Alors, il va dans la poche.

Et, dans un geste que j'espère méprisant, je bourre ma poche revolver en me dirigeant vers la sortie.

: :

— On ferme. On ferme.

Pas besoin de me le répéter, calvaire ! Voilà dix minutes qu'on a tamisé les lumières du café et que le serveur m'observe avec des yeux de croque-mitaine. Je suis bien obligé d'aller faire le pied de grue dans la rue.

Mais pourquoi le maudit libraire n'est pas encore sorti ? Ça fait bien une heure qu'il a éteint le néon « Ouvert » et réduit l'éclairage intérieur. Même si le café n'est pas face à son commerce, de l'angle où j'étais assis, je ne pouvais pas le manquer. Il n'est quand même pas débordé d'ouvrage, calvaire ! Je n'ai vu personne entrer de toute la soirée.

Et si… ?

Et s'il était sorti par une porte que je n'ai pas remarquée et qui donnerait sur l'arrière de la bâtisse ? Sacrament que je suis con, des fois !

D'un pas décidé, et puisqu'il n'y a pas de promeneurs dans cette rue — rue qui ne présente une preuve de vie qu'à l'heure d'ouverture des boutiques —, je me dirige vers la librairie. Si la porte est verrouillée, alors j'aurai la certitude que c'est par-derrière que mon oiseau s'est envo…

La porte s'ouvre dès que je tire la poignée !

Je pose un pied à l'intérieur… écoute… pas un son… j'entre… referme derrière moi…

Il semblerait que le Michel soit effectivement sorti par l'arrière, mais en oubliant de barrer en avant. Quand je disais que personne n'a envie de voler dans une librairie !

Je ne m'amuse guère plus d'une seconde. Je perçois un cri étouffé venu du fond du magasin. Je tire de ma poche l'arme que j'ai emportée : un pistolet de calibre .22, quatre coups, que j'ai fabriqué moi-même. Je m'avance à pas prudents.

Entre deux étagères, une porte entrouverte découpe un rai de lumière. Les bruits se précisent à mesure que j'approche.

— Pas Martine Latulippe ! Non ! lance une voix que je reconnais pour celle de la grosse Monique. J'ai bien noté de quelle façon tu la regardais, vieux cochon ! N'importe quel auteur, mais pas elle !

Canon de mon arme à la hauteur du visage, j'appuie doucement mon front sur la porte pour ouvrir plus grand. Je me retiens de me tirer une balle dans le nez de surprise en découvrant le spectacle qui s'offre à moi.

La Monique, à plat ventre sur le bureau du commerce, la robe remontée sur ses reins, reçoit les coups de hanche de la mouche

Michel derrière elle. Celui-ci, pantalon sur les genoux, un exemplaire du polar de Martine Latulippe en mains, s'apprête à frapper sa femme avec le livre.

— Qui tu veux, d'abord ? demande-t-il en jetant un regard désolé au bouquin.

— Un homme. Je veux un homme. Un vrai !

Le libraire balance Martine Latulippe par terre et pivote en penchant la tête pour lire les couvertures des romans au sommet des piles autour de lui.

Comme les deux époux me tournent aux trois quarts le dos, je ne distingue de la Monique que la cellulite de sa jambe gauche et les deux minuscules fesses de son Michel. Ce dernier porte un livre à la hauteur de ses yeux.

— François Barcelo ? demande-t-il.

— Non, trop vieux ! Trouve-m'en un jeune et fort.

Le libraire prend un autre roman sur un empilement voisin.

— Martin Michaud ?

— Pas un marmot. Je te dis : un homme !

— Richard Ste-Marie ?

— Trop *clean*.

— Benoît Bouthillette ?

— Trop de cheveux.

— Sylvain Meunier ?

— Tu le fais exprès ?

Le Michel commence à présenter une mine désespérée à mesure qu'il élimine les exemplaires sur les piles.

— Robert Soulières ?

La Monique se redresse à demi en rabattant une partie de sa robe. D'une voix grincheuse, elle dit :

— Bon, puisque tu n'as pas plus envie que ça de me faire l'amour ce soir, on remet la chose à une prochaine fois.

— Mais attends ! s'alarme le libraire en empêchant, d'une main, que la robe retombe tout à fait et, de l'autre, en éliminant les livres sur les colonnes autour de lui. C'est parce que nous sommes dans la pile de Québécois, là, je ne trouve rien de sexy...

Il s'arrête brusquement pour soulever une bonne brique devant ses yeux.

— Jacques Côté ? Ça te dirait ?

— Raaaaahhh ! feule la Monique en se laissant retomber sur le bureau et en retroussant sa robe de nouveau. Là, tu jases ! Jaaaacques...

Et vlan ! Le Michel, il envoie à la tête de sa grosse un méchant coup de boutoir à l'aide du livre dans sa main. Aussitôt, ses hanches de mouche se remettent à s'activer entre les fesses de sa femme. Les chairs flasques qui ondulent me rappellent la pâte d'un gâteau que j'ai essayé de cuisiner une fois, mais dans laquelle j'avais versé trop d'eau et qui, au moment de la cuisson...

Mais je m'égare.

— Jaaaaaacques..., qu'elle râle, la Monique, tandis que son mari, pour la deuxième fois, lui flanque une torgnole avec le Jacques Côté. Aaaaah ! c'est boooonn...

Et re-re-vlan ! Et re-re-re-vlan ! Et Jacques Côté sur l'oreille gauche qui se fend ! Et Jacques Côté sur le sourcil qui éclate ! Et Jacques Côté sur... Ce n'est pas long que la Monique, elle saigne et enfle de partout.

Qu'est-ce qu'il dirait, le vieux, son père, s'il était témoin de ça, hein ? Je ressens tout à coup une vague inquiétude : est-ce qu'il voudrait toujours que j'abatte son gendre ? Calvaire, le client ! S'il savait ce que je viens de découvrir, s'il apprenait que sa fille consent à se laisser battre par son libraire, il changerait peut-être d'idée. Adieu mes six mille dollars !

Plus le temps de niaiser, je passe à l'action. Si je fais vite, la Monique, elle n'aura même pas l'occasion de comprendre que son Michel a réduit le rythme non pas pour trouver un autre roman autour de lui, mais parce qu'il est mort. Le temps qu'elle lève les yeux et tourne la tête pour vérifier, j'aurai déjà quitté les lieux.

Je synchronise mon premier tir avec un coup de Jacques Côté de façon à ce que la Monique ne perçoive pas vraiment la détonation. Ça tombe bien, je suis un brin trop nerveux et ma balle va se perdre dans la pile de Martine Latulippe. Je m'approche d'un pas et, au moment où le Michel tourne dans ma direction une expression hébétée, je lui mets les deux projectiles suivants dans sa tête d'insecte — le quatrième se fiche dans une fesse de la Monique qui râle si fort que je suppose qu'elle a son orgasme à ce moment-là.

Je sors sans m'attarder pour éviter que, en se retournant, la maso ne me reconnaisse. Marchant à pas rapides dans la rue déserte, je ne suis pas peu fier. Non seulement je viens de me faire six mille dollars sans trop forcer, mais je me dis que si la Monique soupçonne le moindrement son paternel d'être le commanditaire du meurtre de son mari, peut-être qu'elle voudra bien le flamber lui aussi, le futur cancéreux, et que j'hériterai d'un autre six mille dollars.

Non, avec elle, j'essaierai vraiment d'obtenir dix mille.

Je m'en réjouis encore au moment où, quatre coins de rue passés la librairie, je vois débouler deux voitures de flic, leurs feux clinquants bousculant la nuit. C'est ça, bande de crétins ! Dépêchez-vous d'aller comprendre ce qui est arrivé.

C'est plus fort que moi : j'éclate de rire en bousculant la nuit à mon tour.

Les flics vont peut-être penser que la Monique a tué son mari violent, puis ils découvriront bien la balle dans la fesse de leur potentielle coupable.

Je ris encore plus fort. Machinalement, je porte la main sur mon pistolet dans la poche arrière de mon pantalon.

L'arme, ils ne la trouveront jamais, car je connais un endroit génial pour...

Mon cœur s'arrête !

Dans ma poche revolver, le .22 est là, toujours, oui, mais... mais plus mon exemplaire du roman de Martine Latulippe !

Je l'avais gardé pour masquer la forme du pistolet. Il… il a dû tomber quand j'ai saisi mon arme.

Mon exemplaire avec mon nom complet dans la dédicace.

CAMILLE BOUCHARD

Vous connaissez sûrement Tintin, ce personnage imaginé par Hergé, grand voyageur devant l'Éternel et journaliste. Cependant, avez-vous remarqué que jamais on n'a vu ce personnage écrire une seule ligne pendant ses aventures aux quatre coins du globe? Eh bien, moi, je vous présente le Tintin québécois! À l'image de son idole de jeunesse, Camille Bouchard voyage beaucoup; il est le passe-muraille des frontières de notre monde. Toutefois, contrairement au compagnon de l'assoiffé capitaine Haddock, Camille Bouchard écrit vraiment beaucoup et pour différents types de lecteurs.

Né à Forestville, à six mille kilomètres du château de Moulinsart, Camille a longtemps vécu sur la Côte-Nord. Puis, il a déménagé ses pénates à Québec avant de tout balancer pour aller vivre dans un véhicule récréatif... au gré du vent et de son inspiration.

Sa carrière d'auteur, il l'a amorcée sans nécessairement le vouloir. D'ailleurs, il a écrit son premier roman, *Les griffes de l'empire*, par pur défi personnel et il avoue lui-même ne s'être senti écrivain qu'à la publication de son sixième roman, *Les démons de Bangkok*.

Aujourd'hui, avec plus de soixante-dix romans et albums, il est l'un des auteurs les plus prolifiques du Québec. Son œuvre romanesque s'adresse à tous les publics : adultes, adolescents, petits. Il a reçu de nombreux honneurs au cours de sa carrière, mais mentionnons plus spécifiquement ici que, pour son roman *Les enfants de chienne*, il a été, en 2004, finaliste au prix Saint-Pacôme, qui récompense le meilleur roman policier de l'année.

Pour la jeunesse, Camille écrit à l'encre de ses émotions : il faut lire le très touchant *Coup de la girafe*. Son prochain, *La forme floue des fantômes* sortira à l'automne 2014.

Ses polars lui ressemblent, car, comme lui, ils font le tour de la planète. Que ce soit en Afrique, en Asie ou en Amérique du Sud, ses personnages sont toujours à la recherche d'une certaine forme de justice. Camille y décrit la corruption, le drame et même le machiavélisme avec des images qui touchent et qui émeuvent.

D'ailleurs, celui de ses romans qu'il préfère, *Un massacre magnifique*, raconte la tentative de colonisation de la Floride par les Français au seizième siècle. Et comme toujours quand il s'agit de l'œuvre de Camille, on se fait surprendre : ce roman est écrit dans un français rappelant celui utilisé à l'époque. Tout un défi qu'il s'était donné ! À la mesure de ses héros du quotidien et des pays où ils vivent !

camillebouchard.com
camillebouchard2000@yahoo.ca

Photo de l'auteur : Maurice Gagnon

RICHARD STE-MARIE

Le palmarès

La clochette de la porte tinta quand le sergent-détective Francis Pagliaro entra dans la librairie. Il se dirigea tout de suite vers la section philosophie, au fond du minuscule local, à la recherche d'*Essai sur les données immédiates de la conscience* de Bergson.

Enquêteur expérimenté en interrogatoires à la Sûreté du Québec, Pagliaro avait maintes fois remarqué l'incapacité des gens à situer dans un temps précis les actes dont ils avaient été témoins. Il n'était pas rare qu'il interroge plusieurs témoins qui se contredisaient absolument sur les faits essentiels, divergeant tous sur la séquence des événements. Dans la police, on pensait souvent que les témoins oculaires étaient finalement les moins fiables: « Sous le choc de la surprise ou de la terreur, disait Pagliaro aux jeunes étudiants de l'École nationale de police, on croit voir ce qu'on voit, mais en fait, on voit ce qu'on pense voir. »

Il s'était rappelé qu'Henri Bergson avait très bien décrit ce phénomène plus d'un siècle plus tôt.

Pagliaro trouva rapidement la nouvelle édition critique qu'il cherchait et se réjouit que cette si petite librairie puisse receler de tels trésors. Il s'approcha de la caisse, mais le libraire, un homme vigoureux dans la jeune quarantaine qui travaillait généralement seul, était absent. Pagliaro patienta quelques instants, puis il dut se résigner à faire sonner la clochette sur le comptoir.

Pas de réponse.

L'enquêteur examina la pièce. Avant de devenir une librairie, l'endroit avait été une boucherie tenue par le père de l'actuel libraire. Il y avait pratiqué son métier pendant plus de cinquante ans. À la retraite du vieil homme, il y avait plus de douze ans déjà, le fils avait fermé le commerce. Il avait tout repeint en blanc lustré et avait installé des tablettes partout où il avait pu. Puis, il avait occupé le centre de la pièce avec des rangées de bibliothèques à deux faces pour placer les collections. La caisse se situait juste à côté de la porte d'entrée à l'exact emplacement de l'ancienne caisse de la boucherie, que tenait sa mère, décédée deux ans auparavant.

À l'ouverture, la librairie s'était appelée *Liminaires*.

« C'était une fausse bonne idée », avait confié le libraire en riant à Francis Pagliaro, en lui racontant l'aventure. « Je dois expliquer dix fois par semaine ce que ça signifie. »

Peu de temps après, il avait fait ajouter le mot *Librairie* devant *Liminaires*.

Pagliaro sonna une deuxième fois.

Pas de réponse.

À droite de la pièce, entre deux rangements de gros livres, une porte d'habitude fermée donnait sur un escalier menant à la partie habitée de l'édifice.

Cette porte était entrouverte. Sans doute l'était-elle depuis que Pagliaro était entré dans la librairie, mais il ne s'en était tout simplement pas aperçu. Il s'en approcha et prêta l'oreille.

Un bruit de boîtes qu'on déplace. Le grincement d'une chaise ou d'une table traînée sur le sol suivi du halètement d'un homme après l'effort.

Pagliaro osa un appel dans l'embrasure de la porte :

« Monsieur Garneau ?

— … »

L'enquêteur ouvrit plus grand et, du bas de l'escalier, il jeta un coup d'œil en direction de l'étage.

« Monsieur Garneau, c'est moi, Francis Pagliaro ! »

Il y eut un silence, puis l'homme parla d'une voix étouffée :

« Montez… venez m'aider… »

Pagliaro grimpa l'escalier en vitesse et trouva le libraire couché par terre, à moitié enterré sous des boîtes de carton renversées, des livres éparpillés autour de lui.

« J'ai essayé de prendre trois caisses en même temps, mais tout l'empilage est tombé sur moi. J'aurais dû y penser…

— Les gaillards comme vous en font toujours trop…

— Je me suis peut-être étiré quelque chose dans la jambe. Ça chauffe un peu. »

Le policier aida le libraire à se relever.

« Voulez-vous de l'aide pour ramasser tout ça ?

— Non, ça ira, mon neveu fait du ménage ici, les après-midi. Il va s'en occuper. Il y a une cave sous la librairie et je voudrais la vider avant de la rénover. J'ai engagé le jeune pour ça. »

Pagliaro lui sourit et lui montra son exemplaire d'*Essai sur les données immédiates de la conscience.*

« Je suis content de l'avoir trouvé !

— C'est sorti en mai dernier. C'est intéressant parce que c'est suivi d'un dossier avec des notes historiques. La bibliographie est pas mal, vous verrez. »

Les deux hommes descendirent et se dirigèrent vers la caisse, le libraire tenant un cadre qu'il dépoussiéra avec la manche de sa chemise.

« J'ai failli me tuer pour ce maudit cadre », dit-il en le montrant à Pagliaro. « Heureusement, je ne l'ai pas cassé !

— C'est quoi ?

— Ah, je me suis souvenu hier soir d'une lubie de mon père. C'est lui qui a encadré ça. »

Réjean Garneau mit le cadre dans les mains du policier. Il s'agissait d'une liste numérotée et dactylographiée de cinq titres de livres suivis des noms des auteurs.

« C'est une sorte de palmarès ?

— Quelque chose du genre. Mon père était un grand lecteur, en fait, quand j'ai débuté comme libraire, il m'a donné sa collection personnelle de livres. Au départ, je vendais de l'usagé et du neuf.

Les seuls usagés que je n'ai pas vendus sont ceux de cette liste, que j'ai gardés. Ils sont en montre dans une vitrine au fond de la librairie, là où j'ai installé deux sièges de lecture pour les clients. Mon père a aussi essayé d'écrire. Durant toute sa vie ! Il m'a laissé ses manuscrits quand lui et ma mère ont emménagé au foyer. Il y en a des centaines…

— Des centaines ? ! Il a déjà publié ?

— Pensez-vous ! Jamais de la vie ! En fait, ses manuscrits ont souvent *une* phrase.

— Une seule ?

— Une seule, ou un paragraphe.

— C'est bon ?

— Difficile à dire avec une phrase…

— Ça parle de quoi ?

— On dirait le début d'un roman policier, ou d'une histoire de crime. Attendez, je vais vous montrer. »

Le libraire monta à l'étage et revint deux minutes plus tard en boitillant. Il tenait un cahier de carton noir qui contenait une seule feuille mobile, attachée à l'ancienne par des languettes repliées à l'intérieur de la couverture. Pagliaro l'ouvrit et lut :

Autant vous le dire tout de suite : les trente-deux coups de couteau, c'est moi.

« Votre père pratiquait peut-être un genre de haïku du roman policier !

— Ha ! Ha !

— Mais ça n'explique pas ce palmarès.

— Ce palmarès, comme vous dites, il me l'a remis le jour où j'ai ouvert la librairie. Il voulait que je l'affiche bien en vue. Quand je lui ai demandé pourquoi il m'a répondu : « C'est les livres qu'il faut lire. »

— C'est tout ?

— C'est tout. »

Perplexe, Pagliaro jeta un nouveau coup d'œil à la liste.

« Qu'en pensez-vous ?

— Drôle de choix.

— Je pense qu'il voulait faire savoir quelle sorte d'homme il était. Cultivé. Sa liste est signée. »

Pagliaro regarda la signature, puis remit le cadre au libraire et paya son livre. « Faites attention à cette jambe ! » lança-t-il avant de quitter la librairie.

: :

Quelques jours plus tard, Pagliaro était de retour pour trouver un ouvrage sur l'altération des sensations temporelles due aux effets de l'adrénaline produite lors d'événements traumatiques.

Une affichette écrite à la main et collée sur la porte d'entrée indiquait simplement :

Fermé pour rénovations / réouverture bientôt

L'enquêteur allait repartir quand il entendit, malgré les bruits provenant du sous-sol, qu'on l'appelait de l'étage au-dessus de la librairie.

Il leva les yeux et aperçut le libraire à sa fenêtre qui lui faisait signe de l'attendre.

« Je descends ! Attendez… »

Réjean Garneau vint ouvrir au policier.

« C'est ouvert pour les clients réguliers, vous savez, entrez.

— Vous avez commencé vos rénovations, monsieur Garneau ?

— Oui, dans la cave. Je fais tout refaire et installer des gicleurs. C'est pour entreposer des livres.

— Et vous êtes obligé de fermer pour ça ?

— Oui. En fait, l'entrepreneur me conseille de creuser la cave un peu plus. Autrement, ça sera trop bas, on se cognera la tête au plafond. En plus, le ciment du plancher est tout fissuré. C'est mon père qui avait commandé l'ouvrage un peu avant sa retraite. Auparavant, la cave était en terre battue, comme un vide sanitaire. Mais papa avait installé un coin plus propre, avec un plancher de bois, une cuisine où il préparait sa recette de boudin. Je me rappelle que ça me faisait peur quand j'étais petit. Son grand tablier de cuir noir tout ensanglanté, l'immense marmite dans la pénombre, la fumée, l'odeur. Mon Dieu!... J'y descendais le moins possible! Enfin... Je ne veux pas vous embêter avec tout ça...

— Pas du tout. »

Pagliaro et Garneau cherchèrent l'ouvrage que le policier avait en tête, mais ils ne le trouvèrent pas en librairie.

« Laissez-moi faire quelques recherches de mon côté, monsieur Pagliaro, je pense bien dénicher quelque chose pour vous. Peut-être chez l'éditeur Yvon Blais. Je vous appelle demain à Parthenais si vous voulez. »

Pagliaro lui laissa sa carte professionnelle.

: :

L'appel survint trois heures plus tard.

Le libraire affolé venait d'alerter la police, mais en l'attendant, il tenait à parler à Pagliaro. Son récit était obscur et enchevêtré, tantôt au présent, tantôt au passé, Garneau parlant pêle-mêle de ciment, de son père, de travaux et d'ossements.

« Calmez-vous, monsieur Garneau, et dites-moi ce qui se passe exactement.

— Il se passe que les ouvriers ont commencé à casser le béton et au bout de dix minutes, ils ont trouvé des os enterrés sous la dalle. Je leur ai dit que c'était normal, mon père était boucher... sûrement des os d'animaux... »

Le libraire respirait avec effort.

« Mais là, quand ils ont découvert un crâne humain, ils ont arrêté de creuser et m'ont dit d'avertir la police. »

: :

Pagliaro arriva sur les lieux dans les vingt minutes et descendit immédiatement à la cave rejoindre le sergent Lucien Talbot du SPVM, qu'il connaissait depuis longtemps pour avoir travaillé avec lui comme patrouilleur à la Sûreté du Québec. Les deux hommes se saluèrent, et devant l'étonnement du policier, Pagliaro indiqua qu'il était là simplement à titre amical.

« Où en es-tu, Lucien ?

— On vient de découvrir un deuxième squelette. J'ai appelé le bureau du coroner, ils envoient une équipe.

— Les squelettes sont là depuis longtemps ?

— Dur à dire. Des années… Y a pas d'objets ni de vêtements. Ils ont été enterrés tout nus.

— Une idée de quoi ils sont morts ?

— Non. Les crânes sont intacts. Pour le reste… »

Talbot haussa les épaules et se rapprocha des travailleurs qui continuaient à casser le ciment. Le photographe de la police prenait des photos de l'opération qui s'effectuait au ralenti, sous la surveillance des enquêteurs.

Pagliaro remonta retrouver Réjean Garneau au rez-de-chaussée. Vu l'état de grande nervosité du libraire, il décida de jouer de prudence avec lui.

« Savez-vous si la maison a été bâtie sur un ancien cimetière ? » demanda-t-il sur un ton amical.

« Je n'en sais rien… Le bâtiment date des années trente. Mon père l'a acheté en 1951 d'un fleuriste et il l'a transformé en boucherie… »

Le libraire se rendit compte subitement du double sens de sa réponse. Alarmé, il fixa Pagliaro.

« Ne vous en faites pas », dit le policier, souriant, « ça arrive tout le temps, ces lapsus, croyez-moi. »

« Pouvez-vous m'aider, monsieur Pagliaro ? »

L'enquêteur fixa Garneau.

« Écoutez, je ne suis pas chargé de cette affaire, qui relève du SPVM. Je connais bien le sergent Talbot, celui qui va vous interroger. Il est très compétent. C'est quelqu'un de bien, vous pouvez avoir confiance en lui.

— Mais…

— Je peux de mon côté faire quelques vérifications sur le bâtiment, et sur son histoire, et sur ceux qui l'ont habité. À titre personnel et amical… »

L'homme sourit.

Le sergent Lucien Talbot apparut dans la pièce, suivi d'un agent en uniforme. L'air sombre qu'ils arboraient n'augurait rien de bon.

« Il y en a cinq en tout. »

Talbot se tourna alors vers Réjean Garneau.

« Je vais vous demander de nous suivre au poste pour enregistrer votre déclaration. »

Garneau obtempéra de bonne grâce, mais il était visiblement inquiet. En sortant de la librairie, il fit signe à Francis Pagliaro.

« Merci, lui dit-il. »

: :

Les cinq inconnus avaient été enterrés dans la cave avant le 15 mai 2000, si l'on se fiait à la date inscrite sur la facture de l'entrepreneur qui avait coulé le plancher de ciment.

D'après les analyses préliminaires du Laboratoire des sciences judiciaires et de médecine légale, le plus récent squelette remontait à une quinzaine d'années, soit vers 1998, les autres s'échelonnant sur une période d'une quarantaine d'années. Tous les squelettes étaient féminins ; les âges, au moment de la mort, variaient d'une vingtaine d'années à plus ou moins quarante ans. Pour l'instant, la police fouillait les dossiers de femmes disparues depuis le milieu des années soixante-dix pour trouver des pistes aux fins d'identification. Un travail de moine, la routine policière.

Le sergent Talbot avait eu l'amabilité de tenir le sergent-détective Pagliaro au courant des renseignements au fur et à mesure qu'il les obtenait du Laboratoire. Peut-être l'admiration que portait Talbot à Pagliaro jouait-elle en sa faveur. Ou bien il s'agissait d'un simple échange de bons procédés. Un prêté pour un rendu. Talbot et Pagliaro étaient de ceux que les cachotteries entre les corps policiers exaspéraient.

De son côté, le sergent-détective Pagliaro avait consulté la base de données de la Sûreté pour y découvrir deux cas de meurtres sanglants ayant été commis dans les années quatre-vingt dans le même quartier que celui de la boucherie. À moins de dix coins de rue l'un de l'autre et à trois années d'intervalle. Dans les deux cas, le corps avait été enlevé de la scène du crime et avait disparu à jamais. Fait particulier, une partie des viscères humains avait été retrouvée à chaque endroit. Était-ce volontaire ?

L'enquête du SPVM se poursuivit par la visite du sergent Talbot au CHSLD où résidait le père de Réjean. Le policier trouva le vieillard couché dans son lit dont on avait relevé les montants latéraux. Il suçait son pouce, les yeux fermés.

« Vous n'en tirerez rien », lui dit le préposé aux résidents qui l'avait accompagné jusqu'à la chambre. « Il dort à peu près vingt heures par jour, on le nourrit par intraveineuse. »

Talbot avait appris par le fils Garneau que le boucher souffrait d'Alzheimer, mais il avait tenu à vérifier de visu l'état du suspect. L'enquête se poursuivait lentement, sans grand espoir d'identifier les squelettes avant des mois.

: :

L'annonce de la découverte des squelettes avait attiré bien des curieux à la librairie, qui était cependant fermée depuis des semaines. Avec l'assentiment du libraire, la police avait fouillé la propriété, à la recherche d'indices qu'elle ne trouva pas. Puis, Garneau avait eu l'autorisation d'ouvrir son commerce, mais il y avait renoncé. Il s'était dit qu'il ferait mieux de fermer boutique et de rouvrir ailleurs. Dans les médias, on ne parlait que des *squelettes de la librairie,* sans préciser que les corps avaient été enterrés à l'époque où le commerce était une boucherie. En même temps, le libraire se consolait du fait qu'on ne parlait pas des *squelettes de la boucherie,* ce qui aurait laissé planer des doutes sur le destin des pauvres victimes.

Le sergent-détective Pagliaro passait voir le libraire une fois par semaine pour discuter et il était sans doute son seul client. À plusieurs reprises, Pagliaro s'arrêta plus longuement après ses heures de travail, et il accepta le petit verre de scotch que lui offrit Garneau. Ce dernier était accablé et se demandait quel sens donner à cette folie meurtrière. Il se tourmentait sans cesse avec toutes sortes de questions et de scénarios abracadabrants sur son père. Inévitablement, il revenait à la seule explication possible : sa culpabilité.

Comment pouvait-il en être autrement ?

Mais pourquoi ?

Cette question restait sans réponse. Autant pour les policiers municipaux que pour Pagliaro. Tant qu'on n'aurait pas identifié tous les squelettes, on ne pourrait faire le lien entre eux et l'assassin.

Un soir où Pagliaro avait accepté un deuxième scotch, la conversation s'était lentement dirigée vers les goûts littéraires des deux hommes. Ils étaient assis à l'arrière de la librairie, dans les fauteuils de lecture, sous la vitrine contenant les livres du palmarès du père Garneau.

Pagliaro pointa l'étalage du doigt.

« Vous les avez lus ?

— J'en ai lu trois sur les cinq. *La nausée, Voyage au bout de la nuit* et *La petite marchande de prose.*

— Et les autres ?

— Pas encore.

— Pourquoi cinq ? D'habitude, dans les grandes chaînes de librairies et dans les journaux, on dresse des listes de dix titres, non ? Les dix livres de l'été, les dix meilleurs romans policiers, les dix bouquins que tout le monde dit avoir lus sans l'avoir vraiment fait… »

Pagliaro se leva, inspiré. Il examina les livres. Subitement, il avait envie de quitter la librairie.

« Vous me les prêtez ? »

Garneau parut surpris.

« Ils sont à vous, attendez, je vais chercher la clé. »

Le libraire revint au bout de vingt secondes. Pagliaro regardait la vitrine. Une idée venait de surgir dans son esprit.

: :

Le Laboratoire des sciences judiciaires et de médecine légale avait réussi à identifier trois victimes. La première avait disparu le 5 janvier 1979. Âgée de vingt-huit ans, la jeune femme s'était cassé un bras à deux endroits quelques années auparavant, et les radiographies du squelette concordaient avec celles prises lors de l'accident. Le deuxième corps avait la jambe droite légèrement plus courte que l'autre. Cela correspondait parfaitement à la description d'une femme dans la trentaine disparue le 23 décembre 1964 qui, selon le dossier de police, boitait légèrement. L'autre victime avait été rapidement identifiée par ses empreintes dentaires. Trente-sept ans, introuvable depuis le 17 mars 1998.

Toutes les trois avaient disparu en soirée. L'équipe de Lucien Talbot s'acharnait donc à éplucher en priorité les dossiers de disparitions de nuit. L'état parcheminé de la victime la plus récente, disparue en 1998 et enterrée dans la partie la plus sèche de la cave, laissait supposer aux scientifiques qu'elle avait été éviscérée, car l'abdomen, tranché de haut en bas, était vide. Des traces allongées de couteau à l'intérieur des cages thoraciques de tous les autres squelettes amenaient à la même conclusion.

L'enquêteur Talbot se rendit chez Réjean Garneau avec une liste de questions.

« Votre père s'absentait-il le soir, la nuit ?

— Il travaillait souvent le soir, et c'est le soir qu'il faisait ses livraisons.

— Ses livraisons ?

— Mon père avait des clients institutionnels. Trois congrégations religieuses et un hospice de vieux. Il préparait leurs commandes et les livrait le soir pour ne pas bousculer son horaire de jour. Ça faisait aussi l'affaire des institutions.

— Il avait donc une camionnette de livraison ?

— Oui.

— Elle était identifiée au nom de la boucherie ?

— Non. Mon père disait que le camion était plus facile à revendre quand il n'était pas lettré.

— Avait-il d'autres activités en soirée ?

— Il allait parfois chez des cultivateurs chercher des bêtes fraîchement abattues. Des veaux, des cochons pas trop gros. C'était permis à une certaine époque. Il les dépeçait dans la cave.

— Est-ce qu'il les éviscérait également ?

— Je pense que oui.

— Comment se débarrassait-il des viscères ?

— Il jetait ça dans un grand baril et un équarrisseur passait tôt les vendredis et emportait le tout.

— Il rentrait tard, ses soirs de livraisons ?

— Je ne sais pas. J'étais couché et ma mère aussi.

Écœuré et de mauvaise humeur, Talbot reprit le chemin de son bureau à Place Versailles.

: :

Francis Pagliaro déposa le dernier livre du palmarès de Garneau sur sa table de chevet. Tous les soirs, depuis deux semaines, il avait lu les bouquins. L'un à la suite de l'autre en suivant l'ordre de la liste :

Lettre au père de Franz Kafka.
La nausée de Jean-Paul Sartre.
Voyage au bout de la nuit de Louis-Ferdinand Céline.
La maison de rendez-vous d'Alain Robbe-Grillet.
La petite marchande de prose de Daniel Pennac.

Il éteignit sa lampe, mais il garda les yeux bien ouverts, étendu sur le dos, à réfléchir.

Drôles de lectures pour un boucher assassin.

C'était à n'y rien comprendre. Cet ordre ne s'imposait d'aucune façon. La diversité d'écriture, les histoires, les personnages : rien de tout ça ne pouvait l'amener à faire des liens utiles. Dans cet ordre ou dans un autre.

Le vieil homme avait dit : « C'est les livres qu'il faut lire. »

Les lire pourquoi ?

« Une lubie de mon père », avait commenté le fils. Peut-être ne s'agissait-il que de cela. Au surplus, Pagliaro avait passé de bons moments de lecture. Imposée, d'une manière, mais agréable.

Soudainement, Pagliaro se souvint de ce que Réjean Garneau avait raconté après lui avoir montré le palmarès. Il se leva sans bruit pour ne pas réveiller Lisa qui dormait à ses côtés. Fébrile, il traversa à son bureau, de l'autre côté du corridor, tenant le livre qu'il venait d'achever. Il l'aligna sur sa table de travail avec les quatre autres et regarda l'heure au cadran du téléphone : minuit quinze. Il n'en aurait que pour quelques minutes si son idée était la bonne.

: :

Assis au fond de la librairie, Pagliaro et Garneau buvaient des cafés que le premier avait apportés. Il avait avec lui les livres du palmarès, qu'il mit sur la table entre lui et le libraire. Sur la pile, il posa une enveloppe décachetée.

« C'est un petit travail d'écriture que j'ai fait cette nuit. Je me suis rappelé que votre père avait écrit des centaines de manuscrits bien particuliers : des manuscrits d'une seule phrase. »

Il ouvrit l'enveloppe pour en sortir une feuille où il avait écrit trois paragraphes. Il la relut pour la énième fois et la tendit à Réjean Garneau.

« Je crois que ça y est. »

Le libraire, intrigué, posa son gobelet sur la table et prit la feuille. Il lut :

C'est d'abord une phrase qui m'a traversé la tête : « La mort est un processus rectiligne. » Ça a débuté comme ça. Le mieux serait d'écrire les événements au jour le jour.

La chair des femmes a toujours occupé, sans doute, une grande place dans mes rêves.

Très cher père, tu m'as demandé récemment pourquoi je prétends avoir peur de toi.

Réjean Garneau laissa retomber sa main tenant le feuillet sur ses genoux, il regarda Pagliaro sans comprendre. L'enquêteur se contentait de sourire. Il fit signe au libraire de patienter.

« Pour en avoir écrit des centaines, votre père s'y connaissait en matière de premières phrases. Ça m'a donné l'idée de reprendre juste les premières phrases des livres de son palmarès. D'abord dans l'ordre. Ça n'a rien donné. Puis, je me suis amusé à toutes sortes de combinaisons avec ces incipits, ces premiers mots d'un manuscrit. C'est assez curieux, d'ailleurs, que vous ayez appelé votre librairie *liminaires.*

— C'est vrai, ça a à peu près le même sens.

— Le texte que j'ai obtenu est cahoteux, mais je pense que c'est ce qui donne le plus un sens au palmarès de votre père.

» *C'est d'abord une phrase qui m'a traversé la tête: « La mort est un processus rectiligne.* » Cette première phrase, de Pennac, est une expérience qui arrive à bon nombre d'écrivains. Chez votre père, je crois qu'elle représente l'intention de tuer qui se pointe pour la première fois.

» *Ça a débuté comme ça,* de Céline: il fait sans doute référence au premier meurtre.

» *Le mieux serait d'écrire les événements au jour le jour,* de Sartre: c'est ce que votre père a tenté de faire dans ses manuscrits! Souvenez-vous: *les trente-deux coups de couteau, c'est moi*!

» *La chair des femmes a toujours occupé, sans doute, une grande place dans mes rêves,* de Robbe-Grillet: il n'y avait que des femmes enterrées sous la maison.

» *Très cher père, tu m'as demandé récemment pourquoi je prétends avoir peur de toi.* Là, avec Kafka, c'est le clou final. Lui savait pourquoi vous aviez instinctivement peur de lui dans cette cave.

Réjean Garneau ne sembla pas convaincu.

« Ce n'est pas un peu tiré par les cheveux?

— C'est une espèce de jeu, je l'avoue. Mais je dirais que ce palmarès est une sorte de mode d'emploi pour comprendre ses manuscrits. Je vous suggère de les prendre et de les examiner sous cet angle. »

Incrédule, Garneau resta figé dans son siège quelques instants. Puis, il se leva sans rien dire et monta à l'étage. Il revint avec une grande boîte de carton qui contenait une soixantaine de cahiers noirs. Il la posa sur la table devant eux. Sans échanger une seule parole, les deux hommes commencèrent leur lecture.

Il était presque midi quand le libraire monta chercher une autre boîte de manuscrits.

« Il en reste combien ? » demanda Pagliaro à son retour.

« Des centaines, encore. »

Ils reprirent leur travail.

Vingt minutes plus tard, Garneau éclata :

« J'ai trouvé ! »

Il laissa retomber le manuscrit sur ses genoux. Le grand gaillard pleurait.

Pagliaro posa le sien et tendit la main. Il dit doucement : « Montrez-moi. »

Garneau ne broncha pas. L'enquêteur lui prit le cahier des mains et l'ouvrit. Il lut :

Un beau soir de janvier mil neuf cent soixante-dix-neuf, je crois bien que c'était le cinq, la belle marchait devant moi ; son parfum m'a chatouillé le nez : je l'ai désirée immédiatement.

L'enquêteur mit le manuscrit de côté et regarda le libraire, écrasé dans son fauteuil et qui le fixait, désespéré.

« Continuons », dit simplement Pagliaro.

Il reprit sa lecture, imité par Garneau, maintenant résigné.

Après trente minutes, l'enquêteur repéra un autre texte :

Quand je l'ai croisée, elle m'a souri avec le sourire des femmes timides à cause de leur différence : elle boitait, ça m'a excité et j'ai su que le moment était arrivé.

Pagliaro reposa le cahier.

« Je crois que nous allons nous arrêter là pour l'instant. La police a de fortes présomptions contre votre père. Ce que nous venons de trouver devrait s'y ajouter.

— On pourrait découvrir des aveux si nous continuons…

— Je ne crois pas. »

Perplexe, Garneau fixa l'enquêteur sans rétorquer.

« Évidemment, » continua Pagliaro, « il y a les familles des victimes… »

Réjean Garneau eut un sursaut qui n'échappa pas au policier.

« À quoi pensez-vous, Réjean ?

— Je pense que mon père est un assassin qui croyait dans le pouvoir de la littérature. Ça me dégoûte. Il a lu et il a tenté d'écrire toute sa vie… non, il *a écrit* toute sa vie ! Une phrase à la fois, et une seule par bouquin ! Si je suis libraire, c'est bien parce que j'ai hérité de l'amour de mon père pour les livres. Et pendant toutes ces années, alors que je lisais à ses côtés, il éviscérait des femmes. C'est épouvantable ! Que va-t-il se passer maintenant ?

— Rien.

— Rien ?

— J'en ai bien peur. La police ne peut l'interroger et elle n'a pas d'autre suspect, et la Justice ne pourra pas l'accuser, il est inapte à subir un procès. »

Garneau réfléchissait.

« Alors moi seul peux le juger. »

: :

Chacun dans son fauteuil, les deux hommes étaient silencieux depuis quelques minutes, perdus dans leurs pensées.

Le libraire se leva et commença à ranger les manuscrits dans les boîtes. Pagliaro sortit son cellulaire de sa poche.

« Je vais appeler le sergent Talbot pour qu'il vienne examiner tout ça. »

Garneau empila en silence les boîtes devant une étagère, il fit le tour de sa librairie et rangea le comptoir de la caisse.

Puis il ouvrit la porte toute grande à une dame qui regardait à travers la vitrine.

« Entrez », dit-il, « c'est ouvert. »

RICHARD STE-MARIE

Contrairement à la plupart des auteurs de ce recueil, Richard Ste-Marie ne lisait pas quand il était enfant. Puis, à seize ans, il a découvert *La montagne secrète* de Gabrielle Roy, un roman qui parle de création, de peinture, tout en écoutant un concerto pour contrebasse de John Weinzweig, un compositeur canadien. Soudain, son chemin semblait tout tracé pour une carrière dans le monde des arts.

Musicien et artiste passionné par le processus créatif, Richard Ste-Marie a été professeur à l'École des arts visuels de l'Université Laval, animateur de radio, membre d'une des troupes fondatrices du Cirque du Soleil et, depuis 2008, il poursuit une carrière d'écrivain de polars. Il faut savoir que sa « carrière de lecteur » commencée tardivement a été pour lui l'occasion de développer une attirance pour le roman policier. Parmi ses romanciers préférés, San-Antonio, Alexandre Dumas, Stephen King, Henning Mankell et Arnaldur Indridason, sans oublier Erle Stanley Gardner, le créateur du fameux Perry Mason.

Son premier roman, *Un ménage rouge,* met en scène un policier un peu singulier, passionné de philosophie. Personnage plus ou moins secondaire dans ce premier titre, Francis Pagliaro devient le protagoniste du deuxième, *L'Inaveu*. Très rapidement, ce policier atypique, sergent-détective à la Sûreté du Québec, séduira les lecteurs de Ste-Marie. Comment ne pas aimer cet homme qui s'interroge sur le sens de la vie ? À quarante-sept ans, cet excellent enquêteur, amoureux de sa femme depuis plus de vingt-cinq ans, commence des études en philosophie à l'université. Au cours de ses enquêtes, il pourra donc citer Nietzsche, Camus et Sartre. D'ailleurs, il se compare lui-même au mythique personnage condamné à rouler une pierre sur une montagne du Tartare.

Le succès de *L'Inaveu* et l'accueil réservé à ce flic sans problème d'alcool ou de drogue et heureux en ménage amènent l'auteur à récrire son premier roman en donnant une place plus importante à son policier et en enrichissant *Un ménage rouge.*

À la lecture de ces deux romans, on constate l'importance que l'auteur accorde aux ambiances et, quand il parle de son écriture, Richard explique qu'il s'imprègne d'un climat, d'une atmosphère, sans nécessairement connaître la fin de son histoire. Il planifie en gros ce qui lui semble les éléments essentiels de son histoire, puis il laisse aller son imagination.

Si vous rencontrez Richard Ste-Marie, méfiez-vous de son penchant à l'observation. Il possède cette capacité, fort utile à un auteur, d'épier les comportements des personnes qu'il rencontre… Normal alors qu'il rêve d'écrire la fameuse histoire du gars qui part s'acheter un paquet de cigarettes et qui revient vingt-cinq ans plus tard pour raconter les événements extraordinaires qui lui sont arrivés ! En attendant ce livre qu'il n'écrira peut-être jamais, Richard Ste-Marie nous prépare la troisième enquête de Francis Pagliaro, qui aura pour titre *L'esprit des lieux*. Serez-vous surpris d'apprendre que cette enquête se passera dans le milieu des arts? Pagliaro le philosophe enquêtera dans le monde de Richard Ste-Marie, l'artiste créateur. Qui seront les criminels?

richardstemarie.net

Photo de l'auteur: Francine McNicoll

ARIANE GÉLINAS

Demi-deuil

Je contemple un moment l'écriteau défraîchi de la Bouquinerie Lafontaine avant d'entrer. Il serait dommage de ne pas profiter de mon passage à Rivière-du-Loup pour vérifier si la librairie possède le livre que je cherche depuis des mois. Un ouvrage épuisé, recommandé par un ami lépidoptérophile. À la pensée de parfaire mes connaissances sur le sujet, la fébrilité me gagne. Je songe aux heures consacrées à l'observation des spécimens à mon chalet de Métis-sur-Mer, grisé par leur vol au ras du sol.

Je considère les murs beiges du local exigu, qui disparaissent derrière de hautes bibliothèques. Des livres aux formats disparates sont rangés sur des rayonnages incurvés par leur poids, entourés de piles de romans amoncelées sur le plancher. Au centre de la pièce, des étagères rassemblent des ouvrages de référence, classés selon un ordre qui m'apparaît aléatoire. Je tousse pour signaler ma présence en évitant de justesse un monticule de romans de poche.

La libraire émerge du fond du commerce, une étiqueteuse à la main. Quadragénaire fatiguée aux cheveux décoiffés, elle m'accorde un sourire qui révèle ses dents inégales.

— Est-ce que vous cherchez quelque chose de précis ? s'enquiert-elle d'une voix grêle.

J'opine avant de m'approcher du comptoir, sur lequel s'élève une pile de bandes dessinées. Sans perdre de temps, je lui fournis des informations sur le livre. La femme interroge l'ordinateur posé sur le bureau. Pendant qu'elle pianote sa requête, je regarde à la dérobée ses mains fendues par l'eczéma, qui saille en plaques sur sa peau blafarde. Mes yeux dérivent jusqu'à sa poitrine, où un badge indique « Liana Descôteaux, libraire », puis vers son visage couperosé, maladroitement badigeonné de fond de teint. Comme si elle s'apercevait de mon examen, la femme m'interrompt.

— Vous êtes un spécialiste des papillons ?

Je mets un instant à répondre.

— Oui et non. J'enseigne la physique, et mon intérêt pour les papillons s'est manifesté par la suite. Mais c'est plus qu'un simple passe-temps…

— Je comprends. Ces insectes sont fascinants, dans une classe à part. Je sais que j'ai quelques ouvrages sur le sujet.

Ravi, j'appuie mes coudes sur le comptoir, la tête inclinée vers l'écran. La libraire me désigne le catalogue, une lueur de connivence dans ses yeux gris pâle.

— Les livres sur les papillons sont répertoriés ici. Ce serait plus simple si vous regardiez vous-même la liste. On ne sait jamais, vous pourriez trouver d'autres raretés…

Je la rejoins derrière le comptoir, les jambes un peu engourdies. Une douzaine de titres apparaissent sur l'écran, certains publiés au siècle dernier. Une chaleur bienfaisante se répand dans ma poitrine, comme cette fois où, au terme de longues heures de guet, j'ai capturé un demi-deuil, espèce normalement introuvable au Québec. Satisfaite, la libraire scrute la liste avec moi, élude rapidement les parutions plus récentes.

Une odeur florale s'amalgame aux effluves de vieux papier. Serait-ce le shampooing de la libraire ? Pourtant, je n'ai jamais été particulièrement réceptif aux parfums… Alors que la femme s'approche davantage de son poste, l'émanation se précise, boisée mais épicée, ponctuée d'une note difficilement identifiable, un peu acidulée. Je me surprends à fermer les yeux pour humer cet alliage insolite, à ce point unique que ma respiration devient saccadée. Tant bien que mal, j'essaie de me dominer, de demeurer, comme d'ordinaire, maître de moi-même.

Posément, la libraire commente l'un des derniers titres de la liste.

— À partir d'ici, les livres se trouvent à l'entrepôt. Si vous les voulez, je peux vous les apporter demain.

Étourdi, je me concentre pour lire les caractères qui chavirent sur l'écran. Mon cœur manque un battement lorsque je reconnais le titre du livre si longtemps cherché. Je réussis à répondre en continuant à repousser l'odeur qui ébranle mes sens:

— Il faudrait me l'apporter cette semaine, dimanche au plus tard. Ensuite, je donne des cours à l'Université de Rimouski.

— Je l'aurai sans faute demain, monsieur… ?

— Monsieur Dumais. Faites…

Je m'appuie plus lourdement sur le comptoir, une nouvelle fois désarçonné par le parfum de la femme. Mon sexe se tend dans mon sous-vêtement. Non sans mal, je baragouine:

— Faites la réservation au nom de Maxime. Maxime Dumais.

La libraire se mord les lèvres, comme si elle constatait l'effet qu'elle produit sur moi. Ses iris sombres brillent, embellissent son visage ingrat. J'ai un mouvement de recul. Je ne comprends pas ce qui se passe: j'ai toujours eu du succès avec les femmes, même après mon divorce, mais je préfère les silhouettes longilignes et aériennes, les chevelures colorées, qui évoquent les ailes des papillons d'une manière ou d'une autre. Des compagnes que je peux brandir comme des trophées, incarnations de la grâce et de la fragilité. Cette Liana n'a rien pour me séduire si ce n'est son odeur qui me fait perdre pied, me donne envie de la posséder, de la malmener comme ma masochiste d'ex-femme, jusqu'à ce qu'elle porte plainte contre moi… Je ne me reconnais pas: serais-je en train de perdre tout contrôle de moi-même?

Je secoue la tête pour retrouver mes esprits. Liana continue à pianoter sur le clavier. Une bouffée plus forte me balaie le visage, accentue mon désir. Je me fais violence pour me détourner du comptoir, esquivant *in extremis* un amas de livres. Peu à peu, mon souffle reprend un rythme moins effréné, et mes idées redeviennent plus limpides.

Visiblement sous le charme, la libraire me dit :

— Remarquez, si vous ne voulez pas attendre jusqu'à demain, je peux aller chercher le livre à l'entrepôt après la fermeture. Vous n'auriez qu'à repasser vers 21 h 30. Je laisserai la porte déverrouillée.

Je m'entends répondre, impulsif :

— Ce serait parfait. Je serai là.

Je lui serre spontanément la main, le sang affluant à toute vitesse dans mes tempes. Je baisse la tête, les sourcils froncés. À travers un voile de confusion, je vois Liana inscrire quelque chose dans son registre en cuir. Puis, je pousse la porte d'entrée. Une fois à l'extérieur, l'odeur de la rue principale me fait grimacer de dégoût.

: :

Après des heures à errer aux alentours de la rue Lafontaine, j'ouvre enfin la porte de la bouquinerie, où est accrochée l'affichette « Fermé ». La journée m'a paru interminable, à me remémorer malgré moi le parfum de la libraire. Pour tromper l'ennui, je me suis assis pour lire dans le parc urbain, près de massifs de fleurs. Mais leur pollen douceâtre me rappelait sans cesse Liana, la luxuriance des effluves qui s'amarrent à son épiderme. Je souffrais d'en être privé, j'avais envie de la renverser dans le parterre, de déchirer son chemisier, de retrousser sa jupe sur sa taille…

Secoué, j'entre dans le commerce enténébré, assailli par la senteur des livres jaunis. La pénombre confère aux étals un caractère inquiétant, comme si je pénétrais dans une bibliothèque abandonnée depuis des décennies. Liana surgit de derrière le comptoir, une multitude d'ouvrages de référence dans les bras. Je lui prête main-forte pour les disposer sur un présentoir, happé par la complexité de son parfum, suave et poivré. J'accroche son poignet au passage, alors que je tente tant bien que mal de maintenir un livre en équilibre. La femme me sourit.

— J'ai votre fameux livre.

Je hoche la tête, ferme à demi les paupières. Son odeur s'épand jusqu'à moi, emplit l'espace de la librairie. Sans réfléchir, j'appuie ma paume sur son avant-bras avant de la retirer précipitamment. Un peu nerveuse, Liana s'approche de moi.

— Avant de vous le donner, il y a un papillon que j'aimerais vous montrer. Il s'est posé ce matin dans l'une des vitres du sous-sol. C'est visiblement un papillon de nuit, mais… mais je n'arrive pas à l'identifier. Peut-être que vous le pourriez…

Je prends une inspiration profonde avant de répondre :

— Vous pouvez me tutoyer, Liana.

Je regrette instantanément cet excès de familiarité. La libraire rougit, puis balbutie :

— Tu n'as qu'à me suivre. C'est un peu comme ma deuxième maison, tu verras.

Son sourire s'accroît pendant que ses puissants arômes m'entraînent dans leur sillage. Je frissonne, puis l'accompagne à l'arrière du magasin, où un escalier est dissimulé entre une étagère de livres jeunesse et un présentoir de revues défraîchies. Les marches étrécies tourbillonnent jusqu'à une pièce au plafond bas, remplie de caisses de livres. L'endroit, chaleureux malgré son exiguïté, est flanqué d'une salle de bain coquette aux murs agrémentés de fleurs séchées.

La démarche chancelante, j'escorte Liana jusqu'à l'une des fenêtres du sous-sol, sous laquelle un lit de camp est déplié.

— Comme je te le disais, précise Liana, c'est en quelque sorte mon deuxième chez-moi. Quand je n'ai pas envie de rentrer à Kamouraska, je dors ici.

Sans transition, elle poursuit :

— Et le papillon est juste là, sur la face extérieure de la vitre.

Elle désigne l'insecte d'un mouvement de la tête. Intrigué, je tends le cou vers la vitre, identifie en quelques secondes l'espèce.

— C'est un *Plusia magnimacula* ou plusie à gros points. On le reconnaît à ses taches blanchâtres sur les ailes supérieures. Tu les vois ?

Liana s'approche de moi. Je tressaille lorsque sa joue effleure la mienne, y dépose une caresse olfactive. J'ai l'impression d'être pétrifié, incapable de me maîtriser.

Dans la pénombre du sous-sol, la libraire brille d'un éclat singulier. Ses bras fins ont soudainement la grâce des antennes d'une piéride, ses cheveux ont le pli souple des segments d'un géomètre. Inapte à réprimer mes élans, j'appuie un genou sur le lit de camp. Je ne peux rien faire : je ressens cette urgence de m'ébattre sans attendre qu'inspirent de rares personnes, peu importe l'endroit ou le moment. J'ai envie de plaquer Liana sur les couvertures tirées, de pousser un hurlement sauvage en la pénétrant. Près de moi, la libraire éprouve sans doute la même attirance, mordillant ses lèvres jusqu'au sang.

Je la projette contre le lit, qui craque sous l'impact. Elle s'y allonge fiévreusement, son parfum devenant plus prononcé. Avec des doigts rendus maladroits par l'empressement, je déboutonne sa blouse, enfouis ma tête entre ses seins un peu flasques. Mais l'odeur me fait oublier leur état, jette sur son corps un halo couleur de vertige. J'inspire longuement avant d'immerger une nouvelle fois mon nez dans sa poitrine. Liana laisse échapper un soupir de plaisir, comprime mon visage sur son ventre à la peau étirée par une ancienne grossesse. Mes mains pétrissent ses hanches, s'y agrippent comme un naufragé en haute mer. La femme gémit, défait ma ceinture et ma braguette. Ses doigts dispersent des arômes sulfureux sur mon sexe tendu, qu'elle caresse en l'humectant de salive. Dans un sursaut de lucidité, j'essaie de m'écarter, mais je ne réussis qu'à me lamenter pendant que mon gland durcit dans sa bouche, presque prêt à éclater. Je m'étonne de mon manque de résistance, alors que j'ai toujours dompté mon désir. Mais l'odeur de Liana est trop capiteuse, trop enivrante, et je dois lutter de toutes mes forces pour ne pas jouir immédiatement. Il faut que je possède ce parfum qui imprègne sa chair, que je me perde entre ses pores ouverts…

Pour m'octroyer un répit, j'entreprends de lui enlever sa jupe, boutonnée sur le côté, que je lance au hasard sur le plancher. Les sous-vêtements de soie verte, de la teinte du papillon lune, s'offrent à mon regard. Impatient, j'insinue mes doigts sous le tissu, les glisse dans le sexe de Liana. À la lueur des néons, je considère un instant mes ongles humectés de sang menstruel. Obnubilé, je ne peux m'empêcher de les lécher jusqu'à ce que la moindre goutte soit disparue. La libraire arque le bassin, excitée. Je retire sa culotte, alourdie par une serviette hygiénique, arc-boute mon visage entre ses cuisses. L'odeur ferreuse emplit mes narines, s'allie aux effluves de Liana. J'enfonce ma tête jusqu'à son sexe, que je lèche de bas en haut, avec de lents mouvements. La femme se crispe, ses gémissements se mêlant à mes grognements. De l'une de ses mains, elle commence à me masturber, me caressant les cuisses de l'autre. L'envie de la posséder devient irrépressible.

Je me dépêche de la pénétrer. Mon sexe se macule de sang jusqu'à la fourche avant que le flot ne tarisse momentanément. Les yeux mi-clos, je laisse l'excitation m'envahir comme jamais auparavant. Bientôt, la respiration hachurée par mes efforts pour rivaliser contre le désir, je ne peux contenir les digues. Je m'incline au-dessus du cou et du visage de Liana, que j'asperge de longues giclées de sperme. La libraire porte ses mains à sa bouche, étale ma semence sur ses joues. Elle mord ses lèvres, où le sang séché a formé des croûtes, avant de s'allonger sur le dos, jambes écartées. L'aspect ingrat de son corps me frappe brusquement. La honte de n'avoir pas réussi à me dominer m'emplit en même temps qu'une sensation de souillure. La sueur ruisselle tout à coup sur mes joues, acide. Non sans nervosité, je lui dis :

— Je pense que je vais retourner à l'hôtel. Merci pour tout.

Liana se redresse sur les coudes, les seins et le ventre amollis. Son odeur, toutefois, continue à se propager jusqu'à moi, provocante et hypnotique.

— N'oublie pas le livre. Il est sur la tablette en bas du comptoir. Je te l'offre.

Je la remercie vaguement en enfilant mes habits. Je ne comprends pas ce qui s'est passé, comment j'ai pu être séduit par cette femme. Si mes collègues savaient…

La tête lourde, je m'éloigne du lit de camp pendant que la libraire me demande :

— Tu reviendras avant de partir pour Rimouski ?

J'hésite, considère Liana étendue sur sa couche, qui m'adresse un rictus avide.

— Peut-être. Merci encore.

Abasourdi, je gagne le rez-de-chaussée, où je récupère mon livre avant de sortir de la librairie à pas rapides. Les clochettes de la porte d'entrée résonnent derrière moi alors qu'une vague odeur fluviale m'assaille.

: :

Toute la semaine, j'ai résisté à l'envie d'aller à la bouquinerie. Hanté par les arômes singuliers de Liana, je voyais en boucle l'image d'un demi-deuil suspendu sur une branche, ses ailes aux taches en forme de damier déployées. Non sans anxiété, je songeais au jour de mon départ pour Rimouski, qui approchait. Mais je parvenais à me raisonner, à me répéter que je ne pouvais rien tirer de cette relation, la libraire ne possédant pas la trempe de mes anciennes compagnes. Néanmoins, j'aurais regretté de ne pas essayer de capturer une dernière fois cette odeur qui affadissait toute autre fragrance. L'arôme doit forcément provenir de l'un de ses produits de beauté, une crème, un bain moussant, une lotion pour le corps… Je dois réussir à identifier cette senteur, comme lorsque je traque les spécimens les plus exceptionnels.

Déterminé, je me décide à entrer dans la bouquinerie. Près du comptoir, Liana s'entretient avec une étudiante. Ses traits s'illuminent quand elle m'aperçoit, une lueur de convoitise traversant ses iris. Je rejoins les deux femmes, dont les effluves s'enchevêtrent en un alliage disgracieux, dominé par un parfum citronné bon marché.

— J'en ai pour quelques minutes, m'avise-t-elle. Tu peux m'attendre en bas si tu veux.

Je hoche la tête, troublé par l'odeur poivrée de sa peau, qui parvient malgré tout à se frayer un passage vers moi. Je dois me concentrer sur l'objet de ma venue en ces lieux. D'un pas lourd, je me dirige vers l'escalier au fond du commerce, alors que l'étudiante se renseigne à grands gestes sur un obscur théoricien littéraire. Les marches cascadent en torsade jusqu'à la salle de bain, dans laquelle j'entre à la hâte. L'occasion est idéale pour fouiller dans les produits de beauté de Liana, pour isoler celui qui la nimbe d'une aura aussi exquise.

Fébrile, je soupèse shampooings, revitalisants et lotions pour le corps sur le rebord de la baignoire, enlève un par un les bouchons pour en humer le contenu. Je repose les tubes colorés, contrarié, plusieurs chutant au fond de la baignoire. Avec empressement, j'ouvre la pharmacie, pétris les flacons de médicaments et les boîtes de blanchiment de dents. Les battements de mon cœur se précipitent. L'odeur continue à se dérober, en rien semblable aux produits rangés ici. En grimaçant, je jette les pots sur le sol et dans l'évier.

Je quitte la salle de bain, guidé par l'espoir de dénicher la fragrance près du lit de Liana. Sur une table étroite, la senteur fade d'un verre d'eau me nargue. Mes mains repoussent les couvertures, les propulsent sur le plancher en un amas disgracieux. Puis, je m'agenouille devant la couche de la libraire. Les draps ont emmagasiné une parcelle de son parfum dans lequel je m'immerge, un instant satisfait. Mais les arômes s'évaporent rapidement, fugaces.

La tête pesante, je me relève et considère les boîtes entassées dans le sous-sol. J'ouvre une caisse au hasard, à l'aide d'un exacto déposé sur l'une d'elles. L'odeur des livres d'occasion me fait plisser les narines.

Des pas résonnent soudainement dans les marches. Embarrassé par mon saccage, je me précipite en bas de l'escalier pour dissimuler les dégâts autant que possible. Liana me rejoint. Son expression gourmande fait naître en moi un mélange d'attirance et de répulsion.

— J'espérais que tu reviendrais avant de partir, me dit-elle. Si tu veux, je peux aller fermer la boutique.

Sous son nez, ses veines palpitent, magnétiques. Mes pensées se dérobent, égarées par l'odeur qui se propage dans le sous-sol. Je fais un pas vers Liana, inspire longuement. Nul doute, l'origine de la fragrance est interne; elle trouve sa source dans les vaisseaux sanguins de la libraire. Il me faut à tout prix la capturer.

Liana hurle au moment où la lame de l'exacto déchire l'une des veines situées sous son nez. La blessure libère des gerbes de sang qui m'éclaboussent le visage. Des effluves sauvages affluent.

Chancelante, la libraire porte les mains à son visage empourpré. Je la pousse de toutes mes forces contre le mur. Son crâne produit un bruit de craquement en heurtant la cloison. Je tire ses cheveux, renverse sa tête vers l'arrière pour exposer son cou. Les veines de sa gorge pulsent, invitantes. Elle gémit faiblement, à demi assommée par l'impact.

D'un coup sec, je plante l'exacto dans sa poitrine. Fais remonter tant bien que mal la lame à la verticale en poussant sur le manche, puis l'extirpe avec un bruit humide. Les chairs rosâtres se dévoilent, gorgées de sang. La bouche ouverte, je me délecte de la pureté des arômes, enfin délivrés de leur écrin.

Sans tenir compte des gargouillis de la libraire, je ferme les yeux pour me concentrer sur son parfum. Un intense sentiment de volupté se propage en moi.

Liana s'affaisse dans mes bras. J'enfouis mon nez dans la plaie de sa poitrine, où l'odeur est plus capiteuse. Mon sexe douloureux se tend. Les vaisseaux sanguins déchirés déversent leurs ultimes saccades sur mon visage.

J'entends un tintement à l'étage, suivi d'un bruit de pas. Je mets un instant à identifier les clochettes de l'entrée. Il me faudrait bondir, me cacher, m'éloigner de la libraire. Mais sa fragrance est trop puissante. Je me blottis plus profondément dans ses bras. Le nez dans sa gorge béante, je serre l'exacto à deux mains. Puis, le regard rivé sur l'escalier, j'attends. J'attends, la bouche emplie de ce nectar qui désormais m'appartient.

ARIANE GÉLINAS

Ariane Gélinas naît en 1984 sur le bord de la rivière Saint-Maurice, dans le petit village de Grandes-Piles ; elle qui fera plus tard l'apologie des villages assoupis.

Très vite attirée par la littérature fantastique, les romans d'horreur, de mystère et de science-fiction, Ariane entreprend des études littéraires à l'Université du Québec à Trois-Rivières. Son mémoire de maîtrise portera sur Berbiguier de Terre-Neuve du Thym ; elle termine présentement un doctorat en création littéraire sur *Les mémoires du diable,* de Frédéric Soulié.

Tout naturellement, sa passion de lectrice s'est transformée en une carrière d'écrivaine axée sur une littérature de l'imaginaire. Elle fait ses premières armes en écrivant une trentaine de nouvelles publiées dans les revues spécialisées, comme *Brins d'éternité*, *Solaris* et *Alibis*. Puis, pour donner plus de latitude et d'envergure à ses projets, Ariane publie son premier roman, *Transtaïga,* en 2011. Elle fera dorénavant partie de la relève de la littérature noire au Québec, allant jusqu'à se définir elle-même comme une auteure de « roman fantastique noir horrifique à saveur québécoise ».

À la lecture des deux premiers tomes de sa trilogie *Les villages assoupis*, on remarque son intérêt pour la géographie et l'histoire du Québec, ainsi que son penchant pour le roman noir teinté de fantastique. Ses personnages énigmatiques évoluent dans des mondes étranges, où l'on oscille entre la réalité, l'indéfinissable et l'inquiétant.

Afin d'installer ce climat insolite, une fois les lieux déterminés et les personnages esquissés, elle met en œuvre son esprit créateur à partir d'un plan assez précis, chapitre par chapitre. Pour que son écriture « fasse du bruit », elle écrit dans le silence le plus complet, parfois accompagné des ronronnements de ses deux chats.

Parmi sa production récente, *L'île aux naufrages* est son roman préféré, mais comme beaucoup d'auteurs, le prochain, celui qui hante le disque dur de son ordinateur, sera son chouchou… durant quelque temps.

Quand elle aura terminé sa trilogie des *Villages assoupis*, elle s'attaquera à un nouveau projet. Le lieu est déjà choisi (le village de pêcheurs de Tête-à-la-Baleine), il y aura des touches d'horreur et de fantastique et l'histoire se déroulera sur trois siècles, du XIXe au XXIe.

Créatrice de romans d'atmosphère au climat terrifiant, Ariane Gélinas dessine des scènes d'horreur en usant d'une poésie douce et d'un imaginaire tout en nuances. D'un fil de soie qui semble fragile, mais qui, ô surprise, nous attrape et nous emprisonne, elle tisse une arantèle diabolique. Lecteurs complices, nous nous laissons porter par la suavité de son style, par son écriture en demi-teintes… et elle parvient à nous faire avaler les plus horribles couleuvres, qu'elle a savamment enrobées dans un emballage soyeux.

Blogue *Interférences* : www.herelys.blogspot.com
arianegelinas@gmail.com

Photo de l'auteure : Frédérick Durand

GENEVIÈVE LEFEBVRE

Rares sont les hommes

La scène est un carnage.

À peine Géraldine Mukasonga avait-elle passé les rubans jaunes et tiré la porte de la librairie que l'odeur l'avait ramenée instantanément à Nyamata, tous ses sens en éveil. C'est toujours dans le parfum lourd et métallique du sang que son instinct est le plus aiguisé, à l'affût du frémissement qui annonce la machette ou le fusil.

Le corps d'un vieil homme à la carrure de lutteur gît dans l'entrée de la librairie, face à la porte, entre une pile de *Saccages*, le dernier roman de Chrystine Brouillet, et les conseils de Patricia Highsmith sur l'art du suspens.

Un geyser de sang avait tracé une ligne pure sur les tranches bien blanches des polars tout frais sortis de l'imprimerie. Juste derrière, les éclats de cervelle gélatineuse ornent de leur collier perlé le visage fin d'une jeune écrivaine qui vient d'écrire *Slut, le roman d'une génération.*

« Le vieux est allé au-devant de son assassin », se dit Géraldine en s'arrêtant devant le cadavre. Rares sont les hommes qui savent marcher vers la mort.

Les techniciens en scène de crime vont et viennent, dans un ballet silencieux. Même le flash du photographe semble s'excuser de son intrusion.

Géraldine se penche sur le corps de l'homme, en regrettant que les Brouillet soient désormais contaminés par le sang du vieux. Anne-Sophie aurait été ravie de les lire et Dieu sait que leur couple avait besoin de ravissement.

Encore ce matin, elles s'étaient disputées. Anne-Sophie trouve que Géraldine « ne partage pas ses émotions, qu'elle ne *s'exprime* pas ».

« C'est un reproche absurde », se dit Géraldine. Un million d'hommes, de femmes et d'enfants avaient crié au Rwanda, et le monde entier les avait quand même abandonnés. À quoi bon s'exprimer ? S'il fallait que Géraldine dise ce qu'elle porte en elle, Anne-Sophie ne s'en remettrait pas et leur amour en serait abîmé pour toujours, les laissant chacune sur les rives de deux mondes irréconciliables. Alors elle se tait.

Géraldine pose délicatement sa main gantée de latex sur le torse massif du mort. Elle a vu tant de gens feindre la mort pour survivre, il faut qu'elle touche.

Le vieux était mort les yeux ouverts sous les sourcils broussailleux, les manches de sa chemise relevées sur ses avant-bras noueux. L'anthracite de ses pupilles a perdu tout son lustre, terne comme un puits de pétrole à sec. Le sang, lui, est brillant. La mort est encore fraîche.

« Tu as été brave, le vieux. Ou suicidaire », murmure Géraldine.

— Gérald, viens voir.

Géraldine lève les yeux vers David Catelli. Tous les gars de l'unité l'appellent « Gérald », elle ne s'en formalise pas. C'est une marque de camaraderie, une façon de lui dire qu'elle est un homme comme les autres. Elle l'est.

Dans la voix de David, une fêlure, un désarroi qui ne ressemble pas à la bonne humeur de son partenaire.

Géraldine se relève, souple.

— J'arrive.

Comme d'habitude, David encaisse la fulgurante beauté de Géraldine. Comme d'habitude, il s'en veut d'éprouver une émotion si forte alors qu'ils ont les deux pieds dans le sang, qu'il est marié à une femme qu'il adore, et père d'une enfant pour laquelle il se damnerait.

« C'est parce que la vie n'a pas de sens qu'il faut y mettre de l'ordre », se dit-il en évitant de regarder la nuque de sa partenaire, mise à nue par le chignon serré.

Géraldine marche vers le fond de la librairie. Elle sent la présence de David derrière elle, rassurée par sa fragilité. David n'est pas de ces policiers qui présument de leur force pour mieux s'effondrer ensuite. C'est parce qu'il doute et qu'il a peur que Géraldine sait qu'elle peut lui faire confiance. C'est son meilleur partenaire depuis qu'elle est entrée en fonction, mais elle s'abstient de le lui dire.

Ça vaut mieux.

: :

Ils contournent les étalages et les présentoirs. Là, un autre corps, celui d'une femme aux cheveux courts et gris, la colonne vertébrale pulvérisée par le métal des balles, a emporté Philip Roth dans sa chute.

« Elle a cherché à fuir », se dit Géraldine, notant l'absence de maquillage sur la couperose des joues et l'usure du pantalon de velours côtelé de la femme tombée.

Vivre dans le refus de toute concession à la féminité et mourir la main agrippée aux pages pleines d'intimité et de honte d'un des écrivains les plus misogynes du siècle... Si la vie était pleine de paradoxes, la mort remportait la victoire à tout coup.

— C'est ce qui arrive quand on tourne le dos, dit Géraldine.

Ce n'était pas un blâme. Une simple constatation. N'empêche. Il arrive à David d'éprouver un étrange sentiment de frayeur devant certaines réflexions de Géraldine. Comme s'il caressait la lame d'un rasoir, à un millimètre du sang.

— C'est elle que tu voulais me montrer ?

— Non, c'est au fond.

— Les autres ?

— Oui.

Elle s'apprête à le suivre lorsque son regard se pose sur quelque chose d'insolite. Dans les débris de la tuerie, sur un amoncellement de livres à la couverture bleue, un chevalet de bois renversé, sur lequel est épinglé une petite affiche avec la photo d'une magnifique blonde à la crinière de lionne dont le regard azur semble défier le monde entier.

Véronique McGillis, l'auteure du roman *La mémoire de ma fiction,* sera à la librairie pour parler de son œuvre.

— Qui c'est ?

Le regard de David va et vient entre l'arabica velouté des yeux de Géraldine et le bleu arctique de ceux de l'écrivaine, incertain de la réponse qu'on attend de lui.

— Aucune idée. Je devrais la connaître ?

Géraldine ramasse un des livres bleus et plonge son regard dans la quatrième de couverture du roman de la femme lionne.

— Elle a publié sept romans déjà.

— Et ?

— Ça a l'air bien, dit-elle en replaçant le livre avec précaution au-dessus du désordre.

— Tout ce que j'ai le temps de lire, c'est des rapports, se justifie David.

— Je ne te fais pas de reproches, Dave. Je ne la connais pas plus que toi. Je me demandais seulement ce qui justifiait que ce soit *elle* que la librairie invite. Je me demandais si je ratais quelque chose.

Le geste interrompu par la réflexion, la main suspendue en plein vol, comme un colibri au-dessus d'un bassin d'eau sucrée, Géraldine pense. Quelque chose lui échappe. Une librairie dans le quartier le plus pauvre de Montréal, entre un bar de danseurs nus et une boutique fétichiste, c'était déjà inusité. Une librairie qui invite des auteurs à parler de leur œuvre et qui fabriquait une affiche pour l'occasion, encore plus. Qu'est-ce qui… ?

La voix de David la ramène au moment présent.

— 17 décembre. C'était ce soir, sa conférence, Gérald.

Géraldine se tourne vers lui, la magie est rompue.

— Ce soir. Elle est avec… les autres ?

Dans la tête de David, un kaléidoscope macabre de visages et de corps défile, méthodique.

— Une tignasse comme ça, je m'en souviendrais, répond David en hochant la tête en signe de dénégation.

— Sa présence était annoncée pour dix-neuf heures… On sait où elle habite ?

David s'empare de son téléphone, fait une recherche sur Google. Quelques entrées, pour la plupart des critiques de ses livres. Il lit rapidement, fronce les sourcils.

— Quoi ? s'informe Géraldine.

— Rien. Les critiques sont bonnes.

— T'as un numéro de téléphone ?

— Rien au nom de McGillis.

— Essaie « associations d'écrivains » ou quelque chose du genre. Il faut qu'on lui parle.

David trouve enfin. Il compose le numéro, tombe sur un répondeur qui lui indique qu'il est bien chez « Véronique, impossible pour moi de vous répondre », et laisse un message pour qu'elle le rappelle le plus vite possible.

Il échange un regard avec Géraldine. Ils pensent la même chose. Ils doivent trouver Véronique McGillis. Si la blonde écrivaine savait quelque chose, ce qui était peut-être le cas, elle était en danger.

— Combien de temps ça dure, ce genre de truc ? demande David.

Géraldine pense à ces interminables conférences où Anne-Sophie la traîne parfois, excitée de rencontrer un de ces écrivains qu'elle cherche désespérément à imiter. Comme si le talent était contagieux et qu'à force de se frotter à la célébrité on pouvait l'attraper à son tour, sans effort et sans travail.

— C'est toujours trop long. Les gens qui travaillent dans la solitude, quand ils ont un auditoire, ils le prennent en otage.

— Elle est partie à temps alors, constate David, soulagé d'en avoir réchappé au moins une, ne serait-ce qu'à cause de sa timidité.

— Véronique McGillis n'a peut-être pas grand-chose à dire…

David hoche la tête, découragé. Géraldine hausse les sourcils.

— Quoi?

— Je voudrais t'enregistrer à ton insu et te faire entendre comment tu parles.

La bouche de Géraldine lui offre alors ce que très peu d'hommes peuvent se vanter d'avoir reçu de la belle Rwandaise: un sourire.

— T'es drôle, Catelli. Combien de victimes on a, déjà?

— Sept. Plus le vieux et la femme aux cheveux gris. Neuf au total.

— Neuf, dit-elle, songeuse. Heureusement que madame McGillis n'est pas célèbre… T'imagines si ça avait été plein?

Non. À voir son air consterné, il n'imagine pas, constate Géraldine. Elle, oui. C'est pour ça qu'ils font une si bonne équipe. Elle ne reviendra jamais tout à fait d'entre les morts et lui, il est encore du côté des vivants.

« Pourvu qu'il le reste », se dit-elle avant de lancer un avis de recherche sur Véronique McGillis à ses patrouilleurs.

: :

Véronique McGillis rumine dans sa soupe thaïlandaise pleine de nouilles, ses beaux yeux pâles cernés de noir, le cœur en berne. Sept personnes ce soir.

Sept!

Elle a écrit sept romans, ce qui fait donc une personne par livre, sur une période de sept ans, pour à peu près sept mille dollars… Décidément, il faudrait revoir cette histoire de numérologie vaseuse sur les pouvoirs magiques du chiffre sept.

Elle ne sait pas combien de temps ça pourra encore durer, combien de temps elle pourra tenir sur l'espoir de plus en plus mince de gagner un jour sa vie grâce à ses livres. Elle vit pourtant déjà dans la modestie la plus complète. Pas de vacances, pas de voyages, pas de luxe, et une lourde bécane de fer pour unique moyen de transport.

Heureusement, il y a Françoise, sa libraire, la seule qui croit suffisamment en elle pour tenir tous ses romans en fonds de commerce, comme des classiques qu'il *faut* avoir.

Ce goût exquis pour la littérature, la vraie, celle qui ne doit rien ni aux modes ni à la facilité, n'avait pas contribué à la santé financière de sa librairie. Et malgré ses propres difficultés, Françoise a quand même réussi à lui obtenir ce contrat inespéré qui permet de payer le loyer et de manger une soupe épicée en buvant une demi-bouteille de sancerre.

Un contrat sans signature selon lequel Véronique ne doit ni exister ni espérer la moindre reconnaissance. Il n'y a que l'argent.

Mais c'est payé au-delà de ses espérances, et en liquide. « Le premier qui me dit que l'argent n'a pas d'importance, je le tue », se dit-elle. L'argent fait, et défait, tout, même le bonheur. Et comme le vieux était content des premiers chapitres, Françoise a pu lui obtenir la conférence de ce soir en bonus. Sous son vrai nom. Pour ses propres livres.

Ils étaient sept, fille.

Sept.

J'espère que tu ne t'attends pas à ce qu'ils fassent de *La mémoire de ma fiction* un best-seller ?

Non. Évidemment. Mais ça lui donne au moins l'illusion d'avoir été, l'espace de quelques instants, appréciée de ces lecteurs qui avaient interrompu leurs emplettes pour l'écouter parler de ses livres, de son travail. Ça avait été court, bien sûr, son bel élan interrompu par le silence qui avait accueilli l'invitation de Françoise à poser des questions à l'auteure.

Il n'y avait pas eu de questions.

Sauf celle d'une gamine, boudinée dans un jean *skinny*, qui ne savait pas quoi faire de toute cette rébellion qui bouillonnait en elle.

— Comment faites-vous pour savoir quelles histoires il faut raconter ? avait demandé l'adolescente avec toute l'intensité de ses quatorze ans.

Véronique avait répondu du mieux qu'elle le pouvait. Ça tenait en une phrase.

— Je me demande ce qui me met assez en colère pour me porter à travers la solitude, la pauvreté, l'indifférence qui viennent avec l'écriture.

Ça avait jeté un froid.

Vite, vite, avant de se mettre à pleurer, Véronique avait enfilé son manteau, remercié Françoise et assuré le vieux qu'elle serait là le lendemain pour la suite de leur travail.

Véronique McGillis est une fille intelligente. Elle sait qu'elle écrit des livres touffus, trop complexes pour la littérature populaire, mais trop simples pour les exégètes littéraires. « "L'écrivaine qui était tombée dans une craque" », c'est ce qu'on écrira sur ma tombe », se dit-elle en espérant très fort que le contrat qui lui permet de manger ne précipite pas sa rencontre avec la terre du cimetière Côte-des-Neiges.

« Heureusement, j'ai de l'humour », se convainc Véronique en hélant la serveuse, alors que derrière la vitrine du restaurant, les gyrophares d'une voiture de police éclairent la rue de bleu et de rouge dans la neige blanche.

Heureusement, fille.

Véronique McGillis sort du restaurant thaïlandais. Une neige duveteuse tombe du ciel, légère comme un présage de bonheur. Peut-être, enfin, le vent tournera-t-il en sa faveur ? Véronique enfile ses gants, cherche sa tuque. Elle a dû l'oublier à la librairie. Pendant quelques instants, elle reste immobile, hésitant entre l'envie de retrouver son lit et la crainte de ne jamais revoir cette tuque noire brodée d'un signe chinois rouge qui lui donne l'air d'une gamine. La librairie n'est pas loin : en passant par la ruelle, elle y sera en quelques minutes.

Elle se met en marche, sa chevelure blonde éclairant la nuit. Elle enjambe le banc de neige repoussé par la charrue. Entre les escaliers de métal, les bennes à ordures qui débordent et les anciennes entrées de calèche, la ruelle est sinistre. Véronique n'a pas peur. Au fond de la ruelle, les phares d'une voiture de police. Le véhicule bloque la sortie qui donne sur le bar de danseurs et, plus loin, la librairie.

Curieuse, Véronique avance vers une jeune policière qui monte la garde. C'est pareil quand elle écrit, elle ne peut pas laisser l'histoire en plan, il faut qu'elle sache. La policière se tourne vers elle et lui fait signe de reculer.

— Vous ne pouvez pas passer, madame.

— Il s'est passé quelque chose au bar ?

— Circulez, s'il vous plaît.

— Il faut que j'aille sur Sainte-Cath…

— Prenez par la rue, vous ne pouvez pas passer ici.

Clair, net, intraitable. Véronique fait demi-tour, dépitée par la rigidité de la policière. « Le genre qui doit déposer des griefs à tout bout de champ parce qu'elle se juge injustement traitée », se dit-elle. Il faudra qu'elle le prenne en note en arrivant à la maison, ça ferait un bon personnage.

C'est la dernière pensée de Véronique McGillis juste avant de s'effondrer, foudroyée par la balle qui lui traverse la tempe. Son corps s'alanguit dans le duvet blanc, princesse sanglante aux cheveux d'or.

Tout auréolé de sa fin tragique, le talent de Véronique McGillis sera enfin reconnu.

Trop tard.

: :

Dans la librairie, Géraldine et David se fraient un chemin entre McCarthy, Gordimer, Zola, Chen, Blais, Soucy, Gilbert, Tremblay, Benaquista, Poitras, Hébert, Moore, Coetzee, Duras, Golon, Nabokov, Borges, Adler, NDiaye, Gary, Ducharme, Murakami, Munroe et Michaud.

Ils font abstraction de toute cette fiction pour mieux scruter la scène de crime avec l'attention qu'exige la réalité. C'est leur métier.

Et puis, au détour de la section des romans historiques où le dernier tome de la série *Fanette* de Suzanne Aubry trône en vedette, Géraldine voit ce que David tenait à lui montrer.

Derrière les dernières étagères, fauchés par la valse meurtrière des balles, illuminés par le clignotement de la marquise aux néons colorés du bar de danseurs nus, les corps.

Sept cadavres.

Agglutinés devant une porte close. Une masse de corps ensevelis sous les livres qui sont tombés dans la débâcle.

Ils ont cherché à fuir le tueur. En vain.

Il les a rattrapés, et il les a tués. Les derniers à être exécutés sont tombés sur les corps des premiers. Un enchevêtrement de manteaux noirs, de foulards colorés et de visages livides, leur sang mêlé sous eux, dans une mare commune.

Et le papier des livres, qui absorbe le sang de leurs vies interrompues. Eussent-ils été encore vivants qu'on aurait parlé d'affluence dans cette minuscule librairie du Village, coin Sainte-Catherine et Visitation.

Géraldine hoche la tête, échangeant un regard avec David.

— On a des témoins qui se sont manifestés ?

— *So far*, personne.

— Qui a donné l'alerte ?

— Le *doorman* du bar de danseurs. Il raccompagnait un client turbulent sur le trottoir quand il a vu la porte d'en avant ouverte.

— Il est où, ton portier ?

— Dans une voiture de patrouille.

— Il a donné sa déposition ?

— J'ai demandé qu'ils le gardent au chaud jusqu'à ce qu'on soit prêts à le rencontrer.

Géraldine approuve d'un signe de tête.

— Et la porte d'en arrière ?

— Tu ne peux pas entrer de l'extérieur, seulement sortir.

Géraldine fait un rapide calcul de géographie mentale. Impossible que la porte devant laquelle se sont heurtées les sept victimes paniquées soit la même que celle qui donne à l'extérieur.

— Il y a quoi derrière cette porte-ci ?

— Probablement un entrepôt… ou un bureau. Ça prend une clé, on ne la trouve pas.

— On a un employé ? Un gérant ?

— On a un propriétaire.

Géraldine regarde les traces de calcium et de neige fondue sur le plancher de bois de la librairie. Elle a vu des chaussures de cuir, quelque part. Quelqu'un qui ne portait pas ses bottes. Ni de manteau d'ailleurs.

Le vieux.

Elle lève les yeux vers David. Qui hoche la tête. Avec cette expression coupable qu'ont les hommes mariés quand la jointure d'un policier cogne sur la vitre de leur voiture mal stationnée et qu'ils sont pris en flagrant délit de gâterie improvisée avec une fille dont ils ne connaîtront jamais le nom de famille.

— Et tu sais qui c'est, dit-elle de ce ton sévère que David redoute.

— Je voulais te montrer toute la scène avant de te le dire.

— Tu parles.

Ils reviennent sur leurs pas. Ils croisent le photographe judiciaire, qui leur lance un regard suppliant : dites-moi que ce n'est pas l'horreur qui m'attend…

La main compatissante de David se pose sur l'épaule du photographe. Géraldine a de l'admiration pour son partenaire. Elle ne sait pas faire « la compassion ». La tragédie a ceci de mal qu'elle vous laisse parfois impitoyable face à la faiblesse des autres.

Ils s'arrêtent au-dessus du vieux et Géraldine se tourne vers David.

— *Shoot.*

— C'est Pep D'Ambrosio, laisse tomber David.

Géraldine cherche ce que le nom lui rappelle. C'est flou. Quelque chose de familier, mais hors du contexte habituel, elle n'arrive pas à le replacer. Et puis, un éclair.

— D'Ambrosio, les Calabrais ?!

David hoche la tête. Chaque fois qu'il croise la pègre italienne sur son chemin, il en est gêné, comme quand un oncle qui ne sait pas boire devient belliqueux devant tout le monde.

— Les Calabrais, oui.

Ils savent tous les deux ce que ça veut dire. C'est le vieux qui était visé. Ce qu'ils ont devant les yeux, c'est un travail de pro. L'expertise balistique ne donnera rien, on ne retrouvera pas l'arme du crime et, à moins d'un coup de chance, ils ne ramasseront jamais assez de preuves matérielles pour pouvoir porter des accusations.

Quant aux témoins, ils étaient tous morts. Sauf, peut-être, Véronique McGillis…

Qui avait commandité le crime ? Pour quel motif ? Et pourquoi avoir tué les autres ? Géraldine n'a pas les mêmes connaissances que David sur la pègre italienne, mais elle sait que d'habitude, lors d'une exécution, le tueur se concentre uniquement sur la cible, évitant des meurtres inutiles.

Géraldine presse David.

— Raconte.

David n'a même pas besoin de fouiller sa mémoire, il connaît son sujet sur le bout des doigts.

— Guiseppe D'Ambrosio, dit « Pep », le quatrième frère après Alessandro, Franck et Armando. Ils sont venus par bateau, pauvres comme la gale. Ensuite, il y a eu l'arrivée à Halifax, le train pour Montréal, la misère, les appartements miteux, le froid, les parents qui mettent les enfants en orphelinat parce qu'ils n'arrivent pas à les nourrir. Les frères qui grandissent, qui traînent ici, dans le faubourg à m'lasse, qui commencent à prendre de la place, les femmes, les bars, le jeu, la cocaïne, le blanchiment, bref, la pègre *old school*. Ils sont propriétaires des trois quarts des immeubles du quartier.

— Avant que ce soit le quartier gai.

— Avant, oui. Les trois aînés dirigeaient. Chacun sa *gimmick*, pas de chicane.

— Et Pep ? demande Géraldine en fixant les poils qui sortaient des oreilles du vieux.

Le regard de David glisse jusqu'aux mains de Guiseppe D'Ambrosio. Des mains énormes, baguées d'or, aux jointures endurcies par la corne.

— Pep, c'étaient les travaux manuels.

Il échange un long regard avec Géraldine. « C'est fou comme la peau des Noires reflète la lumière », se dit David malgré lui.

— Les travaux manuels ? répète Géraldine.

— Leur tueur, si t'aimes mieux.

— Oh.

— La démolition, c'était Pep. Quand les D'Ambrosio avaient un problème avec quelqu'un, business ou personnel, c'est Pep qui s'en occupait.

— Personnel ?

— Comme la fois où le fiancé de la fille d'Alessandro a essayé de rompre.

— Il est arrivé quoi, au fiancé de la fille d'Alessandro ?

— Il s'est marié en béquilles.

Géraldine hoche la tête en pensant à la jeune Italienne. Mariée à un homme qui l'épousait sous la menace. Pauvre fille.

— Comment tu sais tout ça ?

— Tout le monde le sait, Gérald. Je ne sais pas comment c'est dans la communauté rwandaise…

— C'est une diaspora rongée par la politique et les fantômes, David, et je me tiens aussi loin d'elle que possible. Parle-moi des Calabrais.

Les Calabrais. Ils avaient tous réussi dans la vie. Ils étaient prospères, riches et presque légitimes. Pep avait épousé Gelsomina et ils avaient eu quatre enfants, trois fils et une fille. Les fils étaient morts les uns après les autres, l'un en prison à New York dans des circonstances nébuleuses, l'autre à l'hôpital d'une leucémie foudroyante et le dernier avait rendu son dernier soupir derrière le conteneur à déchets d'un restaurant du nord de la ville, tiré à bout portant par un tueur du clan sicilien.

Il ne restait que la fille, Palmina, bien cachée derrière sa boutique de robes de mariage. Seule fille au milieu de ses frères, elle avait, comme Phyllis Lambert, hérité du monopole de la matière grise familiale, et savait donc se faire discrète.

À ce jour, le rôle exact de Palmina au sein du clan était peu documenté. Après tout, qui se souciait des femmes, sauf quand venait le temps de trouver un costume propre pour l'exposition des corps au salon funéraire ?

Ce qui laisse David perplexe sur la tuerie de la librairie, c'est que Pep D'Ambrosio avait pris sa retraite du crime depuis longtemps, les D'Ambrosio ayant été remplacés par une jeunesse montante et provocante, à des années-lumière des us et coutumes de la vieille garde mafieuse.

Qui avait bien pu vouloir la mort de Guiseppe le tueur alors qu'il n'était plus ni influent ni puissant ?

— Ça n'a pas de sens, David.

— Qu'un tueur se fasse descendre alors qu'il a pris sa retraite ?

— Non. Qu'un homme qui a passé sa vie dans les travaux manuels ouvre une librairie.

David hoche la tête. Ça n'avait effectivement pas de sens.

Son regard croise celui de Géraldine, qui attend de lui une piste, le début d'une explication, de l'espoir plein les yeux.

— Ne me regarde pas comme ça, tu me stresses.

— C'est toi, l'Italien.

— Oui, mais d'habitude, dans les règlements de comptes avec la pègre, il y a un code, des normes à respecter. Là, dit-il en balayant la scène des yeux, c'est le chaos, Gérald, le chaos.

Géraldine hoche la tête. Le chaos, elle connaît. Ses mains fines aux ongles courts trouvent le chemin de ses tempes, qu'elle frotte machinalement, comme chaque fois qu'elle réfléchit.

— Tu as déjà vu une librairie dans la liste des commerces qui servent de *front* pour blanchir de l'argent… ?

— Jamais, décrète David. Quand ils veulent blanchir, ils ouvrent des bars, des restaurants, des buanderies ou des clubs de danseuses…

Des clubs de danseuses… David surprend la lueur dans le regard de Géraldine. Il sait à quoi elle pense. David hèle le policier qui monte la garde. Il est temps de prendre la déposition de leur seul témoin.

: :

Escorté par un policier au visage poupin rougi par le froid, Karim Abbas sort de la voiture de patrouille, la mort dans l'âme.

Il sait ce qui l'attend. Les questions. Le récit des événements. D'autres questions. Il sait qu'il devra faire gaffe à ses réponses s'il ne veut pas de problèmes.

Il n'a pas eu besoin d'entrer dans la librairie pour savoir ce qui venait de se passer. Il a vu l'homme en noir en sortir et monter dans la voiture allemande garée devant la borne-fontaine. Ça fait quatre ans qu'il travaille comme portier dans les bars, et il n'est pas con. Il a bien pris soin de détourner les yeux, d'ailleurs, histoire d'éviter de voir le numéro de plaque.

S'il a donné l'alerte, c'est parce qu'il a vu au moins un corps sur le plancher. Le vieux. Et qu'il sait qu'on lui sera reconnaissant de ne pas l'avoir laissé crever au froid, la porte de sa librairie grande ouverte.

Mais quand il entre au chaud et qu'il voit que Françoise aussi a été tirée à bout portant, dans le dos, son immense carrure de centurion romain frémit. Et ce n'est pas à cause de la neige qu'il a dans le cou.

Françoise. À qui il avait porté secours un soir où un itinérant agressif avait essayé de lui soutirer la maigre recette qu'elle avait dans la caisse de la librairie.

Et qui, pour le remercier, lui avait donné un livre en lui disant: « J'espère qu'il vous plaira, sinon rapportez-le, je vous en donnerai un autre. »

Karim Abbas ne lisait pas. Mais il n'avait pas voulu être impoli, alors il avait simplement dit « merci » en mettant le bouquin dans la poche de sa veste de cuir, où il l'avait oublié.

Jusqu'à ce qu'il se retrouve dans la salle d'une attente interminable chez son garagiste et qu'il sorte le livre de sa poche.

C'était *Chien blanc,* d'un certain Romain Gary, et ça racontait l'histoire d'un homme qui adoptait un chien dressé pour attaquer des Noirs.

Karim l'avait lu d'une traite, en transe. Il était retourné voir Françoise et il lui avait acheté un autre livre. Puis, un autre, et encore un autre.

La libraire avait fait de lui un insatiable.

— Vous la connaissez ?

Karim lève les yeux. Devant lui, deux policiers, une femme noire au visage grave et un homme blanc aux yeux d'enfant.

— C'est Françoise. Je ne sais pas son nom de famille.

— Dans quelles circonstances l'avez-vous connue ? demande David, respectueux.

— C'est… c'était la propriétaire de la librairie avant.

— Avant qu'elle soit achetée par monsieur D'Ambrosio, enchaîne Géraldine, comme si ça allait de soi qu'ils sachent tous de quoi il est question..

Karim se tait, évitant le piège.

— Je ne suis que le portier du bar d'à côté.

— Mais vous connaissiez Françoise.

— Elle me vendait des livres.

— Lesquels ?

C'est la femme noire qui a posé la question. Karim a beau fouiller dans les hypothèses qui s'offrent à lui, il ne voit pas de mal à y répondre.

— Romain Gary, Joseph Kessel, Patricia Highsmith.

— Véronique McGillis ?

— Oui. *Le prince jaune* et *La mémoire de ma fiction*. J'ai préféré le dernier.

— Pourquoi ?

David réprime sa perplexité. Il ne voit pas où Géraldine veut en venir, mais il a l'habitude de ses digressions. Le *bouncer* aux allures de gladiateur se gratte la tête, puis se lance :

— Parce que ça raconte l'histoire d'un homme qui s'invente un passé criminel qu'il n'a jamais eu et qui se retrouve au cœur d'une vraie enquête. J'ai aimé comment le vrai et l'inventé se mélangent dans sa tête.

— Et Pep D'Ambrosio, vous le connaissiez ?

Karim Abbas reluque le cadavre du vieux. Évidemment qu'il le connaissait, mais ce n'est pas lui qui racontera ce qu'il sait aux inspecteurs, il n'est pas fou. Qu'ils fassent leur boulot.

— Je sais qu'il avait racheté la librairie de Françoise.

— Pour en faire un bar ?

C'est David qui a parlé. Trop vite, lui signifie Géraldine d'un regard furtif.

— Je ne sais pas ce qu'il voulait en faire, répond Karim. Ça fait quand même six mois, et c'est toujours une librairie.

— Qu'est-ce qui s'est passé d'après vous ?

— Je ne sais pas. Je n'ai rien vu. Sauf la porte ouverte qui battait au vent et le corps du vieux sur le plancher. Je vous ai appelés et...

— Je ne parlais pas des meurtres, le coupe Géraldine, soutenant le regard surpris du portier.

Il ne comprend pas ce qu'elle veut. Quelle femme étrange.

— Qu'est-ce qui s'est passé pour que Pep D'Ambrosio garde une librairie qui ne lui sert à rien alors qu'il aurait pu transformer une belle surface en commerce plus lucratif ? Avouez que c'est étrange. J'aimerais votre opinion sur le sujet.

Karim penche la tête sur le côté. La policière noire lui rappelle sa mère quand elle cherchait à savoir qui avait fait un mauvais coup et qu'elle s'y prenait avec douceur pour éviter que son fils se méfie.

— Je ne sais pas. Ils avaient augmenté son loyer, à Françoise, elle ne pouvait plus payer, elle a vendu.

— Qui a augmenté son loyer ?

D'un signe du menton, Karim désigne le cadavre de Pep, qui gît sur le plancher de bois, le bas de son pantalon laissant voir d'affreuses chaussettes de nylon beige.

Géraldine se tourne vers David. Qui hausse les épaules.

— Classique.

Ce qui l'était moins, c'est le fait que la libraire était morte aux côtés de celui qui l'avait expropriée. Ils se fréquentaient donc encore ? Ça n'avait pas de sens.

— Dites-moi, monsieur Assad...

— Abbas.

— Pardon, monsieur Abbas. Le bar pour lequel vous êtes portier, il appartient à Pep D'Ambrosio aussi ?

— Non.

Il appartient à Franck, le frère de Pep. Inutile de leur dire, ils le sauront bien assez vite.

— D'accord. Alors vous qui avez lu beaucoup de livres, avez-vous une explication sur le fait que monsieur D'Ambrosio a conservé la librairie ?

— Non.

Géraldine fixe le Marocain dans les yeux. Elle sait qu'il ment, alors elle sourit.

— Ni sur le fait que Françoise était ici ce soir ?

— Ça c'était normal.

— Normal ?

— Elle avait besoin d'une job. Et lui…

Il s'arrête. Trop tard. Il en a déjà trop dit pour la vivacité des deux enquêteurs.

— Et lui, quoi, monsieur Abbas ?

Résigné, Karim Abbas fixe le sang de Guiseppe D'Ambrosio sur la tranche blanche des polars.

— Ben, si tu tiens une librairie, il faut quand même que tu aies quelqu'un qui sache lire et écrire pour la gérer, non ?

— Vous voulez dire que Guiseppe D'Ambrosio… ?

— Il ne savait pas lire. Ni écrire.

Un tueur analphabète prend sa retraite du meurtre et ouvre une librairie. De mieux en mieux.

Géraldine cherche le regard de David. Mais son partenaire s'est détourné d'elle pour s'agenouiller près du mort. D'une main experte, il fouille l'intérieur de la chaussette du vieux Calabrais avant de se tourner vers Géraldine, son butin entre les doigts.

Une clé.

: :

Prise d'une intuition, Palmina est entrée dans la chambre de sa fille.

Vide. Une avalanche de cahiers d'école ouverts, mais pas de Valentina. Où est-elle ? Avec qui ? Palmina tape l'écran de son téléphone d'un doigt colérique avant de se souvenir qu'elle a confisqué celui de sa fille.

Merde.

Ils lui ont tout donné pourtant, l'école publique plutôt que le collège privé, le cheval, le voyage « humanitaire » au Pérou avec sa meilleure amie, tout.

Valentina n'en fait qu'à sa tête.

Dans la chambre de l'adolescente, la télé roule sur la RAI où une poupée aux lèvres survoltées tourne une roue de fortune en battant des mains. Valentina raffole de la télévision italienne, criarde et vulgaire. Elle ne manque pas une occasion de rappeler à ses parents qu'ils sont issus de la même plèbe.

Plèbe. Un mot qui vient de rejoindre son palmarès personnel, en compagnie de gangrène, extorsion et callipyge.

« Exprès pour me rendre folle, soupire Palmina. Comme ses notes de première de classe, qu'elle ramène pour me prouver que j'ai eu tort de vouloir l'envoyer au privé plutôt qu'à sa maudite école de pouilleux. Moi qui l'ai tant bercée dans cette chambre d'hôpital alors qu'elle n'était qu'un bébé au cœur défaillant. »

Défiant tous les pronostics des médecins, Valentina Leone a survécu. Depuis, elle ne cesse d'agiter la vie, défiant sa mère comme elle a défié la mort.

La démone.

Palmina se laisse tomber sur le lit. Sa turbulente famille l'épuise. Son père, pris de lubies qui mettent tout le monde en danger. Sa fille, qui ne trouvera jamais un homme pour l'aimer si elle ne fait aucun effort pour être un peu plus… *féminine.* Où est-elle encore allée traîner ?

Au moment où Palmina a des envies de meurtre sur la chair de sa chair, son cœur fait un triple tour avant de s'arrêter net, broyé par l'angoisse.

Au milieu des draps froissés du lit défait, un livre abandonné : *La mémoire de ma fiction,* de Véronique McGillis.

: :

Ça s'est passé très vite, sans que personne dans la librairie s'en rende compte. Le regard de Pep a été attiré par le mouvement fluide d'une voiture noire qui s'est stationnée devant la borne-fontaine, et Pep est devenu gris. Il savait.

Quand Pep l'a prise par le coude pour l'emmener dans l'entrepôt, Valentina Leone n'a pas protesté. Ce n'est pas dans son tempérament d'être docile, mais avec son *Nono*, c'est différent.

Pep l'aime. Comme elle est. Avec ses grosses cuisses, ses allures de *tomboy* et son cerveau qui tourne les coins ronds à cent à l'heure, comme s'il était sans cesse sur une piste de course. Contrairement aux garçons de sa classe, ça n'a pas l'air de déranger son grand-père qu'elle soit plus intelligente que lui. Au contraire. Il n'y a que dans le regard dur de Pep que Valentina sent l'amour. Quand elle arrive dans son bureau, à la librairie, il hausse ses gros sourcils et il remonte ses joues jusqu'à ce que ses yeux disparaissent.

C'est ce que Guiseppe D'Ambrosio a de mieux à offrir comme sourire et il n'y a que Valentina qui en soit la destinataire.

Peut-être que c'est parce qu'il a perdu ses fils de mort tragique. Peut-être parce qu'il se dispute sans cesse avec la seule enfant qu'il lui reste, Palmina, et que Valentina et lui ont ça en commun, l'affrontement avec cette femme qu'ils n'arrivent ni l'un ni l'autre à aimer.

Mais comme dit *Nono* à Valentina, « ta mère t'a donné la vie, alors je ne peux pas la détester, et toi non plus. Quand je serai mort, tu feras bien ce que tu voudras de tes sentiments ».

Il l'a poussée dans l'entrepôt, lui a tendu une clé USB en plastique rouge et il a dit : « Tu ne fais pas de bruit, tu attends que la police arrive et tu ne *lis pas* ce qu'il y a sur le document, tu le remets à Patrick Leimgruber, il saura quoi faire avec. Tu vas te souvenir du nom ? Patrick Leimgruber, il est dans l'Internet. »

Il l'a embrassée très vite, très fort, et il a refermé la porte derrière lui. Elle a entendu la clé. Puis les cris de Françoise et le « pop, pop, pop » d'une arme à feu munie d'un silencieux.

Elle a tout de suite su ce que c'était.

Le cœur battant à tout rompre, sans même essuyer les larmes qui coulaient sur ses joues rondes, elle est allée se réfugier sous le bureau de métal et elle a mis les écouteurs de son iPod, le volume au maximum pour ne pas entendre les cris et les coups sur la porte.

Le silence enfin revenu, Valentina est sortie de sa cachette sans faire de bruit et elle a inséré la clé USB dans l'ordinateur du bureau.

Sur le document qui venait d'apparaître à l'écran, il y avait un titre : *Mémoires d'un tueur*.

Valentina Leone, quatorze ans, avait cliqué sur le document, le cœur plombé de la certitude que Pep ne pourrait plus jamais la gronder, et elle s'était mise à lire. Aucun détail n'avait été oublié. Aucun nom. La mémoire de Guiseppe D'Ambrosio était impitoyable. Pour lui, pour les autres et pour la postérité de tous.

Elle avait tout lu, et elle était retournée se cacher sous le bureau, à l'abri.

Plus tard, elle a entendu le bruit de la clé dans la serrure. Elle a entendu la voix de David Catelli qui demandait, doucement, pas du tout comme dans les séries policières où tout le monde crie, s'il y avait quelqu'un.

Valentina n'a pas répondu.

Elle a entendu des pas qui venaient vers elle et elle a levé les yeux. Elle a vu une femme noire qui s'agenouillait devant elle. Qui lui tendait la main. Il y avait quelque chose de familier dans le visage de la femme noire. L'écho d'une douleur assourdie par le temps. Un espoir.

Valentina s'est levée, les jambes chancelantes de devoir s'arracher au déni. Debout, il n'y a plus d'échappatoire. *Nono* est mort. Il n'y aura plus jamais personne pour l'aimer comme il l'a aimée, elle est maintenant seule au monde. Les caisses de livres se mettent à valser devant ses yeux, et les bras de la femme noire l'accueillent. Juste à temps.

— C'est de ma faute, c'est de ma faute, c'est de ma faute, sanglote l'adolescente, la tête enfouie dans la chemise de Géraldine, la mouillant de morve et de chagrin.

— Qu'est-ce qui est de ta faute, petite ? demande Géraldine.

— Si mon grand-père est mort.

« C'est donc pour cette gamine-là que le vieux Guiseppe est allé au-devant de la mort », pense Géraldine en caressant les cheveux emmêlés de l'adolescente. Pour lui donner une chance d'échapper aux balles. Il ne fallait pas laisser les remords gâcher cette vie sauvée.

— Non. Il a réussi à te mettre à l'abri avant de mourir, mais ce n'est pas à cause de toi qu'il est mort.

Les yeux gonflés de larmes bouillonnantes, l'adolescente relève la tête, éperdue.

— Oui, c'est à cause de moi. C'est de ma faute s'il a voulu mettre sa vie dans un livre. C'est pour ça qu'*ils* sont venus.

Géraldine échange un regard avec David.

Un livre.

Ainsi donc, le vieux Pep s'était mis à table.

Là où jamais il n'aurait parlé ni à David, ni à Géraldine, ni à aucun enquêteur de la terre, le souci de la postérité avait eu raison de l'omerta.

Et il en était mort.

— Pourquoi tu dis que c'est ta faute ?

Valentina ne répond pas, blême. Elle vient de voir un corps étendu sur le sol derrière les deux policiers. David se met aussitôt devant elle, lui cachant la vue des cadavres. Il fallait la sortir d'ici. Géraldine la prend par les épaules.

— Comment tu t'appelles ?

— Valentina.

— Bien. Valentina, on va sortir d'ici, d'accord ?

— Je ne veux pas voir son…

— Je sais. Ferme les yeux, tu n'auras qu'à mettre un pied devant l'autre, je te guiderai. Tu es prête ?

L'adolescente hoche la tête en signe d'assentiment. Elle se love dans le parfum ambré de Géraldine, et elles sortent du bureau, contournant les techniciens et les corps, un pas à la fois.

Géraldine la garde tout contre elle, d'une étreinte attentive et ferme. Le cadavre du vieux est à trois mètres. Plus que quelques pas, maintenant, et elles seront sorties de la librairie.

C'est alors que l'adolescente s'arrête, le corps parcouru d'un frémissement éloquent, elle a ouvert les yeux. Géraldine se tait. Si l'adolescente veut voir la mort en face, ce n'est pas elle qui l'en empêchera.

Valentina quitte l'étreinte de Géraldine, s'agenouille devant le cadavre de son grand-père et caresse sa joue râpeuse. Elle se penche à son oreille et murmure :

— Pardon, *Nono*, pardon.

Géraldine se laisse glisser à son tour à côté de l'adolescente. La main de Valentina cherche celle de la policière. Et la trouve.

— Ce n'est pas ta faute, Valentina.

La jeune fille lève sur Géraldine ses yeux noirs lustrés par les larmes qui refusent de couler, le souffle coupé par le souvenir parfait de ce moment où Guiseppe D'Ambrosio, l'homme des travaux manuels de la plus puissante mafia calabraise d'Amérique, son *Nono* tant aimé, lui avait lu à voix haute sa première phrase complète, de la fierté plein la poitrine.

— Si. C'est moi qui lui ai montré à lire.

Comme chaque fois qu'il y a une explication rationnelle au chaos, Géraldine éprouve un grand sentiment de satisfaction. Au crépuscule de sa vie, guidé par une enfant qui était la prunelle de ses yeux, le vieux Pep avait quitté les ténèbres pour la lumière et il s'en était enivré jusqu'à en mourir. « Toute cette histoire a enfin du sens », pense Géraldine. Il reste plus qu'à trouver qui a commandité le meurtre.

La porte de la librairie s'ouvre alors sur une femme, magnifique et férale, escortée par deux policiers. Au soubresaut de soulagement qui agite le visage de la femme, Géraldine sait que c'est la mère de Valentina.

La main de la gamine quitte celle de Géraldine pour chercher la petite bosse dans la poche de son jean. La clé USB est bien là.

Valentina se tourne alors vers Géraldine et lui sourit, sereine. Elle se relève et se dirige vers sa mère. Palmina lui ouvre les bras. Sans un regard, sa fille passe tout droit.

La porte de la librairie se referme derrière l'adolescente, ne laissant à Palmina D'Ambrosio Leone que le choix humiliant de courir derrière sa fille.

: :

« Comme c'est curieux », se dit Géraldine en retournant vers David. Palmina n'a pas jeté un seul regard au vieux. Comme si Guiseppe D'Ambrosio n'avait jamais été son père.

La pensée de Géraldine Mukasonga est alors distraite par des couvertures colorées qui attirent son regard et qu'elle reconnaît instantanément, celles de la trilogie de Jean Hatzfeld : « La guerre est comme une rivière qui sort de son lit et qui inonde tout ce qu'il y a autour, mais qui continue de couler dans son lit. Un génocide est une rivière qui s'assèche : il ne reste plus rien. »

Elle connaît ce passage par cœur. Elle n'est pas d'accord avec Hatzfeld et elle a souvent pensé à lui écrire pour le lui dire.

Un jour, elle le fera.

Un jour, elle lui écrira qu'il existe aussi des rivières que l'hiver dissimule sous les glaces et la neige. C'est pour permettre à la vie de continuer à couler en dessous.

GENEVIÈVE LEFEBVRE

Tout le monde aime Antoine Gravel ! Vous ne le connaissez pas ? Alors hâtez-vous de découvrir le personnage principal des polars de Geneviève Lefebvre. Mais en entrant chez lui, regardez où vous mettez les pieds : l'animal de compagnie de sa petite famille est un cochon !

Nommez-moi une tâche, une fonction dans le domaine de l'écriture, au cinéma, à la télévision et au théâtre, et vous pouvez être assuré que Geneviève l'a occupée. Scénariste, réalisatrice, chroniqueuse et coureuse de marathon, elle a écrit deux romans qui ont tout de suite plu aux lecteurs de polars. Son premier, *Je compte les morts,* a été finaliste au Prix littéraire France-Québec ; son deuxième, *La vie comme avec toi,* a reçu le Prix coup de cœur du Club de lecture de Saint-Pacôme. Quels débuts !

Auteure atypique, Geneviève préfère raconter ce qui se passe dans les coulisses, ce qui se cache derrière les crimes. Ce qui l'intéresse, et qui séduit manifestement ses lecteurs, ce sont les répercussions de ces crimes sur les humains, la face cachée des criminels, le silence de ceux qui voient sans dénoncer et les défaillances de notre système judiciaire. Voilà donc sa matière première, une source inépuisable d'histoires, de récits et d'enquêtes.

Antoine Gravel pratique le même métier que sa créatrice; il est scénariste. Toujours à la recherche de la vérité et refusant de se taire, il se retrouve impliqué dans des histoires qui l'amènent à poser des questions afin de mieux comprendre. Pour devenir un meilleur homme, aussi, et un meilleur écrivain. Son compère, Martin Desmarais, est un flic à la retraite, et c'est souvent par lui que l'enquête commence. Ces deux personnages sont l'occasion pour Geneviève de révéler le côté humain d'une situation qui, parfois, n'en a pas du tout. Osons même inventer pour elle une nouvelle catégorie (même si elle risque de ne pas trop aimer...): le polar humaniste. Au fil de sa lecture, on se surprend à rêver de s'asseoir à une table pour prendre un verre avec Antoine et Martin, en discutant du crime et de l'enquête. Cette complicité que le lecteur tisse avec les personnages lui donne l'impression de s'immiscer dans les péripéties de deux amis un peu particuliers.

Ce qui ne gâche rien, Geneviève Lefebvre possède une écriture ciselée, punchée et belle, qui confère du rythme et de la fluidité à ses récits. Elle charme le lecteur tout autant avec la musique apaisante de ses mots qu'avec sa poésie crue, dérangeante mais tellement sensible.

Geneviève est venue à l'écriture de romans parce qu'elle y trouvait une liberté que lui refusait la scénarisation. Cela nous a jusqu'à maintenant procuré de véritables bonheurs de lecture, et son troisième roman promet tout autant. Juste le titre est un programme en soi: *Ceux qui s'aiment ne vieillissent pas*. Puissions-nous, lecteurs, connaître le même sort heureux!

Blogue *Les chroniques blondes*: www.chroniquesblondes.com

Photo de l'auteure: Sarah Scott

REMERCIEMENTS

Ce recueil n'aurait jamais vu le jour sans l'appui et les encouragements de nombreuses personnes.

D'abord, je remercie les seize auteurs de *Crimes à la librairie* de m'avoir fait confiance et d'avoir accepté de collaborer à ce recueil. Merci également d'y avoir consacré talent et passion. Dès le début, j'ai senti votre enthousiasme, et ce fut un plaisir extraordinaire de travailler avec chacun de vous. (Du coup, je voudrais m'excuser auprès de la vingtaine d'auteurs qui étaient sur ma liste de départ, mais qui n'ont pu participer à ce projet. J'aurais aimé que ce recueil soit ouvert à tous ! Peut-être pourrons-nous remettre ça, qui sait ?)

À celles qui, dès le départ, quand l'idée n'était encore qu'une ébauche, m'ont encouragé à la concrétiser, merci. Morgane Marvier, ma libraire et mon amie, ainsi que Florence Meney, qui m'a conseillé au moment des premiers contacts avec les maisons d'édition.

Un grand merci à toute l'équipe des Éditions Druide qui a cru au projet : à André d'Orsonnens pour son enthousiasme, à Luc Roberge pour son accueil et son soutien et aux réviseures, Lyne Roy et Jocelyne Dorion, pour leur œil de lynx et leurs suggestions. Et un merci tout spécial à Anne-Marie Villeneuve, mon éditrice et ma professeure, pour sa patience, son professionnalisme, ses compétences et sa sensibilité. Merci de m'avoir accompagné et guidé dans la réalisation de ce recueil.

Je m'en voudrais de passer sous silence deux organisations qui défendent sans relâche le polar québécois. Merci aux gens de Saint-Pacôme pour leur accueil et leur engagement passionné dans la promotion du roman policier québécois ; vous formez une équipe géniale ! Des remerciements aussi à l'équipe des Printemps meurtriers de Knowlton. Grâce aux premières éditions de ce festival et à votre désir de créer un événement exceptionnel, les lecteurs et les auteurs se rapprochent de plus en plus, et cette fin de semaine devient rapidement un incontournable. Je souhaite une longue vie à ces deux organisations ; vous êtes maintenant indispensables.

J'adresse un merci bien senti à celui qui m'inspire par son expertise, sa passion et son dévouement pour le roman policier québécois, Norbert Spehner. Je ne peux avoir un meilleur modèle.

Finalement, j'aimerais remercier de façon toute spéciale ma compagne, France Lapierre. Pour sa patience, compte tenu de tout le temps que j'ai passé devant mon ordinateur. Pour son soutien dans les moments de remise en question et les quelques fois où j'ai ressenti ce fameux syndrome de l'imposteur. Merci aussi pour les nombreuses heures qu'elle a consacrées à relire chacun de mes textes, à les commenter et à corriger mes fautes d'inattention. Un jour, je lui en fais la promesse, j'accorderai correctement les participes passés employés avec l'auxiliaire avoir !

Enfin, merci à vous, lecteurs, de vous être procuré ce recueil et d'encourager ainsi la littérature québécoise, et plus particulièrement les auteurs de polars d'ici. J'espère que vous y avez fait de belles découvertes, que vous partagerez avec d'autres ces bons moments et qu'à votre prochaine visite en librairie vous vous laisserez tenter par au moins un livre de ces auteurs. Et n'ayez surtout aucune crainte : les chances pour que vous y soyez témoins d'un crime sont bien minces !

Richard Migneault

RICHARD MIGNEAULT

Directeur de la publication

Directeur d'école à la retraite, fou de lecture, Richard Migneault s'est recyclé en amant du polar. Défenseur de la littérature québécoise, se définissant lui-même comme un passeur littéraire, il anime le blogue *Polar, noir et blanc* depuis plus de quatre ans. Coordonnateur des prix Tenebris des Printemps meurtriers de Knowlton, il est également membre du Club de lecture de Saint-Pacôme. Il s'est donné pour mission de faire connaître les auteurs de polars du Québec, et ce, des deux côtés de l'Atlantique.

Blogue *Polar, noir et blanc*: lecturederichard.over-blog.com
richard16migneault@gmail.com

Photo du directeur: Caroline Laurin